サムライ最《さい》強《きょう》図《ず》鑑《かん》

はじめに

日本刀《にほんとう》や槍《やり》などをたくみにあつかう戦《たたか》いのエキスパート、それがサムライです。独自《どくじ》の発展《はってん》をとげたサムライは世界《せかい》から注目《ちゅうもく》される日本文化《にほんぶんか》のひとつで、時代《じだい》によって役割《やくわり》も戦《たたか》いかたも大《おお》きく変《か》わっていきました。

平安時代《へいあんじだい》のころは、「侍《さむらい》」は上級貴族《じょうきゅうきぞく》などにつかえる従者《じゅうしゃ》のことを意味《いみ》していました。そのなかで武芸《ぶげい》にひいでた者《もの》を「武士《ぶし》」とよぶようになっていったのです。やがて源平合戦《げんぺいがっせん》をへて武士《ぶし》の地位《ちい》が政治的《せいじてき》・軍事的《ぐんじてき》に上《あ》がっていきました。

こうして武士《ぶし》が日本《にほん》をおさめるようになると、地方《ちほう》の有力者《ゆうりょくしゃ》たちが軍事力《ぐんじりょく》を拡大《かくだい》。国同士《くにどうし》が天下《てんか》をあらそう戦国時代《せんごくじだい》へ

と突入《とつにゅう》しました。織田信長《おだのぶなが》や豊臣秀吉《とよとみひでよし》などの軍団《ぐんだん》をおさめる将軍《しょうぐん》たちは配下《はいか》の武将《ぶしょう》を活用《かつよう》して、戦争《せんそう》にあけくれたのです。

江戸時代《えどじだい》になると平和《へいわ》な世《よ》の中《なか》がおとずれました。戦争《せんそう》がなくなり、武士《ぶし》は個人《こじん》の技術《ぎじゅつ》や精神《せいしん》をみがくために剣術《けんじゅつ》をまなぶようになりました。武士道《ぶしどう》という精神《せいしん》が生《う》まれたのもこの時代《じだい》です。こうした武士《ぶし》のなかでも上級《じょうきゅう》の者《もの》たちを「侍《さむらい》」とよぶようになったのです。

日本《にほん》の歴史《れきし》にサムライは欠《か》かせない存在《そんざい》です。この本《ほん》ではそんなサムライたちのなかで、誰《だれ》が史上最強《しじょうさいきょう》なのかをさぐっています。史実《しじつ》をもとにした能力分析《のうりょくぶんせき》、実現《じつげん》しなかった空想《くうそう》バトルなど、サムライの強《つよ》さと魅力《みりょく》をあらゆる角度《かくど》からお楽《たの》しみください！

スタッフ一同《いちどう》

妖《あや》しい光《ひかり》をはなつサムライの魂《たましい》

日《に》本《ほん》刀《とう》図《ず》鑑《かん》

日本刀《にほんとう》はサムライたちの魂《たましい》だった。このコーナーでは、剣豪《けんごう》たちが愛用《あいよう》した名刀《めいとう》を紹介《しょうかい》しよう。

国宝《こくほう》

上《うえ》杉《すぎ》謙《けん》信《しん》と「謙《けん》信《しん》景《かげ》光《みつ》」

短刀《たんとう》／銘《めい》：備州長船住景光《びしゅうおさふねじゅうかげみつ》
刃長《はちょう》＝28.3cm　反《そ》り＝内反《うちぞ》り
鎌倉時代《かまくらじだい》
（埼玉県立歴史《さいたまけんりつれきし》と民俗《みんぞく》の博物館蔵《はくぶつかんぞう》）

ライバル・信《しん》玄《げん》と同《おな》じ名《めい》匠《しょう》による至《し》上《じょう》の短《たん》刀《とう》!!

武田信玄《たけだしんげん》とならぶ名将《めいしょう》であった上杉謙信《うえすぎけんしん》は、大《だい》の刀剣《とうけん》好《す》きだったという。この短《たん》刀《とう》はライバル信玄《しんげん》の太刀《たち》と同《おな》じ名匠《めいしょう》によるものだ。刀《とう》身《しん》の表《おもて》には「秩父大菩薩《ちちぶだいぼさつ》」と刻印《こくいん》されている。

国宝《こくほう》

織田信長《おだのぶなが》と「へし切長谷部《きりはせべ》」

刀《かたな》／銘《めい》：長谷部国重《はせべくにしげ》
刃長《はちょう》＝64.8cm　反《そ》り＝0.9cm
南北朝時代《なんぼくちょうじだい》
（福岡市博物館蔵《ふくおかしはくぶつかんぞう》）

あるとき無礼《ぶれい》をはたらいた僧侶《そうりょ》を織田信長《おだのぶなが》が、棚《たな》ごとへし斬《き》ってしまったという逸話《いつわ》をもつ刀《かたな》がこれだ。信《のぶ》長《なが》の気性《きしょう》のはげしさをものがたる。

黒田官兵衛《くろだかんべえ》と「安宅切《あたきぎり》」

刀《かたな》／銘《めい》：備州長船祐定《びしゅうおさふねすけさだ》
刃長《はちょう》＝61.2cm　反《そ》り＝2.4cm
室町時代《むろまちじだい》
（福岡市博物館蔵《ふくおかしはくぶつかんぞう》）

知謀《ちぼう》の人《ひと》と知《し》られ血《ち》をながすことを嫌《きら》った黒田官兵衛《くろだかんへえ》が、生涯《しょうがい》殺《あや》めた人数《にんずう》はただふたり。そのうちのひとり由良城主《ゆらじょうしゅ》の安宅河内守《あたきかわちのかみ》を誅《ちゅう》殺《さつ》したのが、この『安宅《あたき》切《きり》』だとされている。

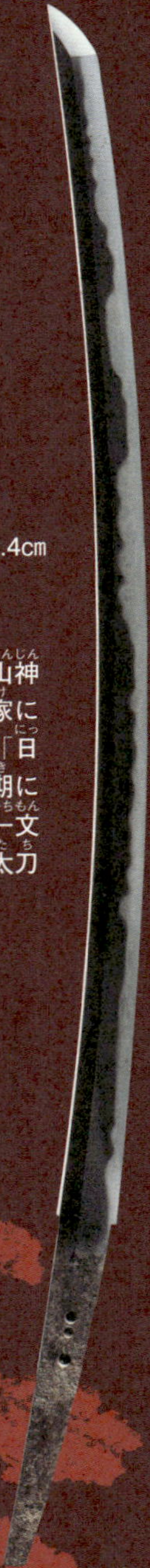

国宝《こくほう》

北条早雲《ほうじょうそううん》と「日光一文字《にっこういちもんじ》」

太刀《たち》／銘《めい》：無名一文字《むめいいちもんじ》
刃長《はちょう》＝67.8cm　反《そ》り＝2.4cm
鎌倉時代《かまくらじだい》
（福岡市博物館蔵《ふくおかしはくぶつかんぞう》）

北条早雲《ほうじょうそううん》が日光《にっこう》の二荒山神《ふたらさんじん》社《じゃ》より入手《にゅうしゅ》し、後北条家《ごほうじょうけ》につたわったのが、この「日《にっ》光一文字《こういちもんじ》」だ。鎌倉中期《かまくらちゅうき》に活躍《かつやく》した備前国《びぜんのくに》の福岡一文《ふくおかいちもん》字派《じは》の刀工《とうこう》が制作《せいさく》した太刀《たち》とされている。

国宝《こくほう》

本多忠勝《ほんだただかつ》と「中務正宗《なかつかさまさむね》」

刀《かたな》／銘《めい》：本多中務所持《ほんだなかつかさしょじ》
刃長《はちょう》＝66.9cm　反《そ》り＝1.7cm
鎌倉時代《かまくらしだい》
（文化庁蔵《ぶんかちょうぞう》）

この「中務正宗《なかつかさまさむね》」は、天《てん》下《か》の名刀正宗《めいとうまさむね》を手《て》に入《い》れた晩年《ばんねん》の本多忠勝《ほんだただかつ》が、そこにみずからの名《な》をきざんで主君《しゅくん》・家康《いえやす》に献上《けんじょう》したもの。忠勝《ただかつ》の忠臣《ちゅうしん》ぶりがうかがえる。

坂本《さかもと》龍馬《りょうま》と「陸奥守吉行《むつのかみよしゆき》」

太刀《たち》／銘《めい》：陸奥守吉行《むつのかみよしゆき》
刃長《はちょう》＝67cm
元禄年間《げんろくねんかん》
（京都国立博物館蔵《きょうとこくりつはくぶつかんぞう》）

坂本龍馬《さかもとりょうま》の愛刀《あいとう》が、この「陸奥守吉行《むつのかみよしゆき》」だ。龍馬《りょうま》は、この刀《かたな》で人《ひと》をあやめてはいない。京都河原町《きょうとかわらまち》で何者《なにもの》かに殺害《さつがい》されたときも、ついにこの名刀《めいとう》をふるうことはなかった。

重要文化財《じゅうようぶんかざい》

源頼朝《みなもとのよりとも》と「成高《なりたか》」

太刀《たち》／銘《めい》：成高《なりたか》
刃長《はちょう》＝80.4cm　反《そ》り＝3.3cm
鎌倉時代《かまくらじだい》
（京都国立博物館蔵《きょうとこくりつはくぶつかんぞう》）

源　頼朝《みなもとのよりとも》が忠勤《ちゅうきん》にはげんだものにほうびとしてあたえたという刀《かたな》が「成高《なりたか》」だ。成高《なりたか》は頼朝《よりとも》によって見出《みいだ》された名工《めいこう》。那須与一《なすのよいち》にあたえられたものなど、成高《なりたか》は6作《さく》が知《し》られている。

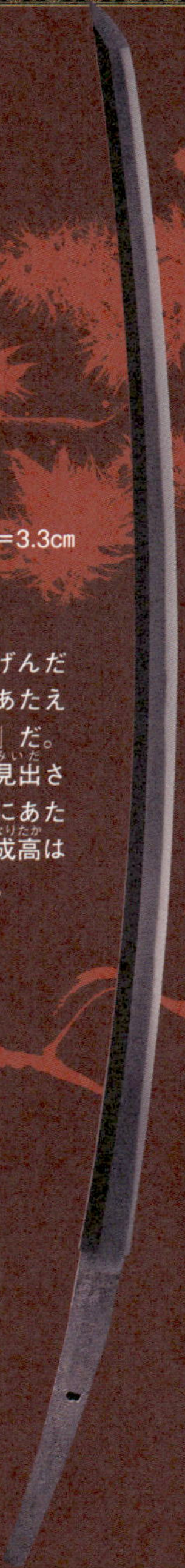

もくじ

第《だい》1章《しょう》 平安《へいあん》〜室町《むろまち》時代《じだい》の武将《ぶしょう》

第《だい》4章《しょう》 戦国時代《せんごくじだい》の武将《ぶしょう》③ 徳川家康軍団編《とくがわいえやすぐんだんへん》

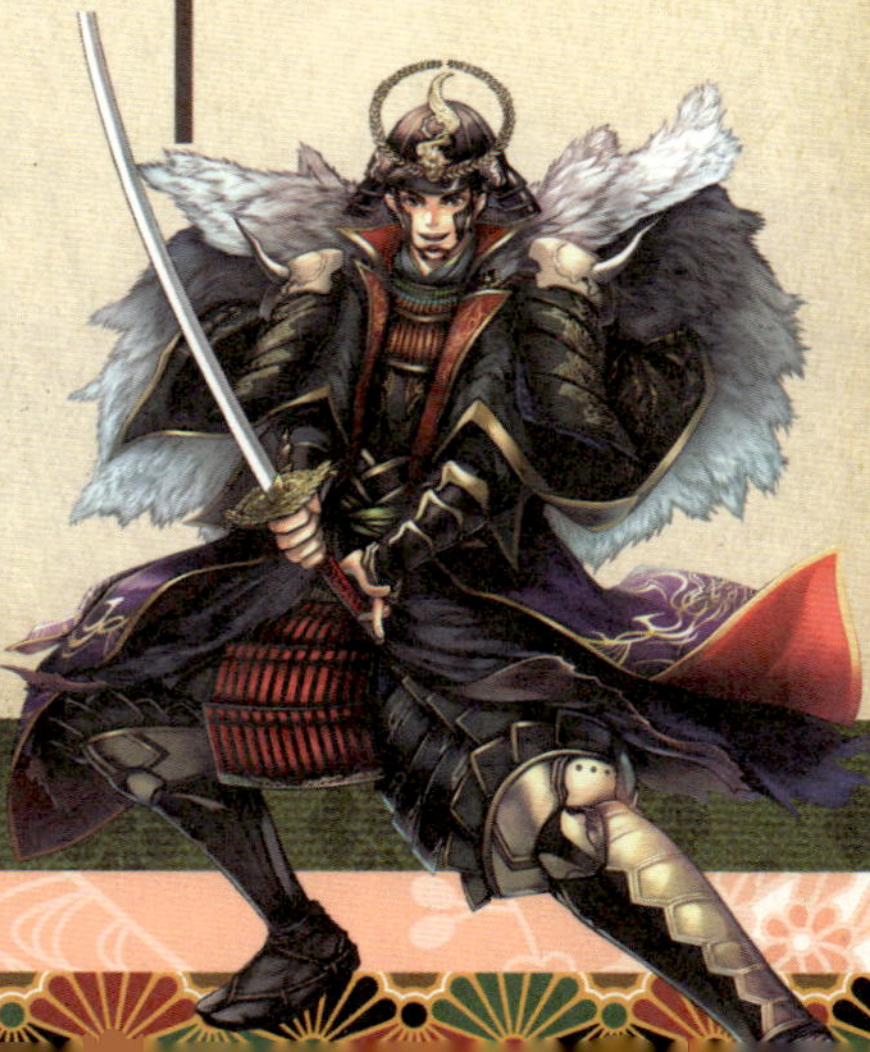

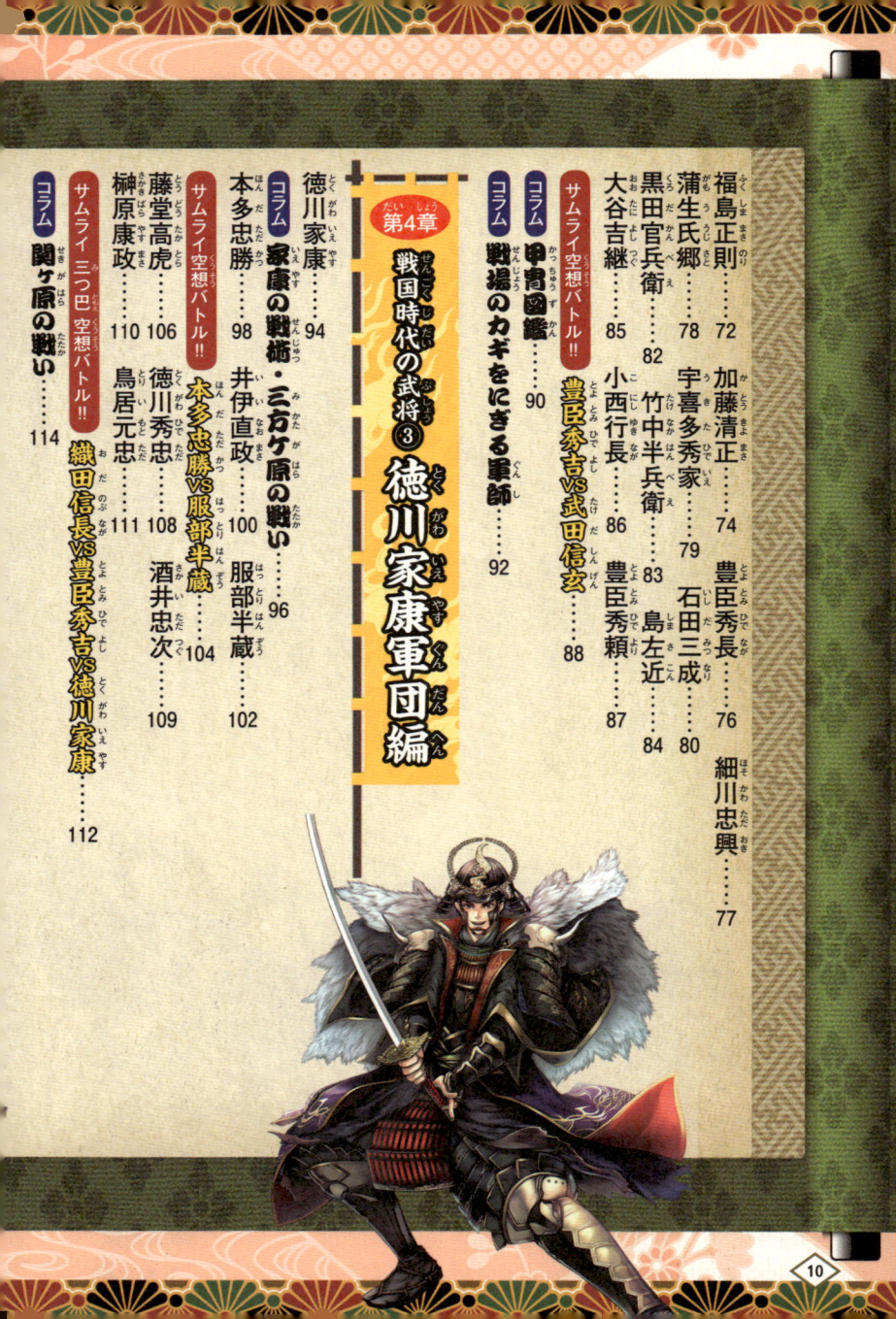

第6章《だいしょう》 戦国《せんごく》～江戸《えど》時代《じだい》前期《ぜんき》の剣豪《けんごう》

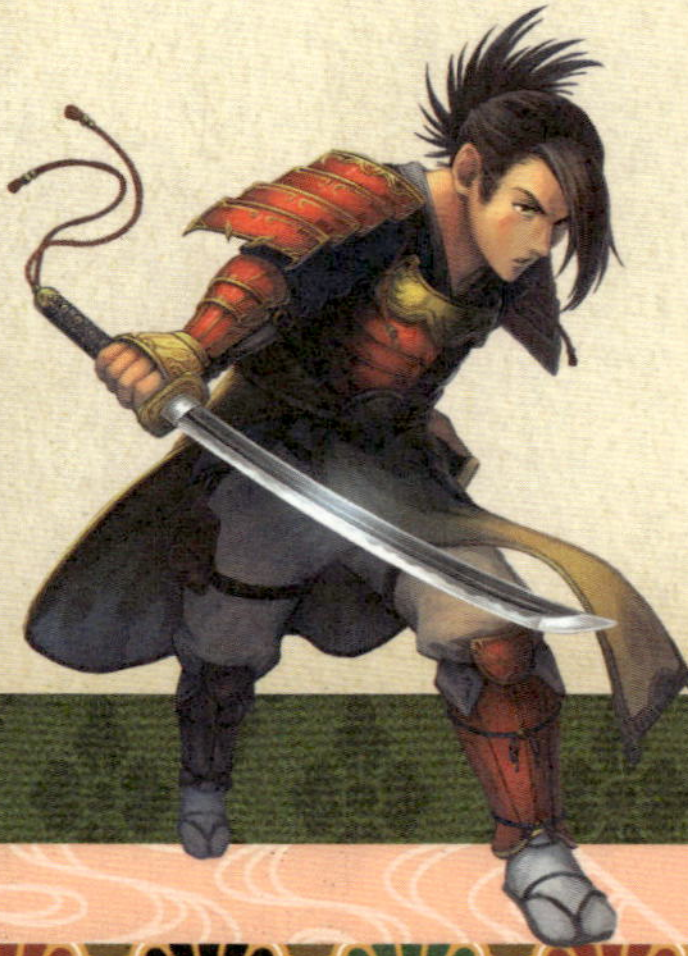

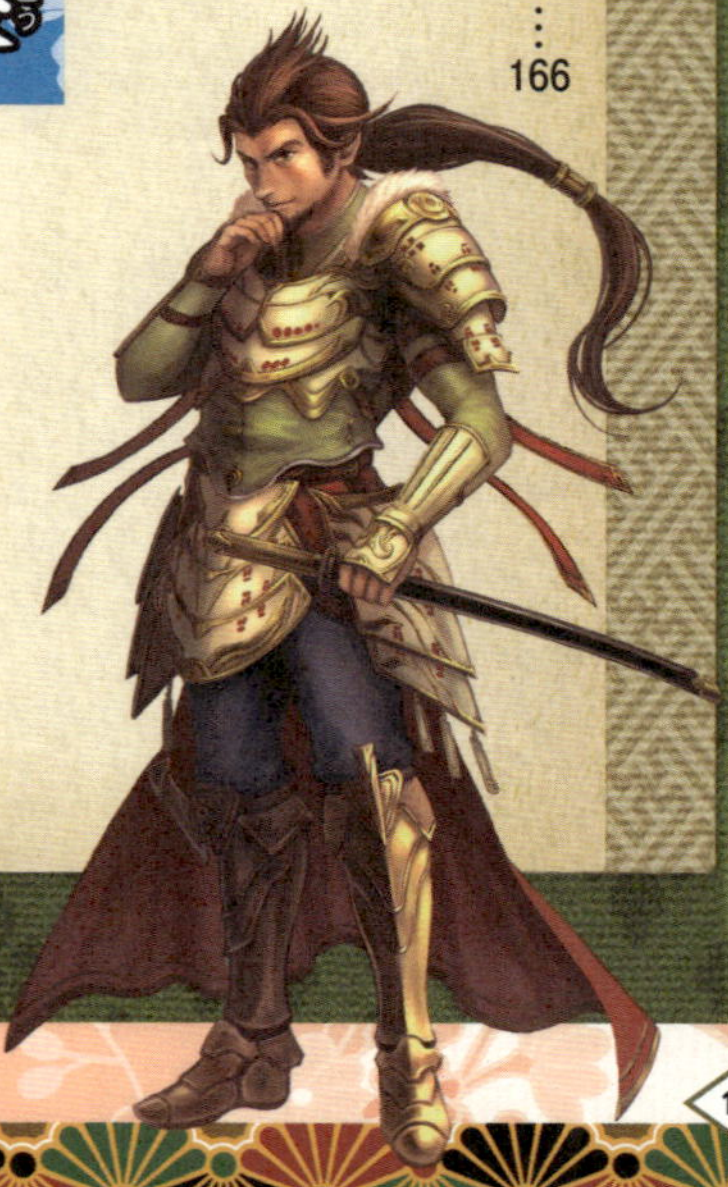

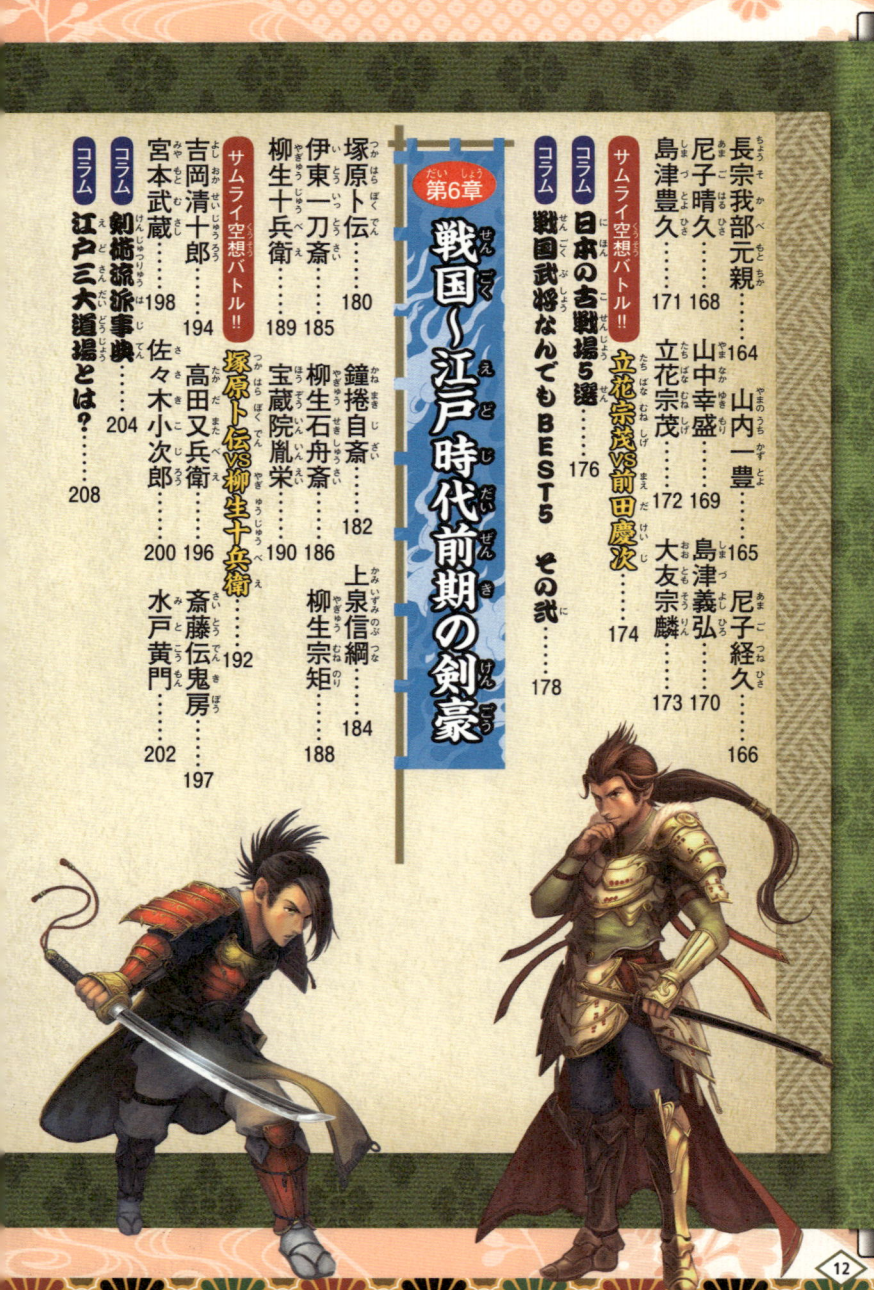

第《だい》7章《しょう》 江戸《えど》時代《じだい》後期《こうき》～幕末《ばくまつ》の剣豪《けんごう》

第《だい》1章《しょう》から第《だい》5章《しょう》までは武将《ぶしょう》、第《だい》6章《しょう》から第《だい》7章《しょう》までは剣豪《けんごう》をあつかっています。

この本《ほん》の見《み》方《かた》

説明《せつめい》

武将《ぶしょう》や剣豪《けんごう》の大《おお》まかな説明《せつめい》が書《か》いてあります。

イラスト

武将《ぶしょう》や剣豪《けんごう》の想像上《そうぞうじょう》のイラストを描《か》いています。

第2章
常識はずれの戦国大名
尾張統一をすすめる織田信秀の嫡男として生まれた。織田家の当主になっても、子どものころからの奇行癖がおさまらず、まわりには「大うつけ」とよばれたが、本当はかなりのきれ者。物事の決定は自分ひとりの判断でおこない、能力があれば身分にこだわらずめしかかえ、昔からつかえてきた重臣でも役に立たなければすぐに追放した。
また、勢力をひろげるためにはお金が必要と経済を重視したり、居城をころころと変えるなど、ほかの戦国大名とは常識もかけはなれていた。
みずから最前線に出て奮戦
信長といえば、少ない兵で今川義元の大軍をやぶった桶狭間の戦いが有名だが、本来信長はこのような戦いを好まない。勝てる戦しかしないのが信長の特徴だが、もともと織田軍の兵は少なく、奇襲しか勝ち目がなかったのだ。
信長は女性のような顔立ちできゃしゃな体つきだったという。しかし、桶狭間や一乗谷城の戦いではみずから先頭に立って奮戦した。リーダーのこうした行動が味方の士気を上げたのはいうまでもなく、その戦いぶりによって、信長の名は全国にとどろいた。
能力パラメータ
統率力 5
知力 5
武力 4
運 5
勢力 5
カリスマ性 5
S
武力考察
織田家の家督争いの戦では敵大将を討ちとり、首級をあげた。桶狭間の戦いでも総大将として今川軍に突撃するなど勇かん。
主な戦い
桶狭間の戦い、稲葉山城の戦い、一乗谷城の戦い、長篠の戦いなど
47
第六天魔王
織田信長
天下布武をとなえた
戦国時代の風雲児!
所属 織田家
出身地 尾張国（愛知県）
生没年月日 1534年6月23日～1582年6月21日
家紋
46

名前《なまえ》

武将《ぶしょう》と剣豪《けんごう》の名前《なまえ》を表記《ひょうき》してあります。

主《おも》な戦《たたか》い

武将《ぶしょう》や剣豪《けんごう》が参戦《さんせん》した有名《ゆうめい》な戦《たたか》いが書《か》かれています。

基本《きほん》データ

武将《ぶしょう》や剣豪《けんごう》の所属《しょぞく》や出身地《しゅっしんち》、生没年月日《せいぼつねんがっぴ》、家紋《かもん》や藩章《はんしょう》を紹介《しょうかい》しています。

総合評価《そうごうひょうか》

武将《ぶしょう》や剣豪《けんごう》の総合評価《そうごうひょうか》をSランクからCランクまで格付《かくづ》けしています。

武力考察《ぶりょくこうさつ》

武将《ぶしょう》や剣豪《けんごう》の武力《ぶりょく》を考察《こうさつ》しています。

能力《のうりょく》パラメータ

武将《ぶしょう》と剣豪《けんごう》をそれぞれ以下《いか》の6つの項目《こうもく》で評価《ひょうか》しています。

武将《ぶしょう》の場合《ばあい》

統率力《とうそつりょく》	武将《ぶしょう》の人《ひと》をひきいる力《ちから》をしめしています。
武力《ぶりょく》	武将《ぶしょう》の戦《たたか》う力《ちから》をしめしています。
勢力《せいりょく》	武将《ぶしょう》の影響力《えいきょうりょく》をしめしています。
カリスマ性《せい》	武将《ぶしょう》の魅力《みりょく》をしめしています。
運《うん》	武将《ぶしょう》の運《うん》の強《つよ》さをしめしています。
知力《ちりょく》	武将《ぶしょう》の知性《ちせい》をしめしています。

剣豪《けんごう》の場合《ばあい》

名声《めいせい》	剣豪《けんごう》の評判《ひょうばん》の高《たか》さをあらわしています。
技量《ぎりょう》	剣豪《けんごう》の武術《ぶじゅつ》の習熟度《しゅうじゅくど》をあらわしています。
胆力《たんりょく》	剣豪《けんごう》の精神力《せいしんりょく》をあらわしています。
カリスマ性《せい》	剣豪《けんごう》の魅力《みりょく》をしめしています。
運《うん》	剣豪《けんごう》の運《うん》の強《つよ》さをしめしています。
知力《ちりょく》	剣豪《けんごう》の知性《ちせい》をしめしています。

※生没年月日《せいぼつねんがっぴ》はすべて太陽暦《たいようれき》を使用《しよう》しています。

第《だい》1章《しょう》

平《へい》安《あん》～室《むろ》町《まち》時《じ》代《だい》の武《ぶ》将《しょう》

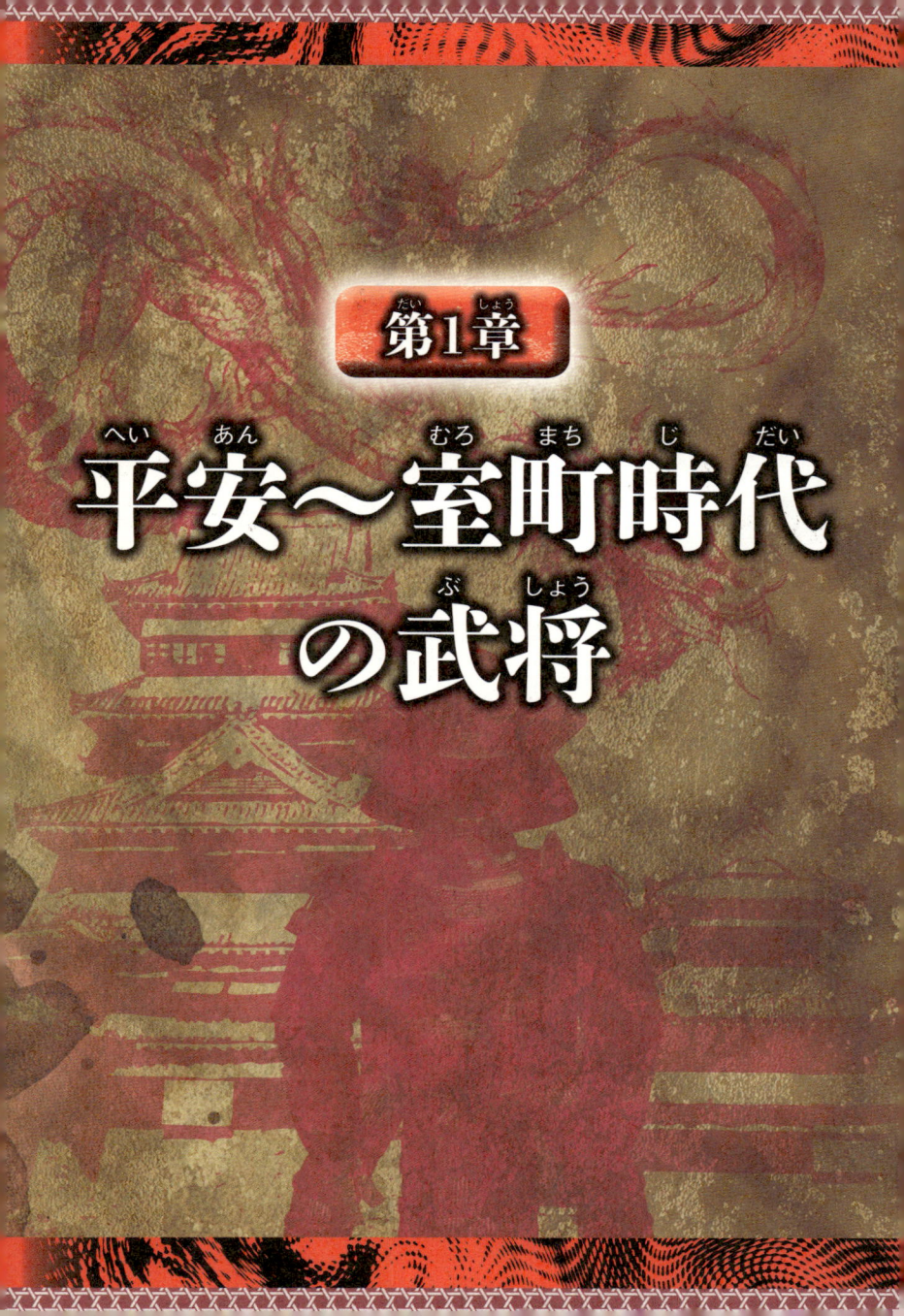

伝《でん》説《せつ》の牛《うし》若《わか》丸《まる》

源《みなもとの》義《よし》経《つね》

平《へい》家《け》に連《れん》戦《せん》連《れん》勝《しょう》した
悲《ひ》劇《げき》の天《てん》才《さい》武《む》者《しゃ》

所《しょ》属《ぞく》	河内《かわち》源氏《げんじ》	出身地《しゅっしんち》	京《きょう》（京都府《きょうとふ》）
生没年月日《せいぼつねんがっぴ》	1159年《ねん》～1189年《ねん》6月《がつ》15日《にち》	家紋《かもん》	

打倒平家《だとうへいけ》をちかって成長《せいちょう》

少年時代《しょうねんじだい》に「牛若《うしわか》」とよばれた源義経《みなもとのよしつね》は、母《はは》の手《て》によって鞍馬山《くらまやま》の寺《てら》にあずけられ、打倒平家《だとうへいけ》をちかって武芸《ぶげい》にはげんだ。15歳《さい》になると平家《へいけ》から逃《のが》れるように東北《とうほく》の奥州藤原氏《おうしゅうふじわらし》をたより、6年《ねん》をすごしたあと、関東《かんとう》で兵《へい》をあげた兄《あに》の源頼朝《みなもとのよりとも》のもとにかけつけた。兄《あに》をたすけて平家打倒《へいけだとう》をはたすためである。

しかし、義経《よしつね》の初陣《ういじん》は平家《へいけ》ではなく、同族《どうぞく》の源氏《げんじ》が相手《あいて》。平家《へいけ》を京《きょう》から追《お》い出《だ》しながら、略奪《りゃくだつ》や暴行《ぼうこう》をはたらいていた木曽義仲《きそよしなか》の軍《ぐん》を宇治川《うじがわ》の戦《たたか》いでたおしたのだった。

平家《へいけ》をたおしたが兄《あに》と対立《たいりつ》

義経《よしつね》と平家《へいけ》の初戦《しょせん》は一ノ谷《いちのたに》の戦《たたか》いである。義経《よしつね》は平家《へいけ》が陣《じん》をはった一ノ谷《いちのたに》の裏手《うらて》の崖《がけ》から攻《せ》めおりる奇襲《きしゅう》（逆落《さかお》とし）で、平家《へいけ》に勝利《しょうり》した。

第《だい》2戦《せん》の屋島《やしま》の戦《たたか》いでは、海《うみ》が大荒《おおあ》れのなか、わずか150人《にん》をしたがえて船《ふね》に乗《の》り、平家《へいけ》の本陣《ほんじん》を夜襲《やしゅう》。予想外《よそうがい》の攻撃《こうげき》に混乱《こんらん》した平家《へいけ》をここでもたおした。

最終決戦《さいしゅうけっせん》の壇ノ浦《だんのうら》の戦《たたか》いでも平家《へいけ》に勝《か》った義経《よしつね》だったが、その勝手《かって》なふるまいに怒《おこ》った頼朝《よりとも》と対立《たいりつ》。殺《ころ》されそうになった義経《よしつね》は京《きょう》から逃亡《とうぼう》し、最後《さいご》は奥州《おうしゅう》・平泉《ひらいずみ》で自害《じがい》した。

能力《のうりょく》パラメータ

武《ぶ》力《りょく》考《こう》察《さつ》

知略《ちりゃく》と武力《ぶりょく》にすぐれているが、壇《だん》ノ《の》浦《うら》の戦《たたか》いでは、平家《へいけ》の猛将《もうしょう》・平教経《たいらののりつね》の気迫《きはく》に押《お》され、八艘飛《はっそうと》びで逃《に》げまわった。

主《おも》な戦《たたか》い

宇治川《うじがわ》の戦《たたか》い、一ノ谷《いちのたに》の戦《たたか》い、屋島《やしま》の戦《たたか》い、壇《だん》ノ浦《うら》の戦《たたか》い

忠義《ちゅうぎ》の豪傑《ごうけつ》

弁慶《べんけい》

源《みなもとの》義《よし》経《つね》に生涯《しょうがい》つかえた
怪力《かいりき》の荒法師《あらほうし》!

所属《しょぞく》	源義経《みなもとのよしつね》の従者《じゅうしゃ》	出身地《しゅっしんち》	紀伊国《きいのくに》(和歌山県《わかやまけん》)
生没年月日《せいぼつねんがっぴ》	生年不詳《せいねんふしょう》~1189年《ねん》6月《がつ》15日《にち》		

イラスト●坂井結城《さかいゆうき》

鬼《おに》とよばれた乱暴者《らんぼうもの》

弁慶《べんけい》は生《う》まれたときからすでに髪《かみ》や歯《は》が生《は》え、2、3歳《さい》ぐらいの体格《たいかく》だったことから「鬼子《おにご》」とおそれられ、「鬼若《おにわか》」と名《な》づけられて育《そだ》った。比叡山《ひえいざん》の延暦寺《えんりゃくじ》で修行《しゅぎょう》し、みずから「武蔵坊《むさしぼう》」と称《しょう》したが、暴《あば》れまくった末《すえ》に追《お》い出《だ》され、別《べつ》の寺《てら》でも自分《じぶん》への仕《し》打《う》ちに腹《はら》を立《た》て、寺《てら》を焼《や》きはらったほどの乱暴者《らんぼうもの》だった。

その後《ご》、弁慶《べんけい》は刀《かたな》を千本《せんぼん》あつめようと京《きょう》で人《ひと》をおそった。999本《ほん》まであつめたが、あと1本《ぽん》のところで源義経《みなもとのよしつね》と戦《たたか》って負《ま》け、弁慶《べんけい》は義経《よしつね》に生涯《しょうがい》つかえるとちかった。

主人《しゅじん》を守《まも》ってひとり奮闘《ふんとう》

源平合戦《げんぺいがっせん》ではもち前《まえ》の武力《ぶりょく》で主人《しゅじん》の義経《よしつね》をたすけた。荒々《あらあら》しい印象《いんしょう》があるが知略《ちりゃく》もあり、源頼朝《みなもとのよりとも》と対立《たいりつ》して都《みやこ》から落《お》ちのびる義経《よしつね》を機転《きてん》をきかせて守《まも》ることもあった。

逃走《とうそう》の末《すえ》に義経《よしつね》と弁慶《べんけい》一行《いっこう》は平泉《ひらいずみ》の奥州藤原氏《おうしゅうふじわらし》のもとにたどりつくが、頼朝《よりとも》をおそれた当主《とうしゅ》の襲撃《しゅうげき》をうけてしまう。弁慶《べんけい》は義経《よしつね》を守《まも》ろうとなぎなたをふるってひとり戦《たたか》ったが、大軍相手《たいぐんあいて》ではさすがに守《まも》りきれなかった。最後《さいご》は全《ぜん》身《しん》に大量《たいりょう》の矢《や》をうけ、立《た》ったまま死《し》んだという伝説《でんせつ》がのこされている。

能力《のうりょく》パラメータ

武《ぶ》力《りょく》考《こう》察《さつ》

なぎなた、熊手《くまで》、のこぎりなど7つの武器《ぶき》を「7つ道具《どうぐ》」としてもち歩《ある》いていた豪傑《ごうけつ》。平泉《ひらいずみ》では義経《よしつね》を守《まも》って敵兵《てきへい》を次々《つぎつぎ》とたおした。

主《おも》な戦《たたか》い

一ノ谷《いちのたに》の戦《たたか》い、屋島《やしま》の戦《たたか》い、壇ノ浦《だんのうら》の戦《たたか》い、衣川館《ころもがわのたち》の戦《たたか》い

鎌倉《かまくら》幕府《ばくふ》の祖《そ》

源頼朝《みなもとのよりとも》

鎌倉《かまくら》幕府《ばくふ》をひらいた 関東《かんとう》武士《ぶし》のリーダー

所属《しょぞく》	河内源氏《かわちげんじ》	出身地《しゅっしんち》	尾張国《おわりのくに》（愛知県《あいちけん》）
生没年月日《せいぼつねんがっぴ》	1147年《ねん》5月9日《がつここのか》～1199年《ねん》2月9日《がつここのか》	家紋《かもん》	

イラスト●矢田崎友輔《やたさきゆうすけ》

おぼっちゃんだが苦労人《くろうにん》

日本《にほん》ではじめて武士《ぶし》の政権《せいけん》をひらいた源《みなもとの》 頼朝《よりとも》。源氏《げんじ》の御曹司《おんぞうし》だが、若《わか》いころは苦労《くろう》の連続《れんぞく》だった。13歳《さい》のときに政敵《せいてき》だった平家《へいけ》に父《ちち》とともにつかまり、伊豆国《いずのくに》（現在《げんざい》の静岡県《しずおかけん》）にながされた。その後《ご》伊豆《いず》で20年《ねん》をすごしたが、平家《へいけ》が源氏《げんじ》をほろぼす命令《めいれい》を出《だ》したことをきっかけに、関東《かんとう》の武士《ぶし》をあつめて平家打倒《へいけだとう》ののろしを上《あ》げた。

しかし、頼朝《よりとも》はもともと平家《へいけ》をたおすつもりはなかったという。「平家《へいけ》に殺《ころ》されてはたまらない」と、一《いち》か八《ばち》かで立《た》ち上《あ》がったようである。

人使《ひとづか》いのうまさが長所《ちょうしょ》

平家打倒《へいけだとう》へ何《なん》の準備《じゅんび》もしていなかった頼朝《よりとも》は、はじめは平家《へいけ》にボロボロに負《ま》けてしまう。しかし、弟《おとうと》の源《みなもとの》 義経《よしつね》がきてからながれが変《か》わった。義経《よしつね》が平家《へいけ》に3連勝《れんしょう》し、あっという間《ま》に平家《へいけ》をほろぼしてしまったのである。

戦《いくさ》の才能《さいのう》はなかったが、頼朝《よりとも》は政治《せいじ》の天才《てんさい》。人使《ひとづか》いが抜群《ばつぐん》にうまかった。源氏《げんじ》のトップで、みずから武士《ぶし》たちをひっぱる立場《たちば》だが、できないことを他人《たにん》にまかせることができた。戦《いくさ》にあまり出《で》なかったのも、自分《じぶん》が戦下手《いくさべた》とわかっていたためだった。

能力《のうりょく》パラメータ

武《ぶ》力《りょく》考《こう》察《さつ》

弟《おとうと》の義経《よしつね》のような戦《いくさ》の才能《さいのう》はなかったが、平家《へいけ》に負《ま》けた石橋山《いしばしやま》の戦《たたか》いで、敵《てき》の鎧武者《よろいむしゃ》を弓《ゆみ》を使《つか》って一撃《いちげき》でたおしたという話《はなし》もある。

主《おも》な戦《たたか》い

石橋山《いしばしやま》の戦《たたか》い、富士川《ふじがわ》の戦《たたか》い、金砂城《きんさじょう》の戦《たたか》い、奥州合戦《おうしゅうかっせん》

木《き》曽《そ》義《よし》仲《なか》

壮絶《そうぜつ》な生涯《しょうがい》をおくった源氏《げんじ》の勇将《ゆうしょう》

イラスト●おつけもの

平家《へいけ》を京《きょう》から追《お》いはらう

河内源氏《かわちげんじ》の一門《いちもん》。2歳《さい》のときに木曽《きそ》に逃《のが》れ、以来《いらい》、木曽《きそ》次郎義仲《じろうよしなか》と名乗《なの》った。法皇《ほうおう》から平家打倒《へいけだとう》の命《めい》をうけ、木曽《きそ》で旗揚《はたあ》げ。北陸《ほくりく》に勢力《せいりょく》をひろめながら京《きょう》に向《む》かって進撃《しんげき》し、平家《へいけ》を京《きょう》から追《お》いはらった。その後《ご》、征夷大将軍《せいいたいしょうぐん》となった義仲《よしなか》だったが、いとこの源《みなもとの》義経《よしつね》にやぶれて討《う》ち死《じ》にした。

所属《しょぞく》	河内源氏《かわちげんじ》	家紋《かもん》	
出身地《しゅっしんち》	武蔵国《むさしのくに》（埼玉県《さいたまけん》）		
生没年月日《せいぼつねんがっぴ》	1154年《ねん》～1184年《ねん》3月5日《がついつか》		

能力《のうりょく》パラメータ

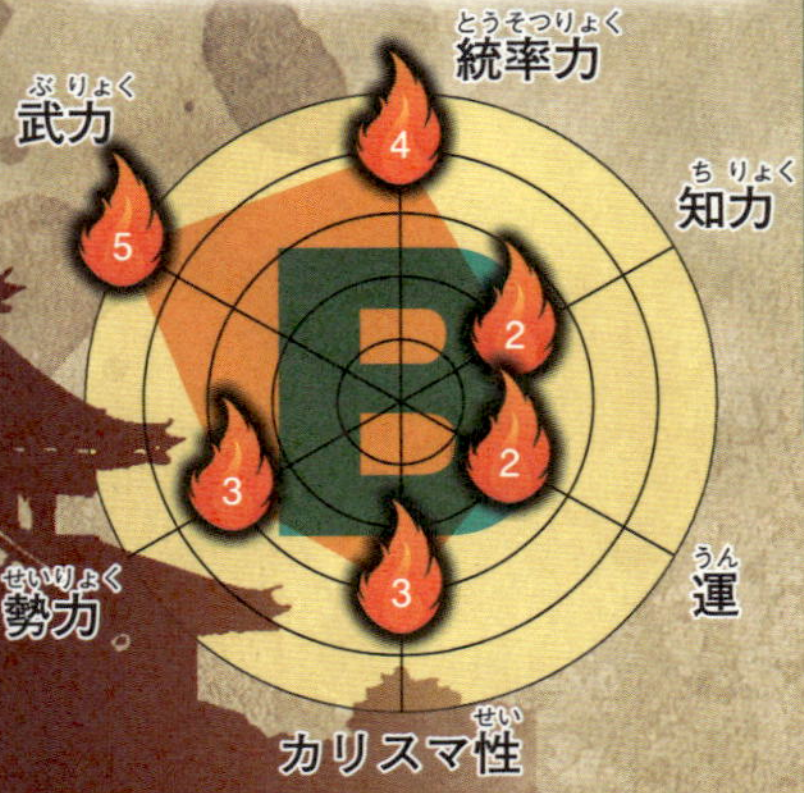

武《ぶ》力《りょく》考《こう》察《さつ》

侍《さむらい》らしい侍《さむらい》で、根《ね》っからの武人《ぶじん》。敵《てき》が大軍《たいぐん》でもおそれを知《し》らない剛勇《ごうゆう》ぶりは鬼神《きじん》とも称《しょう》され、平家《へいけ》をふるえ上《あ》がらせた。

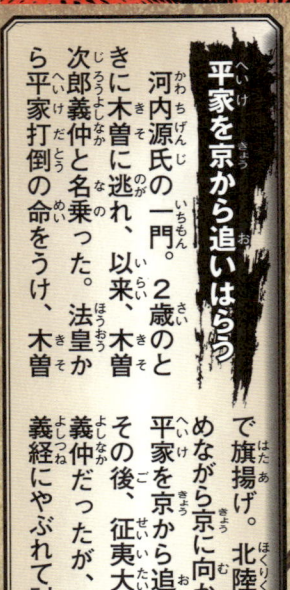

主《おも》な戦《たたか》い

倶利伽羅峠《くりからとうげ》の戦《たたか》い、法住寺合戦《ほうじゅうじがっせん》、宇治川《うじがわ》の戦《たたか》い、粟津《あわづ》の戦《たたか》い

那須《なす》与一《のよいち》

源平合戦《げんぺいがっせん》で活躍《かつやく》した弓《ゆみ》の名手《めいしゅ》

イラスト●米月《よねつき》かな

源氏《げんじ》を勢《いきお》いづかせる一撃《いちげき》

那須《なす》で生《う》まれた与一《よいち》は、関東《かんとう》の武士《ぶし》として源氏《げんじ》につき、源平合戦《げんぺいがっせん》では源義経《みなもとのよしつね》の軍《ぐん》にくわわって活躍《かつやく》した。

与一《よいち》の見《み》せ場《ば》は屋島《やしま》の戦《たたか》い。「ゆれる舟《ふね》の上《うえ》の扇《おうぎ》の的《まと》を射《い》ろ」という平家《へいけ》の挑発《ちょうはつ》に、源氏《げんじ》の代表《だいひょう》で的《まと》をうって成功《せいこう》。源氏《げんじ》を勢《いきお》いづかせ、平家《へいけ》がほろぶきっかけをつくった。

所属《しょぞく》	鎌倉軍《かまくらぐん》
出身地《しゅっしんち》	下野国《しもつけのくに》（栃木県《とちぎけん》）
生没年月日《せいぼつねんがっぴ》	1169（諸説《しょせつ》あり）～1189年《ねん》9月《がつ》19日《にち》

家紋《かもん》

能力《のうりょく》パラメータ

武《ぶ》力《りょく》考《こう》察《さつ》

体格《たいかく》は小柄《こがら》だが、幼《おさな》いころから弓《ゆみ》の腕《うで》はまわりの大人《おとな》が舌《した》をまくほど。空《そら》飛《と》ぶ鳥《とり》を必《かなら》ず射《い》落《お》とすくらいの腕前《うでまえ》だった。

主《おも》な戦《たたか》い

屋島《やしま》の戦《たたか》い

容姿《ようし》すぐれた強者《つわもの》

巴御前《ともえごぜん》

武力《ぶりょく》は一騎当千《いっきとうせん》！
最強《さいきょう》の女武者《おんなむしゃ》

所属《しょぞく》	木曽義仲軍《きそよしなかぐん》	出身地《しゅっしんち》	信濃国《しなののくに》（長野県《ながのけん》）
生没年月日《せいぼつねんがっぴ》	不　詳《ふしょう》	家紋《かもん》	

イラスト●クロブチぬまま

色白美人《いろじろびじん》だが男勝《おとこまさ》りの怪力《かいりき》

強《つよ》い女性《じょせい》のシンボルとなっている巴御前《ともえごぜん》。木曽義仲《きそよしなか》の側室《そくしつ》でありながら、男勝《おとこまさ》りの怪力《かいりき》で活躍《かつやく》した武将《ぶしょう》である。

巴御前《ともえごぜん》が登場《とうじょう》する『平家物語《へいけものがたり》』には、色白《いろじろ》で髪《かみ》が長《なが》く、たいへんな美人《びじん》だったと書《か》かれている。一騎当千《いっきとうせん》の武者《むしゃ》だった巴《ともえ》は、どんなにはげしく、くるしい戦《たたか》いのなかでも義仲《よしなか》のもとを決《けっ》してはなれようとしなかった。

義仲《よしなか》が源義経《みなもとのよしつね》に負《ま》けて京《きょう》を追《お》われたときには、最後《さいご》は味方《みかた》が7騎《き》になっても敵《てき》に討《う》たれず、逃《に》げもしなかったといわれている。

義仲《よしなか》とのあざやかな別《わか》れ

しかし、追《お》いつめられた義《よし》仲《なか》は、「今《いま》となっては討《う》ち死《じ》にするばかり。おまえは女《おんな》であるからどこへでも逃《に》げろ」と巴《ともえ》を逃《に》がそうとするが、そこは最強《さいきょう》の女武者《おんなむしゃ》である。義仲《よしなか》に「最後《さいご》の戦《たたか》いぶりをお見《み》せしましょう！」と、やってきた敵《てき》の大将《たいしょう》を馬《うま》から引《ひ》きずりおろすと、両腕《りょううで》でおさえて動《うご》けなくなった大将《たいしょう》の首《くび》を斬《き》り、そのまま鎧《よろい》と兜《かぶと》を脱《ぬ》ぎすててさっていったという。

巴《ともえ》はその後《ご》、義仲《よしなか》が討《う》ち死《じ》にした場所《ばしょ》にもどって寺《てら》をたて、尼《あま》になって義仲《よしなか》をとむらったともいわれている。

能力《のうりょく》パラメータ

武《ぶ》力《りょく》考《こう》察《さつ》

大刀《だいとう》と強弓《ごうきゅう》を使《つか》いこなす怪力《かいりき》で、義仲《よしなか》のけいこ相手《あいて》をつとめた。最《さい》後《ご》の戦《たたか》いでは大将《たいしょう》の首《くび》を手《て》でねじちぎったともいわれている。

主《おも》な戦《たたか》い

倶利伽羅峠《くりからとうげ》の戦《たたか》い、横田河原《よこたがわら》の戦《たたか》い、宇治川《うじがわ》の戦《たたか》い

慈悲《じひ》の武将《ぶしょう》

平《たいらの》清《きよ》盛《もり》

強《きょう》大《だい》な権《けん》力《りょく》をにぎった
平《へい》家《け》一《いち》族《ぞく》で最《さい》高《こう》のリーダー

所《しょ》属《ぞく》	伊勢平氏《いせへいし》	出身地《しゅっしんち》	伊勢国《いせのくに》（三重県《みえけん》）
生没年月日《せいぼつねんがっぴ》	1118年《ねん》～1181年《ねん》3月20日《がつはつか》	家紋《かもん》	

イラスト●坂本《さかもと》ロクタク

武士初《ぶしはつ》の太政大臣《だじょうだいじん》

貴族中心《きぞくちゅうしん》の政治《せいじ》から武士中心《ぶしちゅうしん》の政治《せいじ》に変化《へんか》させた平清盛《たいらのきよもり》。36歳《さい》で平家《へいけ》のリーダーになった清盛《きよもり》は次々《つぎつぎ》とライバルをけおとし、朝廷《ちょうてい》の軍事力《ぐんじりょく》を一手《いって》ににぎった。さらに天皇《てんのう》の後見役《こうけんやく》になり、関白家《かんぱくけ》に娘《むすめ》をとつがせて強大《きょうだい》な権力《けんりょく》をにぎり、武士《ぶし》ではじめて太政大臣《だじょうだいじん》に任《にん》じられた。

外国《がいこく》との貿易《ぼうえき》にも力《ちから》をそそいだ清盛《きよもり》は、巨大《きょだい》な財力《ざいりょく》を手《て》にいれた。こうして平家《へいけ》は大《おお》きくさかえ、「平氏《へいし》にあらずんば人《ひと》にあらず」といわれたが、平家《へいけ》の独裁《どくさい》は多《おお》くの武士《ぶし》たちの反感《はんかん》を買《か》うことになった。

清盛《きよもり》が長生《ながい》きしていれば……

清盛《きよもり》は非情《ひじょう》なイメージがあるが、本当《ほんとう》は気配《きくば》りがうまく、おだやかな性格《せいかく》だったという。また、武士《ぶし》でありながら経済《けいざい》の感覚《かんかく》にすぐれ、政治家《せいじか》として一流《いちりゅう》だったが、武将《ぶしょう》としても優秀《ゆうしゅう》だった。平治《へいじ》の乱《らん》ではたくみなおびき出《だ》し作戦《さくせん》と統率《とうそつ》がとれた部隊《ぶたい》の連携《れんけい》で、藤原氏《ふじわらし》と源氏《げんじ》を撃破《げきは》している。

平家一門《へいけいちもん》は結束力《けっそくりょく》が強《つよ》かったといわれるが、それも清盛《きよもり》の統率力《とうそつりょく》があればこそ。亡《な》くなったのは64歳《さい》だが、もう少《すこ》し長生《ながい》きしていれば、平家《へいけ》が源氏《げんじ》に政権《せいけん》をうばわれることはなかっただろう。

能力《のうりょく》パラメータ

武《ぶ》力《りょく》考《こう》察《さつ》

保元《ほうげん》の乱《らん》のさなかに源為朝《みなもとのためとも》に出《で》会《あ》った清盛《きよもり》は、剛弓《ごうきゅう》を使《つか》いこなす為朝《ためとも》をおそれて逃《に》げだそうとした。個人的《こじんてき》な武勇《ぶゆう》は高《たか》くなかった。

主《おも》な戦《たたか》い

保元《ほうげん》の乱《らん》、平治《へいじ》の乱《らん》、近江攻防《おうみこうぼう》

武将《ぶしょう》・個人編《こじんへん》

剛力自慢《ごうりきじまん》の男《おとこ》と女《おんな》があいまみえる!!

サムライ空《くう》想《そう》バトル!!

どちらも命運《めいうん》をともにする覚悟《かくご》で主人《しゅじん》につかえていた忠義《ちゅうぎ》にあつい武人《ぶじん》。性別《せいべつ》のちがいこそあれ、類《たぐい》まれな怪力《かいりき》のもち主《ぬし》だったふたりが戦《たたか》うことになったら、どんな戦《たたか》いになるのだろう?

VS

怪力《かいりき》の荒法師《あらほうし》と史上最強《しじょうさいきょう》の女武者《おんなむしゃ》の対決《たいけつ》!!

参考《さんこう》データ

特徴《とくちょう》	官位《かんい》	戦法《せんぽう》	使用武器《しようぶき》
変幻自在型《へんげんじざいがた》	—	力《ちから》まかせ	大刀《だいとう》 強弓《ごうきゅう》

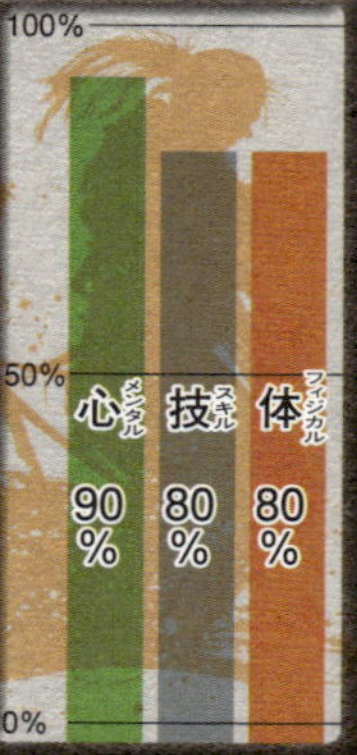

参考《さんこう》データ

特徴《とくちょう》	官位《かんい》	戦法《せんぽう》	使用武器《しようぶき》
猪突猛進型《ちょとつもうしんがた》	—	力《ちから》まかせ	なぎなた 熊手《くまで》 その他《た》

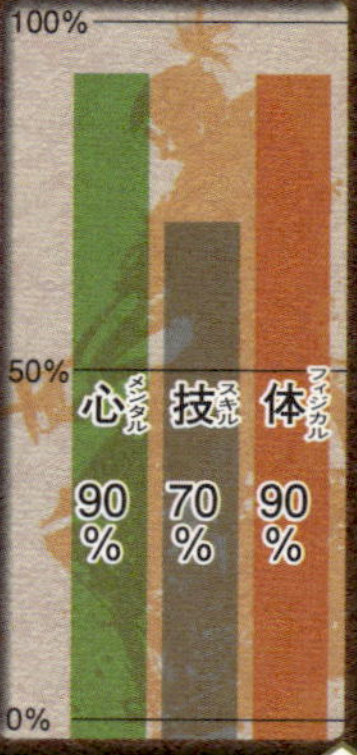

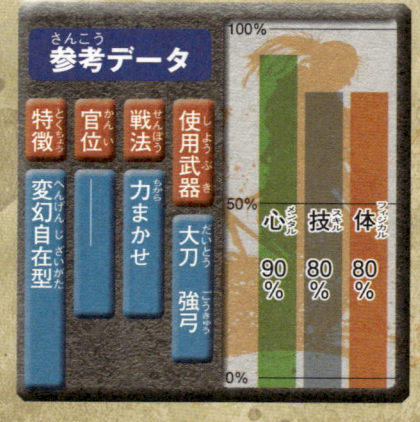

正攻法《せいこうほう》の真《ま》っ向勝負《こうしょうぶ》！

常識《じょうしき》でかんがえると、いくら力《ちから》が強《つよ》い女性《じょせい》とはいっても、男性《だんせい》の力自慢《ちからじまん》にくらべればさすがにおとる。しかし、巴《ともえ》御前《ごぜん》の怪力《かいりき》のインパクトは男《だん》性以上《せいいじょう》。人間《にんげん》ばなれしている。

伝説《でんせつ》によると、巴御前《ともえごぜん》は木《き》曽《そ》義仲《よしなか》を乗《の》っていた馬《うま》もろとも投《な》げ飛《と》ばした。また、のちに義仲《よしなか》の力技《ちからわざ》と組《く》み技《わざ》のけいこ相手《あいて》にもなっている。さらに最後《さいご》の戦《たたか》いでは敵大将《てきたいしょう》の首《くび》を手《て》でねじちぎったほどで、弁慶相手《べんけいあいて》でも力《ちから》だけならヒケをとらないかもしれない。

しかし、この戦《たたか》いは、武器《ぶき》の使用《しよう》は自由《じゆう》。巴御前《ともえごぜん》が得意《とくい》な武器《ぶき》は大刀《だいとう》と強弓《ごうきゅう》。対《たい》して弁慶《べんけい》は７つ道具《どうぐ》とよばれる、なぎなた、熊手《くまで》、大木槌《おおきづち》、のこぎり、さすまた、なぎ鎌《がま》、まさかり。巴御前《ともえごぜん》に飛《と》び道具《どうぐ》があるのは強《つよ》みだが、弁慶《べんけい》も相手《あいて》の攻撃《こうげき》にあわせて武器《ぶき》を使《つか》い分《わ》けられる。

ただ、巴御前《ともえごぜん》がどんな武器《ぶき》で向《む》かってくるにしろ、真《ま》っ向《こう》から攻撃《こうげき》するだけなら弁慶《べんけい》は負《ま》けないはずだ。個人戦《こじんせん》で９９９勝《しょう》した弁慶《べんけい》が負《ま》けたのは、弁慶《べんけい》の猛攻撃《もうこうげき》をいなしてそのスキをついた身軽《みがる》な源《みなもとの》義経《よしつね》のみ。

たとえ力《ちから》は互角《ごかく》でも「柔《じゅう》よく剛《ごう》を制《せい》す」でなければ、弁《べん》慶《けい》には勝《か》てないだろう。

WINNER 弁慶《べんけい》

勝利《しょうり》の決《き》め手《て》

最初《さいしょ》は互角《ごかく》のように見《み》えたが、時間《じかん》がたつにつれて巴御前《ともえごぜん》に疲《つか》れが見《み》えはじめる。逆《ぎゃく》に、矢《や》を全身《ぜんしん》にうけても戦《たたか》いつづけるほどの強《きょう》じんな肉体《にくたい》をもつ弁慶《べんけい》は、攻撃《こうげき》が鋭《するど》くなるいっぽう。体力《たいりょく》の差《さ》が勝負《しょうぶ》の明暗《めいあん》を分《わ》けた。

必殺技《ひっさつわざ》
なぎなたの高速《こうそく》ふりまわし、７つ道具《どうぐ》の連《れん》携技《けいわざ》

初《しょ》代《だい》征《せい》夷《い》大《たい》将《しょう》軍《ぐん》

坂《さかの》上《うえの》田《た》村《むら》麻《ま》呂《ろ》

蝦夷《えみし》を征伐《せいばつ》した
古代《こだい》の伝説的《でんせつてき》武人《ぶじん》

所属《しょぞく》	大和朝廷《やまとちょうてい》	出身地《しゅっしんち》	大和国《やまとのくに》（奈良県《ならけん》）
生没年月日《せいぼつねんがっぴ》	758年《ねん》～811年《ねん》6月《がつ》17日《にち》	家紋《かもん》	

イラスト●平林知子《ひらばやしともこ》

大柄《おおがら》でやさしい人物《じんぶつ》

伝記《でんき》によれば「身長《しんちょう》5尺《しゃく》8寸《すん》（約《やく》176㎝）の堂々《どうどう》とした姿《すがた》で、顔《かお》は赤《あか》みをおび、目《め》は鷹《たか》のようにするどく、ひげは黄金《おうごん》の糸《いと》のように光《ひか》りかがやいていた。怒《おこ》るとたちまち猛獣《もうじゅう》をたおし、笑《わら》うと赤《あか》ん坊《ぼう》もよくなついた」という。当《とう》時《じ》としてはまさに巨人《きょじん》で、力《ちから》も強《つよ》かったが、とてもやさしい人物《じんぶつ》でもあったようだ。

朝廷《ちょうてい》の下級武官《かきゅうぶかん》だった田村《たむら》麻《ま》呂《ろ》は、34歳《さい》のときに蝦夷征《えみしせい》伐軍《ばつぐん》の副司令官《ふくしれいかん》となった。のちに総司令官《そうしれいかん》（征夷大将軍《せいいたいしょうぐん》）に任命《にんめい》され、蝦夷《えみし》との戦《たたか》いで大勝利《だいしょうり》をおさめた。

死《し》んでも武人《ぶじん》をまっとう

田村麻呂《たむらまろ》は人《ひと》としての器《うつわ》が大《おお》きく、統治者《とうちしゃ》としてもすぐれていた。蝦夷《えみし》の首領《しゅりょう》のアテルイは、戦《たたか》っているうちに田《た》村麻呂《むらまろ》の器量《きりょう》をみとめ、「この人《ひと》なら命《いのち》をあずけてもよい」と降伏《こうふく》した。蝦夷《えみし》の民衆《みんしゅう》は寛《かん》大《だい》な田村麻呂《たむらまろ》に大《おお》きな信頼《しんらい》をよせたという。

田村麻呂《たむらまろ》は死《し》ぬ間際《まぎわ》、「死《し》んだときには立《た》ったまま埋葬《まいそう》して、御所《ごしょ》の見《み》えるところにうめてほしい」と遺言《ゆいごん》した。死《し》んでも武人《ぶじん》としての責任《せきにん》をまっとうしようとする田村麻《たむらま》呂《ろ》は、のちに多《おお》くの武人《ぶじん》から尊敬《そんけい》をあつめた。

能力《のうりょく》パラメータ

武《ぶ》力《りょく》考《こう》察《さつ》

蝦夷征伐《えみしせいばつ》以外《いがい》にも、各地《かくち》でさまざまな鬼《おに》や盗賊《とうぞく》を退治《たいじ》する伝説《でんせつ》がのこされていることから、よほど武《ぶ》勇《ゆう》にすぐれた武人《ぶじん》だったのだろう。

主《おも》な戦《たたか》い

蝦夷征討《えみしせいとう》

反逆《はんぎゃく》の勇将《ゆうしょう》

平《たいらの》将《まさ》門《かど》

関東《かんとう》に大乱《たいらん》をおこした天下《てんか》の大悪人《だいあくにん》

所《しょ》　属《ぞく》	桓武平氏《かんむへいし》	出身地《しゅっしんち》	下総国《しもうさのくに》（茨城県《いばらきけん》）
生没年月日《せいぼつねんがっぴ》	不詳《ふしょう》～940年《ねん》3月《がつ》25日《にち》	家紋《かもん》	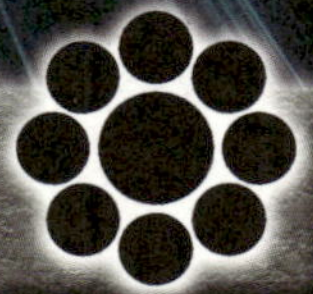

イラスト●喜久家《きくや》 系《けい》

反乱《はんらん》は民衆《みんしゅう》のためだった

下総《しもうさ》の国《くに》を本拠地《ほんきょち》とする中《ちゅう》級《きゅう》貴族《きぞく》の家《いえ》に生《う》まれた平将門《たいらのまさかど》。官位《かんい》はなかったが、地元《じもと》の有力者《ゆうりょくしゃ》だった将門《まさかど》は、自分《じぶん》のもとにたすけをもとめてきた罪人《ざいにん》をかくまい、国司《こくし》（地《ち》方《ほう》の行政官《ぎょうせいかん》）の引《ひ》きわたし要《よう》求《きゅう》に応《おう》じず、逆《ぎゃく》に国府《こくふ》をおそって反逆者《はんぎゃくしゃ》となった。

その後《ご》、国府《こくふ》を次々《つぎつぎ》とおそって国司《こくし》を追《お》い出《だ》し、関東《かんとう》を制圧《せいあつ》。みずからを「新皇《しんのう》」と称《しょう》した。わいろや搾取《さくしゅ》が横《おう》行《こう》していたこの時代《じだい》、将門《まさかど》は虐《しいた》げられていた関東《かんとう》の民衆《みんしゅう》を守《まも》るため、新皇《しんのう》を名乗《なの》って関《かん》東《とう》の独立《どくりつ》を宣言《せんげん》したのだ。

夢《ゆめ》なかばの不運《ふうん》な死《し》

関東《かんとう》では英雄《えいゆう》だが、朝廷《ちょうてい》にすれば将門《まさかど》は大悪人《だいあくにん》。しかも天皇《てんのう》の名《な》をかたる不届《ふとど》き者《もの》だったが、将門《まさかど》を討《う》とうにも朝廷《ちょうてい》にはお金《かね》も兵力《へいりょく》もない。そこで朝廷《ちょうてい》は、地方《ちほう》の豪族《ごうぞく》に将門《まさかど》を攻《せ》めさせた。

戦《たたか》いのさなか、将門《まさかど》は遠《とお》くから飛《と》んできた矢《や》がこめかみにあたり、命《いのち》を落《お》とした。敵《てき》は弓《ゆみ》の名手《めいしゅ》だったようだが、どうやら不運《ふうん》にもながれ矢《や》にあたってしまったようだ。

こうして夢《ゆめ》なかばにして将《まさ》門《かど》は戦場《せんじょう》にたおれたが、その後《ご》、関東《かんとう》の守《まも》り神《がみ》としてまつられることになる。

能力《のうりょく》パラメータ

武《ぶ》力《りょく》考《こう》察《さつ》

馬《うま》のあつかいや弓《ゆみ》の技量《ぎりょう》は高《たか》かったという。東国《とうごく》の荒武者《あらむしゃ》をたばねるぐらいだから、個人《こじん》の武力《ぶりょく》が低《ひく》かったということはないはず。

主《おも》な戦《たたか》い

平 将門《たいらのまさかど》の乱《らん》

国難《こくなん》をすくった英傑《えいけつ》

北《ほう》条《じょう》時《とき》宗《むね》

元《げん》の襲《しゅう》来《らい》から国《くに》をすくった
超《ちょう》強《つよ》気《き》な鎌《かま》倉《くら》執《しっ》権《けん》

所属《しょぞく》	鎌倉幕府《かまくらばくふ》	出身地《しゅっしんち》	相模国《さがみのくに》(神奈川県《かながわけん》)
生没年月日《せいぼつねんがっぴ》	1251年《ねん》6月《がつ》5日《いつか》～1284年《ねん》4月《がつ》20日《はつか》	家紋《かもん》	

イラスト●小野《おの》たかし

元《げん》との戦《たたか》いを決意《けつい》！

鎌倉武士《かまくらぶし》らしく武芸《ぶげい》にすぐれ、とくに騎射《きしゃ》が得意《とくい》だったという北条時宗《ほうじょうときむね》。宋《そう》の高僧《こうそう》から禅宗《ぜんしゅう》の教《おし》えをうけるなど文《ぶん》武両道《ぶりょうどう》の人物《じんぶつ》でもあった。

18歳《さい》で鎌倉幕府《かまくらばくふ》の執権《しっけん》という大役《たいやく》についたが、いきなり大問題《だいもんだい》に直面《ちょくめん》する。宋《そう》をほろぼし、さらにアジア各国《かっこく》を侵《しん》略《りゃく》していたモンゴル帝国《ていこく》の元《げん》が、「自分《じぶん》たちにしたがわなければ攻撃《こうげき》する」とおどしをかけてきたのである。その後《ご》、元《げん》から何度《なんど》も手紙《てがみ》がおくられてきたが、時宗《ときむね》はそれを無視《むし》して協議《きょうぎ》をかさね、ついに元《げん》と戦《たたか》うことを決意《けつい》する。

遠《とお》い鎌倉《かまくら》から作戦指示《さくせんしじ》

日本軍《にほんぐん》は九州《きゅうしゅう》の博多沖《はかたおき》にあらわれた元《げん》の大艦隊《だいかんたい》を迎《むか》え撃《う》った（文永《ぶんえい》の役《えき》）。戦《たたか》いかたのちがいと爆弾《ばくだん》に苦戦《くせん》するが、台風《たいふう》の被害《ひがい》をうけた元軍《げんぐん》も撤退《てったい》する。2度《ど》目《め》の戦《たたか》い（弘安《こうあん》の役《えき》）では台風《たいふう》で元軍《げんぐん》が崩壊《ほうかい》。武士《ぶし》の奮戦《ふんせん》と嵐《あらし》が日本《にほん》を外敵《がいてき》から守《まも》ったのである。

時宗《ときむね》は直接戦場《ちょくせつせんじょう》には出《で》なかった。しかし、戦《たたか》いのさなかに来日《らいにち》した元《げん》の使節《しせつ》を処刑《しょけい》して戦《たたか》う意志《いし》をしめし、遠《とお》い鎌《かま》倉《くら》から作戦指示《さくせんしじ》を出《だ》しつづけた。実《じつ》は臆病《おくびょう》な人《ひと》だったといらが、自分《じぶん》をふるい立《た》たせて強敵《きょうてき》に立《た》ち向《む》かったのである。

能力《のうりょく》パラメータ

武《ぶ》 力《りょく》 考《こう》 察《さつ》

武芸《ぶげい》にひいでており、とくに騎射《きしゃ》の名手。11歳《さい》のとき極楽寺《ごくらくじ》の武《ぶ》芸大会《げいたいかい》で、12センチ四方《しほう》の的《まと》を一矢《いっし》で射《い》ぬいたエピソードがある。

主《おも》な戦《たたか》い

元寇《げんこう》（文永《ぶんえい》の役《えき》、弘安《こうあん》の役《えき》）

楠木《くすのき》正《まさ》成《しげ》

忠義《ちゅうぎ》にあふれた智勇兼備《ちゆうけんび》の武将《ぶしょう》

イラスト●木《き》志田コテツ

良将《りょうしょう》は戦《たたか》わずして勝《か》つ

後醍醐天皇《ごだいごてんのう》の倒幕運動《とうばくうんどう》にくわわって鎌倉幕府軍《かまくらばくふぐん》と戦《たたか》った武将《ぶしょう》。自軍《じぐん》の4倍《ばい》もの大軍《たいぐん》を相手《あいて》に「良将《りょうしょう》は戦《たたか》わずして勝《か》つ」と、ひとりの戦死者《せんししゃ》も出《だ》さずに勝利《しょうり》することもあった。

後醍醐天皇《ごだいごてんのう》に反抗《はんこう》した足利《あしかが》尊氏《たかうじ》と戦《たたか》い京《きょう》から追《お》いはらったが、ふたたび京《きょう》に進軍《しんぐん》した尊氏《たかうじ》にやぶれ、戦死《せんし》した。

所属《しょぞく》	南朝《なんちょう》
出身地《しゅっしんち》	河内国《かわちのくに》（大阪府《おおさかふ》）
生没年月日《せいぼつねんがっぴ》	1294年《ねん》～1336年《ねん》7月4日《がつよっか》
家紋《かもん》	

能力《のうりょく》パラメータ

武《ぶ》力《りょく》考《こう》察《さつ》

ゲリラ戦《せん》を得意《とくい》にしたが、城《しろ》にこもった戦《たたか》いもうまかった。戦闘力《せんとうりょく》も高《たか》く、敵陣《てきじん》を中央突破《ちゅうおうとっぱ》する大胆《だいたん》さと度胸《どきょう》をかねそなえていた。

主《おも》な戦《たたか》い

赤坂城《あかさかじょう》の戦《たたか》い、湊川《みなとがわ》の戦《たたか》い

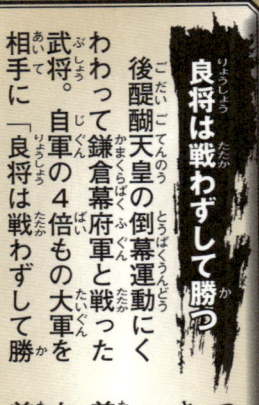

新《にっ》田《た》義《よし》貞《さだ》

足利《あしかが》尊氏《たかうじ》の最大《さいだい》のライバル

イラスト●矢田崎友輔

南朝方《なんちょうがた》の総大将《そうだいしょう》

鎌倉《かまくら》を攻《せ》め落《お》として幕府《ばくふ》をほろぼし、後醍醐天皇《ごだいごてんのう》のもとで南朝方《なんちょうがた》の武将《ぶしょう》のリーダーとなった。しかし、大軍《たいぐん》は動《うご》かせても力攻《ちからぜ》めばかりで効果的《こうかてき》な戦《たたか》いかたができず、さらに判断《はんだん》もおそかったため、尊氏《たかうじ》をたおす機会《きかい》を逃《のが》している。最後《さいご》は越前《えちぜん》の地《ち》で北朝《ほくちょう》の軍《ぐん》にやぶれ、戦死《せんし》した。

所属《しょぞく》	南朝《なんちょう》
出身地《しゅっしんち》	上野国《こうずけのくに》（群馬県《ぐんまけん》）
生没年月日《せいぼつねんがっぴ》	1300年《ねん》（？）～1338年《ねん》8月《がつ》17日《にち》
家紋《かもん》	

能力《のうりょく》パラメータ

武《ぶ》力《りょく》考《こう》察《さつ》

ライバルの尊氏《たかうじ》によく一騎討《いっきう》ちを申《もう》しこんでいたように、腕《うで》には自信《じしん》があった。しかし、軍同士《ぐんどうし》の戦《たたか》いがうまいとはいえなかった。

主《おも》な戦《たたか》い

鎌倉攻略戦《かまくらこうりゃくせん》、矢作川《やはぎがわ》の戦《たたか》い、湊川《みなとがわ》の戦《たたか》い、藤島《ふじしま》の戦《たたか》い

室町幕府《むろまちばくふ》の祖《そ》

足利尊氏《あしかがたかうじ》

名門《めいもん》に生《う》まれた
心《こころ》やさしき英雄《えいゆう》

所属《しょぞく》	足利家《あしかがけ》	出身地《しゅっしんち》	丹波国《たんばのくに》（京都府《きょうとふ》）
生没年月日《せいぼつねんかっぴ》	1305年《ねん》8月《がつ》18日《にち》〜1358年《ねん》6月《がつ》7日《なのか》	家紋《かもん》	

イラスト●菊屋シロウ

将軍《しょうぐん》になりたかった

由緒《ゆいしょ》ただしい源氏《げんじ》一族《いちぞく》の末《まつ》裔《えい》で、鎌倉幕府《かまくらばくふ》の執権《しっけん》・北条《ほうじょう》氏《し》にも一目《いちもく》おかれる家柄《いえがら》だった。尊氏《たかうじ》ははじめ鎌倉幕府軍《かまくらばくふぐん》の司令官《しれいかん》で、倒幕計画《とうばくけいかく》をすすめる後醍醐天皇《ごだいごてんのう》をたおそうとしていたが、寝返《ねがえ》って倒幕軍《とうばくぐん》にくわわった。源氏《げんじ》の名門《めいもん》の尊氏《たかうじ》は、北条氏《ほうじょうし》が政権《せいけん》のトップに居座《いすわ》っていることがずっと不満《ふまん》だったのである。

幕府《ばくふ》をたおしたあと、自分《じぶん》が将軍《しょうぐん》になって幕府《ばくふ》を立《た》てなおしたかった尊氏《たかうじ》だが、後醍《ごだい》醐天皇《ごてんのう》がゆるさず、ふたりは対立《たいりつ》。尊氏《たかうじ》は天皇《てんのう》についた楠木正成《くすのきまさしげ》に戦《いくさ》で負《ま》けてしまう。

非情《ひじょう》になれない一面《いちめん》も

しかし九州《きゅうしゅう》に逃《に》げた尊氏《たかうじ》のもとには、後醍醐天皇《ごだいごてんのう》の政治《せいじ》に反感《はんかん》をもつ武士《ぶし》があつまった。尊氏《たかうじ》はふたたび大軍《たいぐん》をひきいて京《きょう》に進軍《しんぐん》。今度《こんど》は京《きょう》の制圧《せいあつ》になんなく成功《せいこう》する。

室町幕府《むろまちばくふ》をひらいた尊氏《たかうじ》だったが、どうしても非情《ひじょう》になれないタイプで、ここぞというときの決断力《けつだんりょく》はにぶかったといわれている。後醍醐天《ごだいごてん》皇《のう》の処分《しょぶん》でも、島流《しまなが》しにするか迷《まよ》っているうちに逃《に》げられてしまった。心《こころ》やさしい尊氏《たかうじ》の優柔不断《ゆうじゅうふだん》さが、「南北朝時《なんぼくちょうじ》代《だい》」という混乱《こんらん》の60年《ねん》をつくってしまったのである。

能力《のうりょく》パラメータ

武《ぶ》力《りょく》考《こう》察《さつ》

戦場《せんじょう》での度胸《どきょう》は満点《まんてん》。どんな危機《きき》的《てき》な状況《じょうきょう》になっても、まったく動《どう》揺《よう》を見《み》せず、ただ笑《わら》っているだけだったという。

主《おも》な戦《たたか》い

箱根《はこね》・竹ノ下《たけのした》の戦《たたか》い、湊川《みなとがわ》の戦《たたか》い、武蔵野合戦《むさしのかっせん》

武将《ぶしょう》・軍団編《ぐんだんへん》

名門出身《めいもんしゅっしん》のふたりの戦《たたか》いの結末《けつまつ》は!?

サムライ空想《くうそう》バトル!!

鎌倉幕府《かまくらばくふ》をひらいた源《みなもとの》頼朝《よりとも》と室町幕府《むろまちばくふ》をひらいた足利尊氏《あしかがたかうじ》。源氏《げんじ》の名門《めいもん》の家柄出身《いえがらしゅっしん》で、武士政権《ぶしせいけん》のリーダーとなったこのふたりが、軍《ぐん》をひきいて戦場《せんじょう》でぶつかったら、どちらが強《つよ》いのだろうか？

天下《てんか》をとった英雄《えいゆう》と英雄《えいゆう》の対決《たいけつ》!

参考《さんこう》データ（足利尊氏）

軍勢《ぐんぜい》	物量《ぶつりょう》	官位《かんい》	特徴《とくちょう》
約《やく》1万人《まんにん》	約《やく》30万石《まんごく》	征夷大将軍《せいいたいしょうぐん》	不屈《ふくつ》の復活型《ふっかつがた》

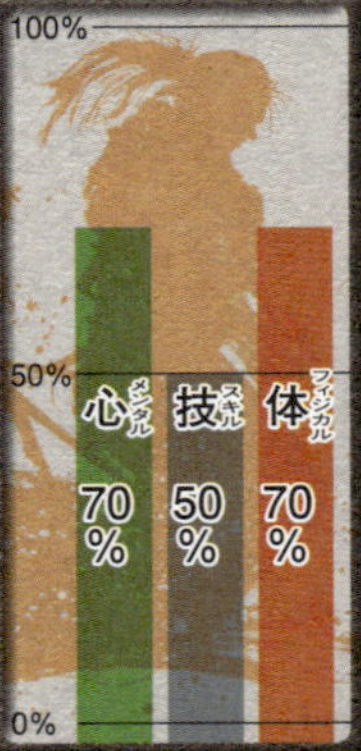

参考《さんこう》データ（源頼朝）

軍勢《ぐんぜい》	物量《ぶつりょう》	官位《かんい》	特徴《とくちょう》
約《やく》5千《せん》～1万人《まんにん》	石高算出不可能《こくだかさんしゅつふかのう》	征夷大将軍《せいいたいしょうぐん》	適材適所型《てきざいてきしょがた》

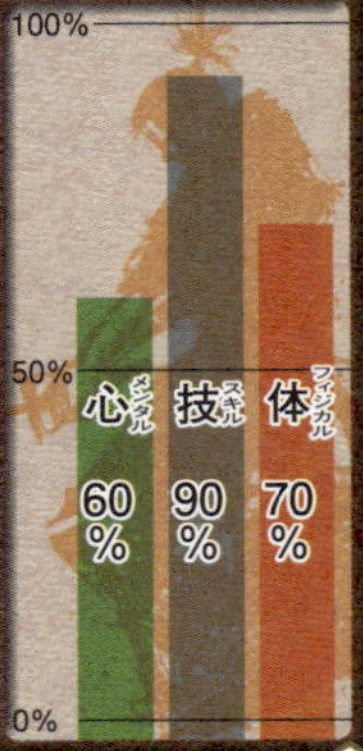

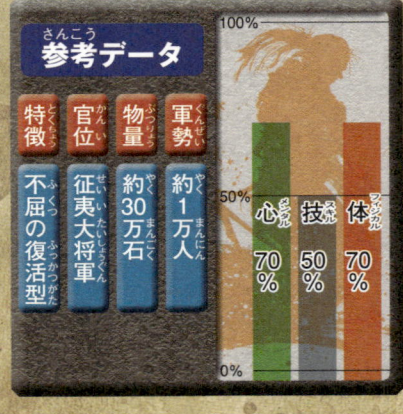

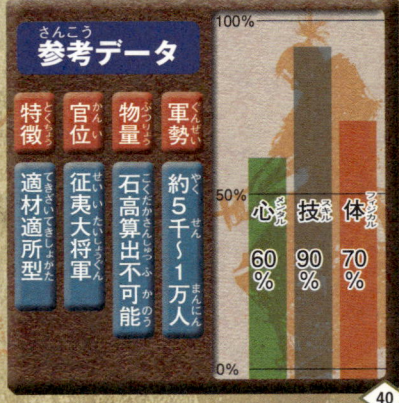

将軍同士《しょうぐんどうし》が激突《げきとつ》！

まずはじめにハッキリといってしまおう。源頼朝《みなもとのよりとも》も足《あし》利尊氏《かがたかうじ》も戦《たたか》いがうまい武将《ぶしょう》ではない。頼朝《よりとも》はみずから戦下《いくさべ》手《た》だとみとめているし、尊氏《たかうじ》は度胸《どきょう》のある人物《じんぶつ》だが臨機応《りんきおう》変《へん》さに欠《か》けている。両者《りょうしゃ》が天《てん》下《か》をとれたのは、彼《かれ》らをささえる武士《ぶし》のおかげ。平家《へいけ》や後《ご》醍醐天皇《だいごてんのう》のやり方《かた》がいやだと、源氏《げんじ》の名門《めいもん》の彼《かれ》らを武士《ぶし》がもり立《た》てたのである。

大将《たいしょう》が戦下手《いくさべた》だけに、ポイントは戦《たたか》いがうまい人材《じんざい》をどう活用《かつよう》するかである。この点《てん》では頼朝軍《よりともぐん》に圧倒的《あっとうてき》なアドバンテージがある。弟《おとうと》の源義経《みなもとのよしつね》を無事《ぶじ》に最前線《さいぜんせん》におくり出《だ》せれば、頼朝《よりとも》の仕事《しごと》はほぼ終《お》わりで、あとは後方《こうほう》から支援《しえん》するだけでいい。

戦争《せんそう》の天才《てんさい》である義経《よしつね》が出《しゅつ》陣《じん》するとなると、尊氏軍《たかうじぐん》は絶《ぜっ》望的《ぼうてき》な状況《じょうきょう》に追《お》いこまれる。尊氏軍《たかうじぐん》にも智将《ちしょう》や勇将《ゆうしょう》はいるが、義経《よしつね》の前《まえ》ではかすんでしまう。尊氏《たかうじ》の時代《じだい》で義経《よしつね》と互《ご》角《かく》に戦《たたか》える天才《てんさい》は楠木正成《くすのきまさしげ》だが、敵《てき》であって味方《みかた》ではない。

開戦《かいせん》すると、すぐに尊氏軍《たかうじぐん》は義経《よしつね》の奇襲《きしゅう》に混乱《こんらん》。しかし、尊氏《たかうじ》は危機的状況《ききてきじょうきょう》でもあせらない。全軍《ぜんぐん》をうしなっても、すぐに復活《ふっかつ》できるのが尊氏《たかうじ》の人徳《じんとく》であり、強《つよ》みである。はたして結末《けつまつ》は…。

勝利《しょうり》の決《き》め手《て》

頼朝《よりとも》の切《き》り札《ふだ》は、弟《おとうと》の義経《よしつね》。彼《かれ》をどこで戦場《せんじょう》に投入《とうにゅう》するかがカギだが、頼朝《よりとも》は計算《けいさん》ができる男《おとこ》。戦《いくさ》が長引《ながび》くくらいならと、いきなり投入《とうにゅう》するはず。序盤《じょばん》から義経《よしつね》、弁慶《べんけい》、那須与一《なすのよいち》の攻撃《こうげき》力《りょく》が尊氏軍《たかうじぐん》を圧倒《あっとう》する！

必殺技《ひっさつわざ》

逆落《さかお》とし、弱点《じゃくてん》への1点集中攻撃《てんしゅうちゅうこうげき》

時代《じだい》とともに変《か》わっていった刀剣《とうけん》の形《かたち》

刀剣《とうけん》の種類《しゅるい》と変化《へんか》

日本《にほん》の刀剣《とうけん》は、はじめから今《いま》の形《かたち》だったわけではない。その変化《へんか》を時代《じだい》をおって見《み》ていこう。

武士《ぶし》の台頭《たいとう》で刀《かたな》が変化《へんか》

刀剣《とうけん》は古墳時代《こふんじだい》に武器《ぶき》として使《つか》われるようになった。ただ、この時代《じだい》はまだ権威《けんい》の象徴《しょうちょう》の意味《いみ》が強《つよ》く、形《かたち》も直刀《ちょくとう》だった。

しかし平安時代《へいあんじだい》に武士《ぶし》が台頭《たいとう》すると、刀剣《とうけん》の需要《じゅよう》が高《たか》まり、合戦《かっせん》のやりかた（騎馬戦《きばせん》）にあわせて、反《そ》りが大《おお》きく入《はい》ったものに形《かたち》が変化《へんか》した。鎌倉時代《かまくらじだい》、南北朝時代《なんぼくちょうじだい》をへて刀《かたな》はより実用的《じつようてき》になり、室町時代《むろまちじだい》には腰《こし》にさしてもち、抜《ぬ》きやすい反《そ》り方《かた》の「打刀《うちがたな》」が主流《しゅりゅう》になった。さらに戦国《せんごく》時代《じだい》には甲冑《かっちゅう》が強化《きょうか》され、刀《かたな》は幅広《はばひろ》で身《み》が厚《あつ》いものが主流《しゅりゅう》になった。

日本刀《にほんとう》の起源《きげん》

日本刀《にほんとう》の起源《きげん》とされるのが奥州蝦夷刀《おうしゅうえぞがたな》である。反《そ》りがあって騎馬戦《きばせん》であつかいやすく、平安時代《へいあんじだい》に東北《とうほく》へ遠征《えんせい》した源氏《げんじ》武士《ぶし》が京《きょう》へとつたえ、日本刀《にほんとう》に進化《しんか》したといわれている。

奥州蝦夷刀《おうしゅうえぞがたな》の産地《さんち》が岩手《いわて》の舞草《もくさ》。発祥《はっしょう》の碑《ひ》がある。

写真提供《しゃしんていきょう》●岡島慎二《おかじましんじ》

刀剣《とうけん》のうつり変《か》わり

直刀《ちょくとう》　古墳時代《こふんじだい》〜奈良時代《ならじだい》

日本《にほん》でもっとも古《ふる》い刀《かたな》は「上古刀《じょうことう》」といわれる直刀《ちょくとう》で、権力《けんりょく》の象徴《しょうちょう》だった。

太刀《たち》　平安時代《へいあんじだい》〜室町時代《むろまちじだい》

戦《いくさ》のしかたが騎馬戦《きばせん》となり、武士《ぶし》の間《あいだ》で大《おお》きな反《そ》りのはいった太刀《たち》がひろまった。

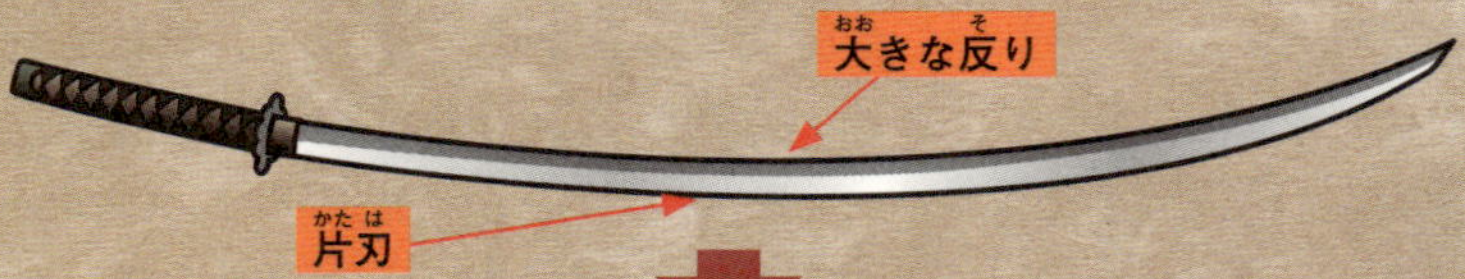

打刀《うちがたな》　安土《あづち》・桃山時代《ももやまじだい》〜

戦《いくさ》のしかたが徒歩《とほ》の集団戦《しゅうだんせん》になり、腰《こし》にさす打刀《うちがたな》が中心《ちゅうしん》に。名工《めいこう》も多《おお》く誕生《たんじょう》した。

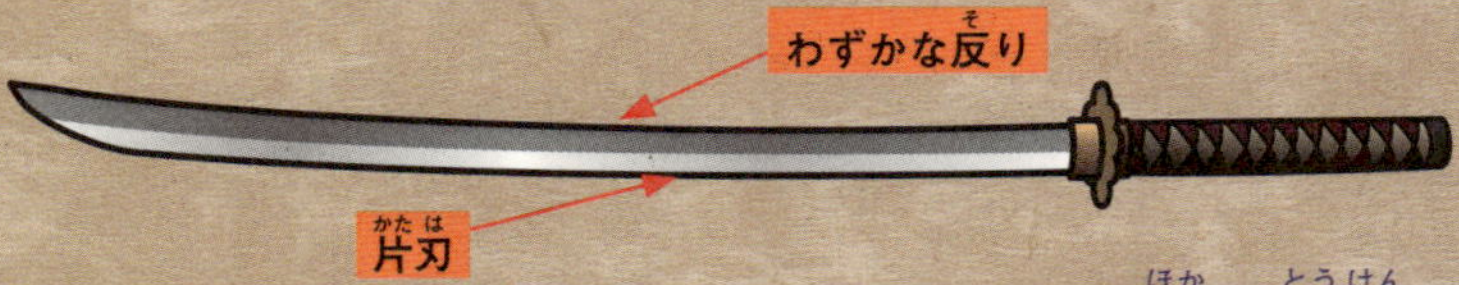

脇差《わきざし》

短刀《たんとう》

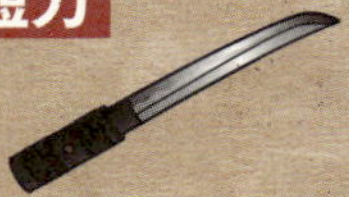

なぎなた

その他《ほか》の刀剣《とうけん》

脇差《わきざし》は２本《ほん》ざしの小《ちい》さい刀《かたな》で、予備《よび》の刀《かたな》として使《つか》われた。携帯《けいたい》できる短刀《たんとう》は、主《おも》に至近距離《しきんきょり》での格闘用《かくとうよう》。刀身《とうしん》を長《なが》い柄《え》の先《さき》につけたのがなぎなた。

イラスト●矢戸優人《やとまさひと》

その血統《けっとう》はとだえたのか？

源氏《げんじ》、平氏《へいし》の末裔《まつえい》とは

　源 頼朝《みなもとのよりとも》や足利尊氏《あしかがたかうじ》を出《だ》した源氏《げんじ》は武士《ぶし》のあこがれの名門《めいもん》。平氏《へいし》も源平合戦《げんぺいがっせん》でやぶれて滅亡《めつぼう》した印象《いんしょう》があるが、鎌倉幕府《かまくらばくふ》で執権《しっけん》となった北条氏《ほうじょうし》は平氏《へいし》。平氏《へいし》もまた武士《ぶし》のあこがれの一族《いちぞく》だった。そのため戦国時代《せんごくじだい》には多《おお》くの豪族《ごうぞく》が、はくをつけたいがために源平《げんぺい》の末裔《まつえい》を名乗《なの》った。ちなみに徳川家康《とくがわいえやす》は源氏《げんじ》の末《まつ》裔《えい》で、織田信長《おだのぶなが》は平氏《へいし》の末裔《まつえい》である。また、出自《しゅつじ》はわからなくても源平《げんぺい》の末裔《まつえい》を自称《じしょう》した戦国大名《せんごくだいみょう》もいた。下克上《げこくじょう》の時代《じだい》とはいえ「看板《かんばん》」は必要《ひつよう》だったのだろう。しかし、豊臣秀吉《とよとみひでよし》は源平《げんぺい》の末裔《まつえい》を名乗《なの》らず、みずからを天皇《てんのう》のご落胤《らくいん》と称《しょう》した。さすがスケールがちがう！

平氏《へいし》をたおして鎌倉《かまくら》に幕府《ばくふ》をひらいた源氏《げんじ》のリーダー、源 頼朝《みなもとのよりとも》の墓《はか》。

写真提供《しゃしんていきょう》●鎌倉《かまくら》タイム

平氏《へいし》の一族《いちぞく》で、関東《かんとう》で「新皇《しんのう》」と称《しょう》して乱《らん》をおこした平将門《たいらのまさかど》の首塚《くびづか》。

写真《しゃしん》●編集部《へんしゅうぶ》

第《だい》2章《しょう》

戦《せん》国《ごく》時《じ》代《だい》の武《ぶ》将《しょう》①
織《お》田《だ》信《のぶ》長《なが》軍《ぐん》団《だん》編《へん》

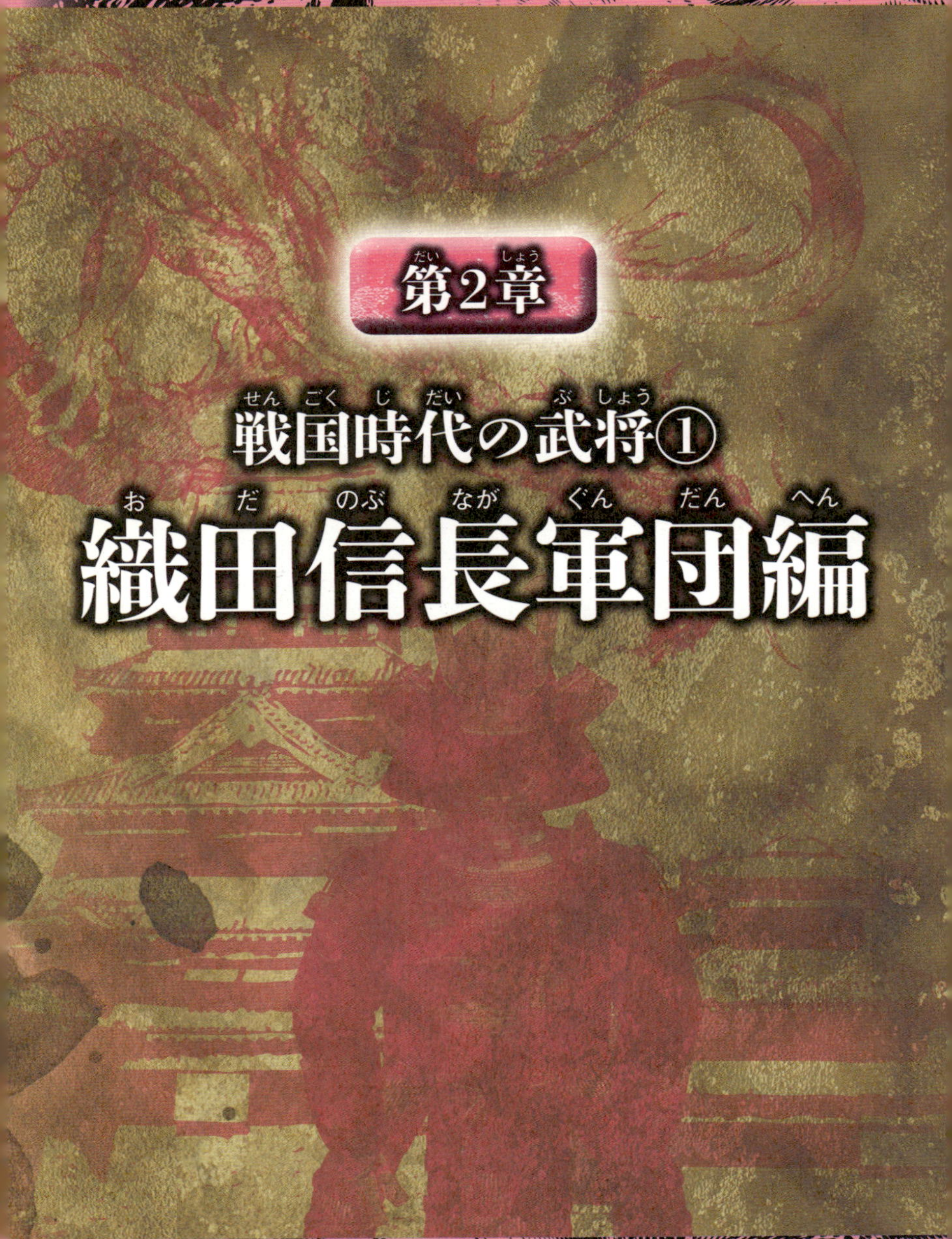

第六天魔王《だいろくてんまおう》

織田信長《おだのぶなが》

天下布武《てんかふぶ》をとなえた戦国時代《せんごくじだい》の風雲児《ふううんじ》！

所　属《しょぞく》	織田家《おだけ》	出身地《しゅっしんち》	尾張国《おわりのくに》（愛知県《あいちけん》）
生没年月日《せいぼつねんがっぴ》	1534年《ねん》6月《がつ》23日《にち》～1582年《ねん》6月《がつ》21日《にち》	家紋《かもん》	

イラスト●坂井結城《さかいゆうき》

常識《じょうしき》はずれの戦国大名《せんごくだいみょう》

尾張統一《おわりとういつ》をすすめる織田信《おだのぶ》秀《ひで》の嫡男《ちゃくなん》として生《う》まれた。織《お》田家《だけ》の当主《とうしゅ》になっても、子《こ》どものころからの奇行癖《きこうへき》がおさまらず、まわりには「大《おお》うつけ」とよばれたが、本当《ほんとう》はかなりのきれ者《もの》。物事《ものごと》の決定《けってい》は自分《じぶん》ひとりの判断《はんだん》でおこない、能力《のうりょく》があれば身分《みぶん》にこだわらずめしかかえ、昔《むかし》からつかえてきた重臣《じゅうしん》でも役《やく》に立《た》たなければすぐに追放《ついほう》した。

また、勢力《せいりょく》をひろげるためにはお金《かね》が必要《ひつよう》と経済《けいざい》を重視《じゅうし》したり、居城《きょじょう》をころころと変《か》えるなど、ほかの戦国大名《せんごくだいみょう》とは常識《じょうしき》もかけはなれていた。

みずから最前線《さいぜんせん》に出《で》て奮戦《ふんせん》

信長《のぶなが》といえば、少《すく》ない兵《へい》で今川義元《いまがわよしもと》の大軍《たいぐん》をやぶった桶《おけ》狭間《はざま》の戦《たたか》いが有名《ゆうめい》だが、本来《ほんらい》信長《のぶなが》はこのような戦《たたか》いを好《この》まない。勝《か》てる戦《いくさ》しかしないのが信長《のぶなが》の特徴《とくちょう》だが、もともと織田軍《おだぐん》の兵《へい》は少《すく》なく、奇襲《きしゅう》しか勝《か》ち目《め》がなかったのだ。

信長《のぶなが》は女性《じょせい》のような顔立《かおだ》ちできゃしゃな体《からだ》つきだったという。しかし、桶狭間《おけはざま》や一乗《いちじょう》谷城《だにじょう》の戦《たたか》いではみずから先頭《せんとう》に立《た》って奮戦《ふんせん》した。リーダーのこうした行動《こうどう》が味方《みかた》の士気《しき》を上《あ》げたのはいうまでもなく、その戦《たたか》いぶりによって、信長《のぶなが》の名《な》は全国《ぜんこく》にとどろいた。

能力《のうりょく》パラメータ

武《ぶ》力《りょく》考《こう》察《さつ》

織田家《おだけ》の家督争《かとくあらそ》いの戦《いくさ》では敵大将《てきたいしょう》を討《う》ちとり、首級《みしるし》をあげた。桶狭《おけはざ》間《ま》の戦《たたか》いでも総大将《そうだいしょう》として今川軍《いまがわぐん》に突撃《とつげき》するなど勇《ゆう》かん。

主《おも》な戦《たたか》い

桶狭間《おけはざま》の戦《たたか》い、稲葉山城《いなばやまじょう》の戦《たたか》い、一《いち》乗谷城《じょうだにじょう》の戦《たたか》い、長篠《ながしの》の戦《たたか》いなど

極端《きょくたん》な勝《か》ち戦《いくさ》を合理的《ごうりてき》に演出《えんしゅつ》した 信長《のぶなが》の戦術《せんじゅつ》・長篠《ながしの》の戦《たたか》い

あざやかな勝利《しょうり》の数々《かずかず》で戦国《せんごく》に覇《は》をとなえた織田《おだ》信長《のぶなが》。その戦《たたか》いかたは意外《いがい》と堅実派《けんじつは》だった。

勝《か》つべくして勝《か》つ

織田信長《おだのぶなが》といえば、桶狭間《おけはざま》の戦《たたか》いのあざやかな勝利《しょうり》から、奇襲《きしゅう》がうまい武将《ぶしょう》のイメージがある。しかし信長本《のぶながほん》人《にん》は、桶狭間《おけはざま》が一か八《いちばち》かの戦《いくさ》だということをわかっていた。

信長《のぶなが》は天性《てんせい》の勝負勘《しょうぶかん》をもっている武将《ぶしょう》だが、本当《ほんとう》は敵《てき》に勝《か》てるだけの戦力《せんりょく》（兵《へい》）と作戦《さくせん》を準備《じゅんび》して、戦《いくさ》にのぞみたいとかんがえる武将《ぶしょう》だったのだ。

しかし、信長《のぶなが》の置《お》かれた状況《じょうきょう》がそうさせてくれなかった。周辺《しゅうへん》の国《くに》はすべて信長《のぶなが》の敵《てき》で、しかも信長包囲網《のぶながほういもう》をしいていた。そのため、なかなか大軍《たいぐん》を動《うご》かすことができず、少《すく》ない兵力《へいりょく》で敵《てき》を各個撃破《かっこげきは》していくしかなかった。

信長《のぶなが》が戦《いくさ》でその本領《ほんりょう》を発揮《はっき》できたのは長篠《ながしの》の戦《たたか》いだろう。信長《のぶなが》は武田信玄《たけだしんげん》が生《い》きているときには武田軍《たけだぐん》と決《けっ》して戦《たたか》おうとしなかった。勝《か》てないとわかっていたからだ。

しかし、武田信玄《たけだしんげん》が死《し》んで武田軍《たけだぐん》の結束力《けっそくりょく》がよわまったとみた信長《のぶなが》は、およそ3万《まん》8000の大軍《たいぐん》で武田《たけだ》を攻《せ》めた。武田軍《たけだぐん》はおよそ1万《まん》5000。信長軍《のぶながぐん》の圧倒的多数《あっとうてきたすう》である。さらに信長《のぶなが》は武田騎馬《たけだきば》隊《たい》への対策《たいさく》も万全《ばんぜん》にしていた。信長《のぶなが》は大軍《たいぐん》で攻《せ》め上《あ》がるのではなく、戦場《せんじょう》に堅固《けんご》な防御《ぼうぎょ》陣《じん》をしいた。そして武田騎馬《たけだきば》隊《たい》を陣《じん》におびきよせ、鉄砲《てっぽう》で一網打尽《いちもうだじん》にしてやろうとかんがえたのだ。

戦《いくさ》は信長《のぶなが》の計算《けいさん》どおりにはこび、武田軍《たけだぐん》は惨敗《ざんぱい》した。長篠《ながしの》の戦《たたか》いは、鉄砲《てっぽう》ばかり注目《ちゅうもく》されるが、事前《じぜん》に勝《か》つための準備《じゅんび》をととのえて勝《か》つべくして勝《か》った戦《いくさ》だ。

交戦戦力《こうせんせんりょく》	
織田《おだ》・徳川連合軍《とくがわれんごうぐん》	武田軍《たけだぐん》
大将《たいしょう》	
織田信長《おだのぶなが》 徳川家康《とくがわいえやす》	武田勝頼《たけだかつより》
戦力《せんりょく》	
38,000 （諸説《しょせつ》あり）	15,000 （諸説《しょせつ》あり）
損害《そんがい》	
60未満《みまん》	10,000～12,000 （諸説《しょせつ》あり）

上《うえ》：信長《のぶなが》は長篠城《ながしのじょう》の手前《てまえ》に陣《じん》をもうけて馬防柵《まぼうさく》をつくり武田《たけだ》軍《ぐん》をまった。
右《みぎ》：馬場信春《ばばのぶはる》最期《さいご》の地《ち》

写真提供《しゃしんていきょう》●設楽原歴史資料館《したらがはられきししりょうかん》

戦《せん》術《じゅつ》考《こう》察《さつ》

信長軍《のぶながぐん》は大軍《たいぐん》だったが、あえて防御陣《ぼうぎょじん》をしき、鉄砲《てっぽう》で武田軍《たけだぐん》を迎《むか》え撃《う》った。おそらく鉄砲《てっぽう》が失敗《しっぱい》しても、大軍《たいぐん》をもって武田軍《たけだぐん》を包囲《ほうい》せん滅《めつ》できたはずだ。

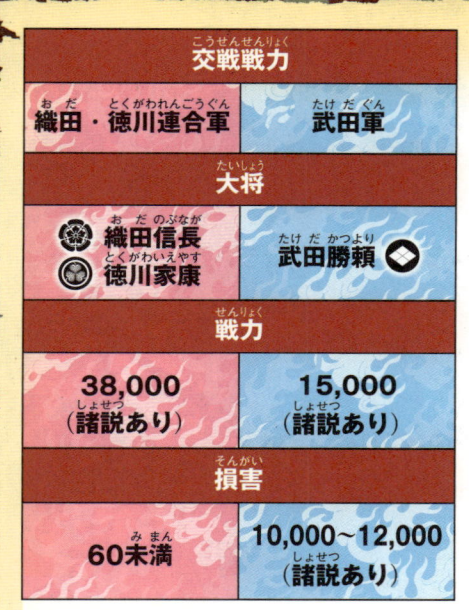

ちりぎわも壮絶《そうぜつ》

柴《しば》田《た》勝《かつ》家《いえ》

秀吉《ひでよし》とのあらそいにやぶれた織田家《おだけ》の重鎮《じゅうちん》

所属《しょぞく》	織田家《おだけ》	出身地《しゅっしんち》	尾張国《おわりのくに》（愛知県《あいちけん》）
生没年月日《せいぼつねんがっぴ》	1522年《ねん》～1583年《ねん》6月14日《がつじゅうよっか》	家紋《かもん》	

イラスト●田中健一《たなかけんいち》

はじめは反信長派《はんのぶながは》

織田信秀《おだのぶひで》の代《だい》から織田家《おだけ》ひとすじにつかえた勇将《ゆうしょう》。信秀《のぶひで》亡《な》きあとは信行《のぶゆき》（信長《のぶなが》の弟《おとうと》）に家老《かろう》としてつかえ、信行《のぶゆき》を織田家《おだけ》のリーダーにしようと信長《のぶなが》の排除《はいじょ》を計画《けいかく》したが失《しっ》敗《ぱい》。信行《のぶゆき》の死後《しご》、その罪《つみ》をゆるされて信長《のぶなが》の家臣《かしん》となる。信長《のぶなが》ははじめ大事《だいじ》な戦《たたか》いで勝家《かついえ》を重《おも》くもちいなかったが、徐々《じょじょ》に勝家《かついえ》の能力《のうりょく》をみとめて戦《たたか》いに参加《さんか》させるようになった。勝家《かついえ》は信長《のぶなが》の期待《きたい》にこたえて多《おお》くの武功《ぶこう》を上《あ》げ、やがて筆頭家老《ひっとうかろう》となり、織田家《おだけ》にとってなくてはならない重臣《じゅうしん》となっていった。

秀吉《ひでよし》の知略《ちりゃく》に完敗《かんぱい》

天下統一《てんかとういつ》へ向《む》けて領土拡大《りょうどかくだい》を目指《めざ》す信長《のぶなが》は、勝家《かついえ》を北陸《ほくりく》方面《ほうめん》の司令官《しれいかん》に抜《ばっ》てき。勝家《かついえ》は越前《えちぜん》（福井県《ふくいけん》）や加賀《かが》（石《いし》川県《かわけん》）に勢力《せいりょく》をひろげていた一向一揆《いっこういっき》を制圧《せいあつ》した。さらにもち前《まえ》の勇猛《ゆうもう》さで上杉勢《うえすぎぜい》を越《えち》後国内《ごこくない》に押《お》しこめることに成《せい》功《こう》し、北陸《ほくりく》を安定《あんてい》させた。

本能寺《ほんのうじ》の変《へん》で信長《のぶなが》が亡《な》くなったあとは、羽柴秀吉《はしばひでよし》と対《たい》立《りつ》。信長《のぶなが》の三男《さんなん》・信孝《のぶたか》の後見《こうけん》人《にん》になって対抗《たいこう》したが、賤《しず》ケ《が》岳《たけ》の戦《たたか》いで秀吉《ひでよし》の知略《ちりゃく》の前《まえ》に敗北《はいぼく》。居城《きょじょう》の北ノ庄城《きたのしょうじょう》で、妻《つま》のお市《いち》の方《かた》（信長《のぶなが》の妹《いもうと》）とともに自害《じがい》した。

能力《のうりょく》パラメータ

武《ぶ》力《りょく》考《こう》察《さつ》

織田家武将《おだけぶしょう》の唄《うた》に「かかれ柴田《しばた》」とあるように、織田家中《おだかちゅう》でもっとも突進力《とっしんりょく》にすぐれた猛将《もうしょう》。あまりの強《つよ》さに「鬼柴田《おにしばた》」ともいわれた。

主《おも》な戦《たたか》い

姉川《あねがわ》の戦《たたか》い、一乗谷城《いちじょうだにじょう》の戦《たたか》い、手取《てどり》川《がわ》の戦《たたか》い、賤《しず》ケ《が》岳《たけ》の戦《たたか》い

猿《さる》とよばれたきれ者《もの》

羽《は》柴《しば》秀《ひで》吉《よし》

機《き》転《てん》の早《はや》さで立《りっ》身《しん》出《しゅっ》世《せ》
天《てん》下《か》をうかがうサル

所属《しょぞく》	松下家《まつしたけ》、織田家《おだけ》	出身地《しゅっしんち》	尾張国《おわりのくに》（愛知県《あいちけん》）
生没年月日《せいぼつねんがっぴ》	1537年《ねん》3月《がつ》17日《にち》～1598年《ねん》9月《がつ》18日《にち》	家紋《かもん》	

イラスト●小野《おの》たかし

トントン拍子《ひょうし》の出世《しゅっせ》

俗称《ぞくしょう》はサル。足軽《あしがる》あるいは農民《のうみん》の出身《しゅっしん》といわれるが、侍《さむらい》になるために諸国《しょこく》を放浪《ほうろう》。ぞうりとりとして織田信長《おだのぶなが》につかえてからは、もち前《まえ》の機転《きてん》の早《はや》さでトントン拍子《びょうし》に出世《しゅっせ》をとげた。

美濃攻略戦《みのこうりゃくせん》では一夜《いちや》にして墨俣城《すのまたじょう》をきずき、金ケ崎《かねがさき》の戦《たたか》いでは、大《だい》ピンチとなった織《お》田軍《だぐん》のしんがりをつとめ、信《のぶ》長本隊《ながほんたい》の撤退《てったい》をたすけた。その後《ご》も、小谷城《おだにじょう》攻めで浅井《あざい》・朝倉連合軍《あさくられんごうぐん》を相手《あいて》に戦功《せんこう》を上《あ》げるなど、信長《のぶなが》から大《おお》きな信《しん》頼《らい》をえて、中国方面《ちゅうごくほうめん》の司令官《しれいかん》に抜《ばっ》てきされた。

人《ひと》の心《こころ》をつかむ天才《てんさい》

中国方面司令官《ちゅうごくほうめんしれいかん》として毛利《もうり》軍《ぐん》と戦《たたか》っているさなかに、本《ほん》能寺《のうじ》の変《へん》で信長《のぶなが》が急死《きゅうし》。毛利《もうり》といち早《はや》く講和《こうわ》し、大急《おおいそ》ぎで近畿《きんき》にもどって（中国大返《ちゅうごくおおがえ》し）明智光秀《あけちみつひで》を討《う》った。つづいて織《お》田家《だけ》の今後《こんご》を決《き》める清洲会《きよすかい》議《ぎ》で対立《たいりつ》した柴田勝家《しばたかついえ》を賤《しず》ケ《が》岳《たけ》の戦《たたか》いでやぶり、織田家《おだけ》の実権《じっけん》をにぎった。

秀吉軍《ひでよしぐん》の強《つよ》さは、情報力《じょうほうりょく》をもとにした判断《はんだん》の正確《せいかく》さと決《けっ》断力《だんりょく》の早《はや》さにあるといっていい。また、秀吉《ひでよし》は人《ひと》の心《こころ》をつかむ天才《てんさい》。有能《ゆうのう》な人材《じんざい》を部下《ぶか》にできたことも、権力《けんりょく》あらそいに勝《か》てた理由《りゆう》だろう。

能力《のうりょく》パラメータ

武《ぶ》力《りょく》考《こう》察《さつ》

武勇《ぶゆう》に自信《じしん》はなく、戦《いくさ》で前線《ぜんせん》に出《で》るタイプの武将《ぶしょう》ではない。武力《ぶりょく》のなさはもち前《まえ》の頭脳《ずのう》でカバー。織《お》田家臣団《だかしんだん》でもっとも戦《いくさ》がうまい。

主《おも》な戦《たたか》い

美濃攻略《みのこうりゃく》、金ヶ崎《かねがさき》の戦《たたか》い、小谷城《おだにじょう》の戦《たたか》い、賤ヶ岳《しずがたけ》の戦《たたか》い

才《さい》智《ち》に富《と》んだ陰《いん》謀《ぼう》家《か》

明《あけ》智《ち》光《みつ》秀《ひで》

本《ほん》能《のう》寺《じ》の変《へん》をおこした 勤《きん》勉《べん》で有《ゆう》能《のう》な武《ぶ》将《しょう》

所属《しょぞく》	斎藤《さいとう》家《け》、朝倉《あさくら》家《け》、足利《あしかが》家《け》、織田《おだ》家《け》	出身地《しゅっしんち》	美濃国《みののくに》(岐阜県《ぎふけん》)
生没年月日《せいぼつねんがっぴ》	1528年《ねん》(諸説《しょせつ》あり)～1582年《ねん》7月《がつ》2日《ふつか》	家紋《かもん》	

イラスト●坂本《さかもと》ロクタク

朝廷《ちょうてい》と幕府《ばくふ》のパイプ役《やく》

信長《のぶなが》の妻《つま》の濃姫《のうひめ》とはいとこにあたる。美濃《みの》の斎藤家《さいとうけ》の内《うち》輪《わ》もめで斎藤道三《さいとうどうさん》についたため、斎藤義龍《さいとうよしたつ》に一族《いちぞく》の多《おお》くを討《う》たれ、明智家《あけちけ》はほろんでしまった。明智家《あけちけ》の再興《さいこう》をちかって諸国《しょこく》をまわっていた光《みつ》秀《ひで》を客将《かくしょう》としてめしかかえたのは越前《えちぜん》の朝倉義景《あさくらよしかげ》。鉄砲術《てっぽうじゅつ》の腕《うで》をかわれての登用《とうよう》だったといわれている。

やがて、光秀《みつひで》のすぐれた知《ち》性《せい》と教養《きょうよう》が信長《のぶなが》の目《め》にとまり、織田家《おだけ》にめしかかえられた。織田《おだ》の家臣《かしん》となった光秀《みつひで》は、おもに朝廷《ちょうてい》や室町幕府《むろまちばくふ》とのパイプ役《やく》として活躍《かつやく》した。

謀反《むほん》の真意《しんい》は謎《なぞ》のまま

すぐれた内政手腕《ないせいしゅわん》で信長《のぶなが》のお気《き》に入《い》りとなった光秀《みつひで》だが、軍事《ぐんじ》でも丹波《たんば》（京都府《きょうとふ》）の攻略《こうりゃく》をまかされた。苦戦《くせん》しながらも丹波《たんば》の平定《へいてい》に成功《せいこう》し、信長《のぶなが》にも「そのはたらきは見事《みごと》！」と絶賛《ぜっさん》された。

丹波一国《たんばいっこく》をあたえられ、織《お》田家《だけ》の出世頭《しゅっせがしら》となった光秀《みつひで》だが、徐々《じょじょ》に信長《のぶなが》にうとまれ、最後《さいご》は「本能寺《ほんのうじ》の変《へん》」をおこして信長《のぶなが》を殺《ころ》した。謀反《むほん》の真《しん》意《い》は、信長《のぶなが》へのうらみだったのか、暴走《ぼうそう》する信長《のぶなが》をとめたかったのか、それとも自分《じぶん》の天下《てんか》とりの野心《やしん》だったのか、今《いま》も謎《なぞ》のままである。

能力《のうりょく》パラメータ

武《ぶ》力《りょく》考《こう》察《さつ》

織田軍《おだぐん》のなかでもっとも鉄砲術《てっぽうじゅつ》にたけていた。金ヶ崎《かねがさき》の戦《たたか》いでは撤《てっ》退《たい》する織田軍《おだぐん》のしんがりで奮戦《ふんせん》したように勇《ゆう》かんさもそなえている。

主《おも》な戦《たたか》い

本能寺《ほんのうじ》の変《へん》、金ヶ崎《かねがさき》の戦《たたか》い、信貴山《しぎさん》城《じょう》の戦《たたか》い、山崎《やまざき》の戦《たたか》い

前《まえ》田《だ》利《とし》家《いえ》

豪《ごう》胆《たん》で知《し》られる槍《やり》の又左《またざ》

イラスト●ナチコ

心臓《しんぞう》に毛《け》が生《は》えている?

おだやかな人柄《ひとがら》で知《し》られているが、若《わか》いころは血気《けっき》さかん。「槍《やり》の又左《またざ》」とよばれる槍《やり》の名人《めいじん》で、信長《のぶなが》に「胆《きも》に毛《け》が生《は》えている」と、度胸《どきょう》を称賛《しょうさん》された勇将《ゆうしょう》である。秀吉《ひでよし》とは足軽《あしがる》時代《じだい》から親《した》しく、秀吉《ひでよし》が天下《てんか》統一《とういつ》したあとには、五大老《ごたいろう》のひとりとして人望《じんぼう》をあつめた。

所属《しょぞく》	織田家《おだけ》、豊臣家《とよとみけ》
出身地《しゅっしんち》	尾張国《おわりのくに》（愛知県《あいちけん》）
生没年月日《せいぼつねんがっぴ》	1538年《ねん》（諸説《しょせつ》あり）～1599年《ねん》4月《がつ》27日《にち》
家紋《かもん》	

能力《のうりょく》パラメータ

統率力《とうそつりょく》	3
知力《ちりょく》	3
運《うん》	2
カリスマ性《せい》	2
勢力《せいりょく》	3
武力《ぶりょく》	4

B

武《ぶ》力《りょく》考《こう》察《さつ》

身長《しんちょう》180cm以上《いじょう》の巨体《きょたい》で、長《なが》さ6m以上《いじょう》の長槍《ながやり》を自由自在《じゆうじざい》にあやつった。顔《かお》に矢《や》が刺《さ》さったまま敵陣《てきじん》に飛《と》びこみ、敵《てき》を討《う》ちとることも。

主《おも》な戦《たたか》い

金ヶ崎《かねがさき》の戦《たたか》い、姉川《あねがわ》の戦《たたか》い、末森城《すえもりじょう》の戦《たたか》い

滝川一益《たきがわかずます》

忍者出身《にんじゃしゅっしん》の織田四天王《おだしてんのう》

イラスト●木志田《きのした》コテツ

武田《たけだ》討伐《とうばつ》戦《せん》で大活躍《だいかつやく》

近江《おうみ》の甲賀《こうか》出身《しゅっしん》で忍者《にんじゃ》だったという説《せつ》がある。武田《たけだ》討伐《とうばつ》戦《せん》では織田軍《おだぐん》の主力《しゅりょく》として活《かつ》躍《やく》し、戦後《せんご》はその功《こう》をみとめられ、関東管領《かんとうかんれい》という重要《じゅうよう》な職《しょく》をまかされた。本能寺《ほんのうじ》の変《へん》のあと、北条氏《ほうじょうし》と戦《たたか》ってやぶれ、織田家中《おだかちゅう》での地位《ちい》が急落《きゅうらく》。反秀吉側《はんひでよしがわ》につくがまたもやぶれて出家《しゅっけ》した。

所属《しょぞく》	六角家《ろっかくけ》、織田家《おだけ》、豊臣家《とよとみけ》	家紋《かもん》	
出身地《しゅっしんち》	近江国《おうみのくに》(滋賀県《しがけん》)		
生没年月日《せいぼつねんがっぴ》	1525年《ねん》～1586年《ねん》10月《がつ》21日《にち》		

能力《のうりょく》パラメータ

武《ぶ》力《りょく》考《こう》察《さつ》

堺《さかい》で鉄砲《てっぽう》の技術《ぎじゅつ》をまなび、織田家《おだか》中《ちゅう》では明智光秀《あけちみつひで》とならぶ鉄砲《てっぽう》の名《めい》手《しゅ》。槍《やり》の腕《うで》も一流《いちりゅう》で、戦《いくさ》ではつねに先陣《せんじん》かしんがりをつとめた。

主《おも》な戦《たたか》い

長篠《ながしの》の戦《たたか》い、甲州征伐《こうしゅうせいばつ》、神流川《かんながわ》の戦《たたか》い

織《お》田《だ》信《のぶ》忠《ただ》

信《のぶ》長《なが》もみとめた後継者《こうけいしゃ》

イラスト●小野たかし

父《ちち》とともに京《きょう》にちる

信長《のぶなが》の嫡男《ちゃくなん》。信長《のぶなが》の後継者《こうけいしゃ》として十分《じゅうぶん》な資質《ししつ》をもち、武田討伐戦《たけだとうばつせん》では総大将《そうだいしょう》として功績《こうせき》を上《あ》げた。そのあまりの進撃《しんげき》の早《はや》さに、敵《てき》の武田勝頼《たけだかつより》は逃《に》げるしかなかったという。信長《のぶなが》とともに京《きょう》に滞在中《たいざいちゅう》に本能寺《ほんのうじ》の変《へん》がおこり、明智軍《あけちぐん》を二条城《にじょうじょう》で迎《むか》え撃《う》つが、善戦《ぜんせん》もむなしく自害《じがい》した。

所《しょ》　属《ぞく》	織田家《おだけ》	家《か》　紋《もん》	
出身地《しゅっしんち》	尾張国《おわりのくに》（愛知県《あいちけん》）		
生没年月日《せいぼつねんがっぴ》	1557年《ねん》（？）～1582年《ねん》6月《がつ》21日《にち》		

能力《のうりょく》パラメータ

武《ぶ》力《りょく》考《こう》察《さつ》

武田討伐戦《たけだとうばつせん》の高遠城攻《たかとおじょうぜ》めでは、深追《ふかお》いを禁《きん》じた信長《のぶなが》の指示《しじ》を無視《むし》し、織田軍《おだぐん》を先頭《せんとう》で指揮《しき》して武田《たけだ》領内《りょうない》の城《しろ》を次々《つぎつぎ》と攻略《こうりゃく》した。

主《おも》な戦《たたか》い

武田討伐戦《たけだとうばつせん》、石山合戦《いしやまかっせん》、伊勢長島攻《いせながしまぜ》め

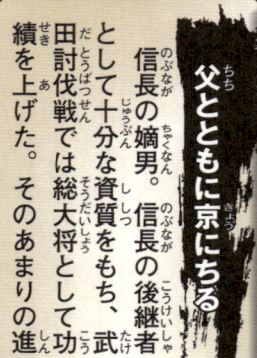

佐《さ》久《く》間《ま》信《のぶ》盛《もり》

しんがりを得意《とくい》とした「退《の》き名人《めいじん》」

所属《しょぞく》	織田家《おだけ》
出身地《しゅっしんち》	尾張国《おわりのくに》（愛知県《あいちけん》）
生没年月日《せいぼつねんがっぴ》	1528年《ねん》～1582年《ねん》2月《がつ》18日《にち》

家紋《かもん》

信長《のぶなが》を怒《おこ》らせ失脚《しっきゃく》

かぎられた戦力《せんりょく》で敵《てき》の追撃《ついげき》をふせぎ、本隊《ほんたい》を守《まも》らなくてはならないしんがりの指揮《しき》を得意《とくい》とし、「退《の》き佐久間《さくま》」といわれた織田家臣《おだかしん》の古株《ふるかぶ》。織田軍《おだぐん》のほとんどの戦《たたか》いに参加《さんか》して功績《こうせき》も上《あ》げていたが、司令官《しれいかん》となった石山本願《いしやまほんがん》寺攻《じぜ》めで苦戦《くせん》をしいられ、信《のぶ》長《なが》の怒《いか》りをかって失脚《しっきゃく》した。

能力《のうりょく》パラメータ

武《ぶ》力《りょく》考《こう》察《さつ》

もっとも危険《きけん》なしんがりの指揮《しき》を得意《とくい》としていたことから武勇《ぶゆう》はあった。しかし、みずから動《うご》いて戦《せん》局《きょく》を打破《だは》する能力《のうりょく》はない。

主《おも》な戦《たたか》い

桶狭間《おけはざま》の戦《たたか》い、三方ヶ原《みかたがはら》の戦《たたか》い、石《いし》山合戦《やまかっせん》

イラスト●平林知子《ひらばやしともこ》

戦功《せんこう》を上《あ》げ着実《ちゃくじつ》に出世《しゅっせ》

信長《のぶなが》の馬廻《うままわり》から、織田家《おだけ》のエリート部隊《ぶたい》「黒母衣衆《くろほろしゅう》」の隊長《たいちょう》に抜《ばっ》てきされた。長篠《ながしの》の戦《たたか》いなどで戦功《せんこう》を上《あ》げ、のちに柴田勝家《しばたかついえ》の配下《はいか》となって越中《えっちゅう》（富山県《とやまけん》）をおさめた。信長《のぶなが》の死後《しご》、勝家《かついえ》とともに秀吉《ひでよし》と敵対《てきたい》。徳川家康《とくがわいえやす》にも秀吉《ひでよし》と戦《たたか》うよう、冬《ふゆ》の雪山《ゆきやま》をこえて説得《せっとく》に行《い》くが、失敗《しっぱい》に終《お》わる。

所属《しょぞく》	織田家《おだけ》、豊臣家《とよとみけ》
家紋《かもん》	
出身地《しゅっしんち》	尾張国《おわりのくに》（愛知県《あいちけん》）
生没年月日《せいぼつねんがっぴ》	1536年《ねん》2月6日《がつむいか》（諸説《しょせつ》あり）～1588年《ねん》7月7日《がつなのか》

能力《のうりょく》パラメータ

武《ぶ》力《りょく》考《こう》察《さつ》

信長《のぶなが》が見《み》こんだ武将《ぶしょう》だけがなれる「黒母衣衆《くろほろしゅう》」の隊長《たいちょう》をつとめた。敵将《てきしょう》の首《くび》をとっても、手柄《てがら》をほこらなかったという。

主《おも》な戦《たたか》い

長篠《ながしの》の戦《たたか》い、魚津城《うおづじょう》の戦《たたか》い、富山《とやま》の役《えき》

丹《に》羽《わ》長《なが》秀《ひで》

織田家臣団《おだかしんだん》のナンバー2

イラスト●坂本《さかもと》ロクタク

信長《のぶなが》からの絶対的信頼《ぜったいてきしんらい》

派手《はで》な活躍《かつやく》はなかったものの着実《ちゃくじつ》に戦功《せんこう》をつみ、柴田勝家《しばたかついえ》とならんで織田家臣団《おだかしんだん》の双璧《そうへき》といわれた。優秀《ゆうしゅう》な軍事指揮官《ぐんじしきかん》であるいっぽう、物資調達《ぶっしちょうたつ》や補給《ほきゅう》などの裏方仕事《うらかたしごと》もスピーディにこなし、信長《のぶなが》から絶対的《ぜったいてき》な信頼《しんらい》をえていた。信長《のぶなが》の死後《しご》は秀吉《ひでよし》を支持《しじ》するが、病《やまい》にたおれて自害《じがい》した。

所属《しょぞく》	織田家《おだけ》、豊臣家《とよとみけ》
出身地《しゅっしんち》	尾張国《おわりのくに》（愛知県《あいちけん》）
生没年月日《せいぼつねんがっぴ》	1535年《ねん》10月《がつ》16日《にち》～1585年《ねん》5月《がつ》15日《にち》

家紋《かもん》

能力《のうりょく》パラメータ

武《ぶ》力《りょく》考《こう》察《さつ》

目立《めだ》たない仕事《しごと》を黙々《もくもく》とこなすタイプで武将《ぶしょう》としては地味《じみ》だが、かなりの武勇《ぶゆう》のもち主《ぬし》でもあり、「鬼五郎左《おにごろうざ》」といわれた。

主《おも》な戦《たたか》い

観音寺城《かんのんじじょう》の戦《たたか》い、長篠《ながしの》の戦《たたか》い、山崎《やまざき》の戦《たたか》い

織田配下《おだはいか》、その最強《さいきょう》の軍《ぐん》がぶつかった!!

サムライ空想《くうそう》三《み》つ巴《どもえ》バトル!!

織田信長《おだのぶなが》の家臣団《かしんだん》の重鎮《じゅうちん》、「織田四天王《おだしてんのう》」にも数《かぞ》えられる柴田勝家《しばたかついえ》、丹羽長秀《にわながひで》、滝川一益《たきがわかずます》。全国統一《ぜんこくとういつ》をめざした信長《のぶなが》が「方面軍《ほうめんぐん》」のリーダーを命《めい》じた歴戦《れきせん》のつわもの３人《にん》が、いまここに激突《げきとつ》！

柴田軍《しばたぐん》の物量《ぶつりょう》に

VS

どう対抗《たいこう》していくのか!?

参考《さんこう》データ

	一益《かずます》		長秀《ながひで》		勝家《かついえ》	
	物量《ぶつりょう》	軍勢《ぐんぜい》	物量《ぶつりょう》	軍勢《ぐんぜい》	物量《ぶつりょう》	軍勢《ぐんぜい》
	37万石《まんごく》	1万人《まんにん》	37万石《まんごく》	1万人《まんにん》	75万石《まんごく》	2万人《まんにん》

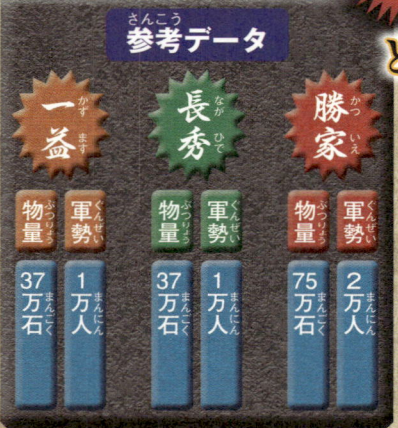

兵《へい》を分《わ》けた柴田勝家《しばたかついえ》

柴田軍《しばたぐん》は最多兵力《さいたへいりょく》の2万《まん》人《にん》。勝家《かついえ》は攻《せ》める気《き》まんまんで、兵《へい》を1万人《まんにん》ずつ分《わ》けて丹羽軍《にわぐん》、滝川軍《たきがわぐん》にぶつけた。丹羽軍《にわぐん》は柴田軍《しばたぐん》とあえて戦《たたか》わず、とにかく逃《に》げて持久戦《じきゅうせん》にもちこむ。そして別働隊《べつどうたい》に柴田軍《しばたぐん》の兵糧部隊《ひょうろうぶたい》を攻《せ》めさせた。戦《いくさ》は兵糧《ひょうろう》がなければつづけられないことを知《し》る長秀《ながひで》ならではの作戦《さくせん》だ。いっぽうの滝川軍《たきがわぐん》は、大将《たいしょう》の一益《かずます》が先頭《せんとう》に立《た》って柴田軍《しばたぐん》と戦《たたか》った。そうして時間《じかん》をかせいでいるうちに、柴田軍《しばたぐん》に潜入《せんにゅう》させている甲賀忍者《こうかにんじゃ》が勝家《かついえ》の命《いのち》をとろうという作戦《さくせん》である。

長秀《ながひで》の思惑《おもわく》は的中《てきちゅう》し、兵糧《ひょうろう》がなくなって戦意《せんい》をうしなった柴田軍《しばたぐん》をたたいて敗走《はいそう》させた。逆《ぎゃく》に滝川軍《たきがわぐん》は柴田軍《しばたぐん》に負《ま》け、勝家《かついえ》の暗殺《あんさつ》も失敗《しっぱい》に終《お》わる。勝家《かついえ》と一益《かずます》はいくども同《おな》じ戦場《せんじょう》で戦《たたか》った仲《なか》。勝家《かついえ》は一《かず》益《ます》のねらいをすべて読《よ》んでいたのである。

戦場《せんじょう》にのこったのは柴田軍《しばたぐん》と丹羽軍《にわぐん》。丹羽軍《にわぐん》はほとんど消耗《しょうもう》がなく、いっぽうの柴田軍《しばたぐん》は、二方面作戦《にほうめんさくせん》で傷《きず》ついた兵《へい》をあわせておよそ1万《まん》5000人《にん》。まだ兵力《へいりょく》では勝《まさ》っていたものの、丹羽軍《にわぐん》の戦意《せんい》は高《たか》く、猛将《もうしょう》・勝家《かついえ》をもってしても丹羽軍《にわぐん》を撃《う》ちやぶることはできなかった。

勝利《しょうり》の決《き》め手《て》

戦《いくさ》は大軍《たいぐん》のほうが有利《ゆうり》である。柴田勝家《しばたかついえ》は相手《あいて》の倍《ばい》の兵力《へいりょく》をもっているのだから、全軍《ぜんぐん》をもって丹羽軍《にわぐん》と滝川軍《たきかわぐん》を攻《せ》めるべきだった。そうなれば丹羽長秀《にわながひで》と滝川一益《たきがわかずます》は、策《さく》をねる前《まえ》にやぶれていたはずだ。

必殺技《ひっさつわざ》 兵糧部隊《ひょうろうぶたい》へのゲリラ戦法《せんぽう》

機能美《きのうび》にあふれた武将《ぶしょう》たちの居城《きょじょう》

国宝《こくほう》の城《しろ》5景《けい》

日本《にほん》には築城当時《ちくじょうとうじ》のままのこっている城《しろ》も多《おお》い。ここでは国宝《こくほう》の城《しろ》を紹介《しょうかい》しよう。

犬山城《いぬやまじょう》

写真提供《しゃしんていきょう》●犬山観光情報《いぬやまかんこうじょうほう》

愛知県犬山市《あいちけんいぬやまし》。江戸時代《えどじだい》までに建造《けんぞう》された「現存天守《げんそんてんしゅ》12城《じょう》」のひとつだ。

彦根城《ひこねじょう》

写真提供《しゃしんていきょう》●
彦根観光協会《ひこねかんこうきょうかい》

滋賀県彦根市《しがけんひこねし》。1622年《ねん》に築城《ちくじょう》された。井伊氏《いいし》14代《だい》の居城《きょじょう》であった。

松本城《まつもとじょう》

写真提供《しゃしんていきょう》●松本市《まつもとし》

長野県松本市《ながのけんまつもとし》。『烏城《からすじょう》』の異名《いみょう》。築城年《ちくじょうねん》は1504年《ねん》。松本城《まつもとじょう》とよばれる前《まえ》は深志城《ふかしじょう》とよばれていた。

松江城《まつえじょう》

写真提供《しゃしんていきょう》●松江観光協会《まつえかんこうきょうかい》

島根県松江市《しまねけんまつえし》。別名《べつめい》は千鳥城《ちどりじょう》。築城《ちくじょう》は1611年《ねん》。主《おも》な城主《じょうしゅ》は堀尾氏《ほりおし》、京極氏《きょうごくし》、松平氏《まつだいらし》。

姫路城《ひめじじょう》

写真提供《しゃしんていきょう》●姫路市《ひめじし》

兵庫県姫路市《ひょうごけんひめじし》。別名《べつめい》は白鷺城《しらさぎじょう》。ユネスコの世界遺産《せかいいさん》にも登録《とうろく》されている。1346年《ねん》に赤松貞範《あかまつさだのり》によって築城《ちくじょう》。

時代《じだい》の最先端兵器《さいせんたんへいき》が出現《しゅつげん》!!

鉄砲《てっぽう》で変《か》わった戦《いくさ》の方法《ほうほう》

日本《にほん》への火縄銃《ひなわじゅう》の伝来《でんらい》（鉄砲伝来《てっぽうでんらい》）は、１５４３年《ねん》の種子島《たねがしま》にはじまるとされる。戦国時代以降《せんごくじだいいこう》は、その威力《いりょく》がかわれ、多《おお》くの戦国大名《せんごくだいみょう》や雑賀衆《さいかしゅう》などの地域勢力《ちいきせいりょく》にひろまった。それでは火縄銃《ひなわじゅう》は、戦《いくさ》にどういう変化《へんか》をもたらしたのだろうか。ひとつには「弓《ゆみ》から火縄銃《ひなわじゅう》にもち変《か》え、一挙《いっきょ》に敵《てき》をせん滅《めつ》する」という戦術《せんじゅつ》に変《か》わったことが上《あ》げられる。集団戦《しゅうだんせん》は、以前《いぜん》より足軽《あしがる》の弓矢《ゆみや》での戦《たたか》いでおこなわれていたが、火縄銃《ひなわじゅう》の威力《いりょく》は、たとえば長篠《ながしの》の戦《たたか》いで織田軍《おだぐん》が武田軍騎馬隊《たけだぐんきばたい》を圧倒《あっとう》し、大勝利《だいしょうり》をおさめたことなどを見《み》てもあきらかだ。これ以降《いこう》、火縄銃《ひなわじゅう》の登場《とうじょう》は、築城《ちくじょう》の方法《ほうほう》にも影響《えいきょう》をあたえることになった。

伝《でん》ポルトガル初伝来《はつでんらい》火縄銃《ひなわじゅう》

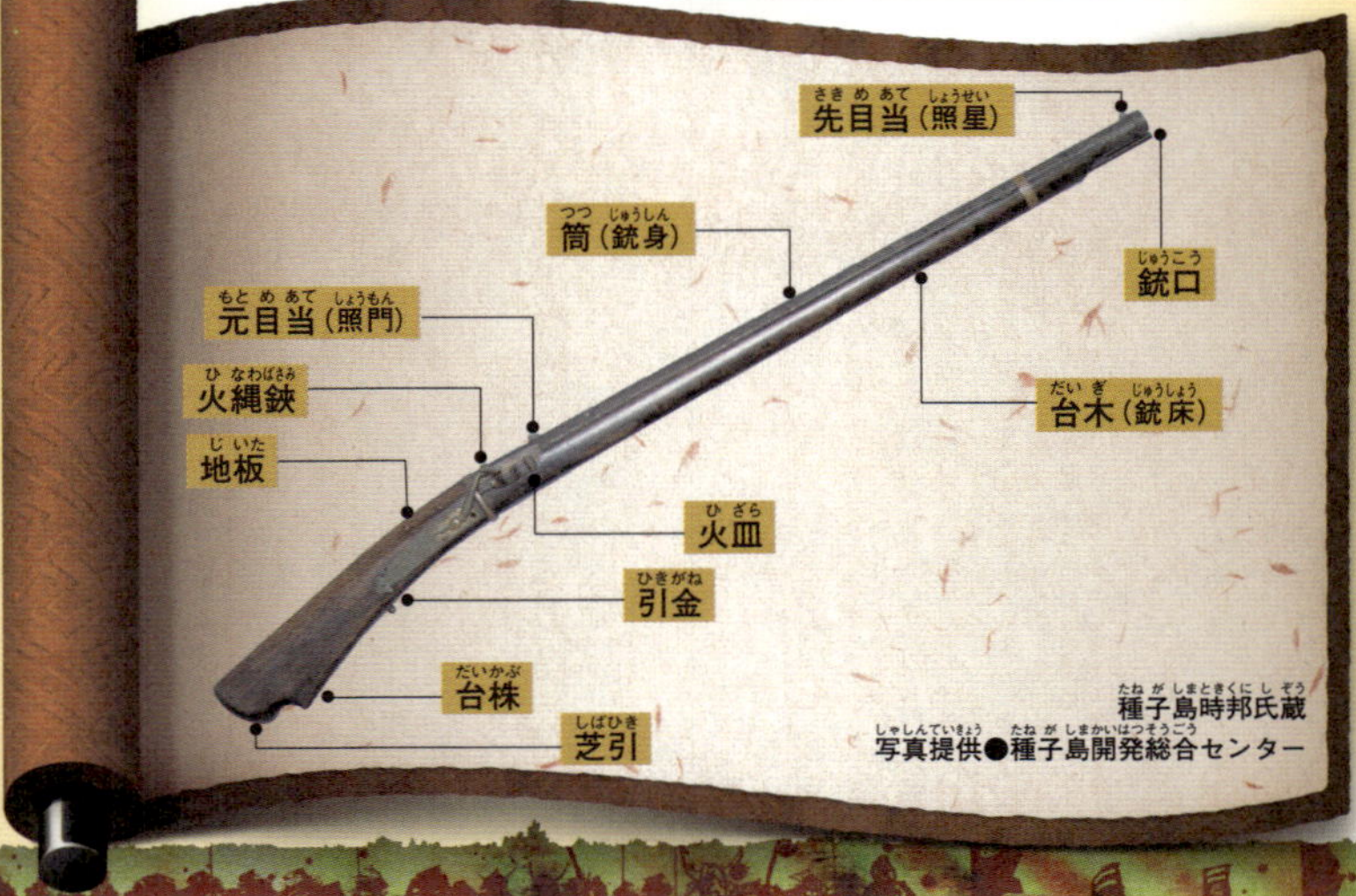

種子島時邦氏蔵《たねがしまときくにしぞう》
写真提供《しゃしんていきょう》●種子島開発総合《たねがしまかいはつそうごう》センター

第《だい》3章《しょう》

戦《せん》国《ごく》時《じ》代《だい》の武《ぶ》将《しょう》②

豊《とよ》臣《とみ》秀《ひで》吉《よし》軍《ぐん》団《だん》編《へん》

天《てん》下《か》人《びと》太《たい》閤《こう》

豊《とよ》臣《とみ》秀《ひで》吉《よし》

農《のう》民《みん》からついに関《かん》白《ぱく》へ！
戦《せん》国《ごく》一《いち》の出《しゅっ》世《せ》男《おとこ》

所《しょ》 属《ぞく》	豊臣家《とよとみけ》	出身地《しゅっしんち》	尾張国《おわりのくに》（愛知県《あいちけん》）
生没年月日《せいぼつねんがっぴ》	1537年《ねん》3月《がつ》17日《にち》～1598年《ねん》9月《がつ》18日《にち》	家紋《かもん》	

イラスト●トミダトモミ

羽柴姓《はしばせい》をすて豊臣姓《とよとみせい》に

柴田勝家《しばたかついえ》をたおして織田家《おだけ》の実権《じっけん》をにぎった秀吉《ひでよし》は、強《きょう》敵《てき》の徳川家康《とくがわいえやす》を臣従《しんじゅう》させることにも成功《せいこう》。天下統一《てんかとういつ》が現実《げんじつ》のものとなっていった。

織田家《おだけ》をしのぐ権力《けんりょく》を手《て》にいれた秀吉《ひでよし》は、もはや羽柴姓《はしばせい》を名乗《なの》らず、天皇《てんのう》からたまわった豊臣姓《とよとみせい》を名乗《なの》るようになった。関白《かんぱく》・太政大臣《だじょうだいじん》の位《くらい》も手《て》にいれた秀吉《ひでよし》は、大軍《たいぐん》をもって四国《しこく》、九州《きゅうしゅう》、関東《かんとう》を平定《へいてい》。天下統一《てんかとういつ》をはたした。その後《ご》、世《よ》のなかの平和《へいわ》を何《なに》よりものぞんでいた天下人《てんかびと》の秀吉《ひでよし》は、刀狩令《かたながりれい》などを発布《はっぷ》して武器《ぶき》の使用《しよう》や戦《たたか》いを禁《きん》じていった。

晩年《ばんねん》も精力的《せいりょくてき》に行動《こうどう》

晩年《ばんねん》にはあと継《つ》ぎと弟《おとうと》をうしなって落《お》ちこむ秀吉《ひでよし》だったが、行動《こうどう》は精力的《せいりょくてき》だった。なかでも朝鮮出兵《ちょうせんしゅっぺい》はむちゃな計《けい》画《かく》といわれたが、出兵《しゅっぺい》にはちゃんと理由《りゆう》があった。「世界征《せかいせい》服《ふく》をかんがえていた信長《のぶなが》の意《い》志《し》を継《つ》いだ」「アジア征服《せいふく》をめざすスペインに日本《にほん》の力《ちから》を見《み》せるため」だったようで、よくいわれる「年《とし》をとって判断力《はんだんりょく》がにぶったから」ではなかった。

その後《ご》、第《だい》2子《し》の秀頼《ひでより》に政《せい》権《けん》をゆずった秀吉《ひでよし》だが、隠居《いんきょ》しても天下《てんか》に号令《ごうれい》しつづけた。そして秀頼《ひでより》の将来《しょうらい》を心配《しんぱい》しながら、62歳《さい》の生涯《しょうがい》をとじた。

能力《のうりょく》パラメータ

武《ぶ》力《りょく》考《こう》察《さつ》

聚楽第《じゅらくだい》で秀吉《ひでよし》と会《あ》った宣教師《せんきょうし》のルイス・フロイスは、秀吉《ひでよし》のことを戦闘《せんとう》がうまく、策略家《さくりゃくか》で悪知恵《わるちえ》がはたらく人物《じんぶつ》だとのべている。

主《おも》な戦《たたか》い

関東征伐《かんとうせいばつ》、文禄《ぶんろく》・慶長《けいちょう》の役《えき》

信長《のぶなが》の権力《けんりょく》を継承《けいしょう》する戦《たたか》いにいどんだ
秀吉《ひでよし》の戦術《せんじゅつ》・賤《しず》ケ《が》岳《たけ》の戦《たたか》い

柔軟《じゅうなん》な用兵《ようへい》がもち味《あじ》の秀吉《ひでよし》。天下統一《てんかとういつ》の第一歩《だいいっぽ》となった賤ケ岳《しずがたけ》の戦《たたか》いから秀吉《ひでよし》の戦術《せんじゅつ》を見《み》ていこう。

たくみな機動戦《きどうせん》と心理戦《しんりせん》

秀吉《ひでよし》の戦《たたか》いかたの特徴《とくちょう》は、「機動性《きどうせい》の重視《じゅうし》」と「たくみな心理戦《しんりせん》」にある。秀吉《ひでよし》がつかえた織田信長《おだのぶなが》は堅実《けんじつ》な用兵家《ようへいか》だったが、機動力《きどうりょく》を使《つか》った戦《たたか》いかたもうまかった。この部分《ぶぶん》を濃厚《のうこう》にうけ継《つ》いだのが秀吉《ひでよし》である。

当時《とうじ》、信長《のぶなが》や秀吉《ひでよし》ほど戦《いくさ》における「時間《じかん》」の重要性《じゅうようせい》を知《し》りつくしている武将《ぶしょう》はいなかった。戦《いくさ》では、相手《あいて》に情報《じょうほう》がとどくよりも早《はや》く動《うご》き、敵《てき》のすきをつけば、勝《か》つ可能性《かのうせい》は高《たか》い。その代表的《だいひょうてき》な例《れい》がおよそ１８０キロの距離《きょり》を６日間《むいかかん》で走破《そうは》した「中国大返《ちゅうごくおおがえ》し」。明智光秀《あけちみつひで》は秀吉《ひでよし》の高速機動《こうそくきどう》に対応《たいおう》できず、山崎《やまざき》の戦《たたか》いで惨敗《ざんぱい》した。しかし、秀吉《ひでよし》が心理戦《しんりせん》と機動戦《きどうせん》をおりまぜ、まるで芸術《げいじゅつ》のような戦《たたか》いを見《み》せたのは賤ケ岳《しずがたけ》の戦《たたか》いだろう。

部隊《ぶたい》を二分《にぶん》したすきを柴田《しばた》軍《ぐん》につかれた秀吉《ひでよし》は、それを逆手《さかて》にとり、敵《てき》が動《うご》いたことで生《しょう》じたすきをつこうと、二分《にぶん》していた軍《ぐん》をひとつにするべく自軍《じぐん》を賤ケ岳《しずがたけ》にひき返《かえ》させた。このとき、秀吉《ひでよし》は賤ケ岳《しずがたけ》までのおよそ52キロをわずか5時間《じかん》で走破《そうは》している。

数時間前《すうじかんまえ》までいなかった秀《ひで》吉本隊《よしほんたい》の帰還《きかん》に意表《いひょう》をつかれた柴田軍《しばたぐん》は総《そう》くずれになった。これが有名《ゆうめい》な「美濃大返《みののおおがえ》し」である。

さらにこのさなか、秀吉《ひでよし》は敵将《てきしょう》に調略《ちょうりゃく》をかけている。ねらいは前田利家《まえだとしいえ》。親友《しんゆう》であり、勝家《かついえ》との主従関係《しゅじゅうかんけい》がうまくいっていないことを知《し》っていた秀吉《ひでよし》は、利家《としいえ》の寝返《ねがえ》りを成功《せいこう》させ、柴田軍《しばたぐん》を内部《ないぶ》からも崩壊《ほうかい》させたのである。

交戦戦力《こうせんせんりょく》	
羽柴軍《はしばぐん》	柴田軍《しばたぐん》
大将《たいしょう》	
羽柴秀吉《はしばひでよし》 黒田官兵衛《くろだかんべえ》 福島正則《ふくしままさのり》 加藤清正《かとうきよまさ》 石田三成《いしだみつなり》 大谷吉継《おおたによしつぐ》 ほか	柴田勝家《しばたかついえ》 佐久間盛政《さくまもりまさ》 滝川一益《たきがわかずます》 前田利家《まえだとしいえ》 ほか
戦力《せんりょく》	
50,000	30,000

上《うえ》：秀吉《ひでよし》を歴史《れきし》のひのき舞台《ぶたい》へ押《お》し上《あ》げた賤《しず》ヶ岳《がたけ》の戦《たたか》いの戦場跡《せんじょうあと》。
右《みぎ》：賤ヶ岳山頂《しずがたけさんちょう》の武将《ぶしょう》像《ぞう》。柴田軍《しばたぐん》は崩壊《ほうかい》して越前《えちぜん》の北ノ庄《きたのしょう》に退却《たいきゃく》した。

写真提供《しゃしんていきょう》●
滋賀《しが》・びわ湖観光情報《こかんこうじょうほう》

戦《せん》術《じゅつ》考《こう》察《さつ》

二方面作戦《にほうめんさくせん》のすきをつかれた秀吉《ひでよし》。しかし各《かっ》個撃破《こげきは》されるかもしれない不利《ふり》を高速移動《こうそくいどう》で回避《かいひ》した。その間《あいだ》に調《ちょう》略《りゃく》もしかけているのだからぬかりがない。

賤《しず》ヶ《が》岳《たけ》七《しち》本《ほん》槍《やり》

福《ふく》島《しま》正《まさ》則《のり》

秀《ひで》吉《よし》にかわいがられた「賤《しず》ヶ《が》岳《たけ》七《しち》本《ほん》槍《やり》」のエース

所属《しょぞく》	豊臣家《とよとみけ》、徳川家《とくがわけ》	出身地《しゅっしんち》	尾張国《おわりのくに》（愛知県《あいちけん》）
生没年月日《せいぼつねんがっぴ》	1561年《ねん》～1624年《ねん》8月《がつ》26日《にち》	家紋《かもん》	

イラスト●小《お》野《の》たかし

つねに先鋒《せんぽう》はゆずらない

母《はは》が秀吉《ひでよし》の母《はは》の妹《いもうと》だった関《かん》係《けい》で、おさないころから秀吉《ひでよし》にかわいがられ、小姓《こしょう》（雑用《ざつよう》係《がかり》）としてつかえた。

秀吉《ひでよし》の全国制覇《ぜんこくせいは》をめざす戦《たたか》いで多《おお》くの功名《こうみょう》を上《あ》げたが、とくに有名《ゆうめい》なのは、柴田勝家《しばたかついえ》との決戦《けっせん》となった賤ケ岳《しずがたけ》の戦《たたか》いでの大活躍《だいかつやく》。一番槍《いちばんやり》で敵《てき》の大将《たいしょう》を討《う》ちとる功績《こうせき》を上《あ》げ、秀吉《ひでよし》から5000石《ごく》のほうびをあたえられた。

負《ま》けず嫌《ぎら》いの性格《せいかく》で、戦《いくさ》ではつねに先鋒《せんぽう》で敵《てき》につっこんでいくタイプ。味方《みかた》に手柄《てがら》で先《さき》をこされると、ものすごくくやしがったという。

関ケ原《せきがはら》では東軍《とうぐん》に味方《みかた》

秀吉《ひでよし》が全国統一《ぜんこくとういつ》をしたあとも朝鮮《ちょうせん》の役《えき》で活躍《かつやく》。ついに故郷《こきょう》である尾張国《おわりのくに》の清洲《きよす》24万石《まんごく》を手《て》に入《い》れた。

その後《ご》、石田三成《いしだみつなり》と真《ま》っ向《こう》から対立《たいりつ》。秀吉《ひでよし》の家臣団《かしんだん》が、正則《まさのり》をはじめとする武闘派《ぶとうは》と、事務派《じむは》の石田三成《いしだみつなり》の勢力《せいりょく》に分《わ》かれる事態《じたい》になった。この確執《かくしつ》がもとで、関ケ原《せきがはら》の戦《たたか》いでは徳川家康《とくがわいえやす》に協力《きょうりょく》し、東《とう》軍《ぐん》の先陣《せんじん》をきっている。

戦後《せんご》は家康《いえやす》から安芸《あき》（広島《ひろしま》県《けん》・山口県《やまぐちけん》）48万石《まんごく》をあたえられたが、豊臣派《とよとみは》の危険人物《きけんじんぶつ》としてマークされ、ささいな理由《りゆう》で所領《しょりょう》を没収《ぼっしゅう》された。

能力《のうりょく》パラメータ

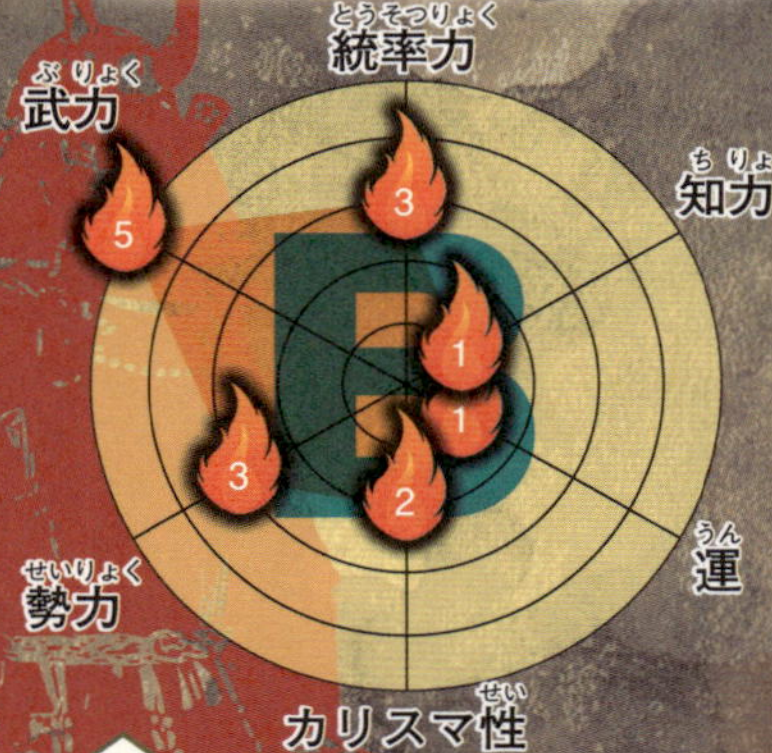

武《ぶ》力《りょく》考《こう》察《さつ》

子《こ》どものころから怪力《かいりき》のもち主《ぬし》。賤ヶ岳七本槍《しずがたけしちほんやり》の筆頭《ひっとう》で、気性《きしょう》が荒《あら》く、誰《だれ》よりも先鋒《せんぽう》にこだわった。武勇一点張《ぶゆういってんば》りの荒武者《あらむしゃ》である。

主《おも》な戦《たたか》い

賤ヶ岳《しずがたけ》の戦《たたか》い、四国《しこく》・九州《きゅうしゅう》・小田原《おだわら》征伐《せいばつ》、関ヶ原《せきがはら》の戦《たたか》い

虎《とら》退《たい》治《じ》の豪《ごう》傑《けつ》

加《か》藤《とう》清《きよ》正《まさ》

虎《とら》退《たい》治《じ》で有《ゆう》名《めい》な
豊《とよ》臣《とみ》家《け》をささえた豪《ごう》傑《けつ》

所《しょ》　属《ぞく》	豊臣家《とよとみけ》	出身地《しゅっしんち》	尾張国《おわりのくに》（愛知県《あいちけん》）
生没年月日《せいぼつねんがっぴ》	1562年《ねん》7月《がつ》25日《にち》～1611年《ねん》8月2日《がつふつか》	家紋《かもん》	

イラスト●坂井結城《さかいゆうき》

見上《みあ》げるほどの大男《おおおとこ》

秀吉《ひでよし》と故郷《こきょう》が同《おな》じ。母《はは》が秀《ひで》吉《よし》の母《はは》の遠縁《とおえん》にあたるため、鍛冶屋《かじや》だった父《ちち》の死後《しご》、秀吉《ひでよし》の小姓《こしょう》としてつかえた。

身長《しんちょう》が１９０センチ以上《いじょう》もある大男《おおおとこ》だったが、戦《いくさ》ではさらに自分《じぶん》を大《おお》きく見《み》せるため、たてに長《なが》いかぶとをかぶったという。得意《とくい》とする武器《ぶき》は、豊臣家《とよとみけ》随一《ずいいち》の腕《うで》といわれる槍《やり》で、虎退治《とらたいじ》で片方《かたほう》の刃《は》が折《お》れたという「片鎌槍《かたかまやり》」がトレードマークだった。

賤ケ岳《しずがたけ》の戦《たたか》いで大手柄《おおてがら》を上《あ》げ、秀吉《ひでよし》が九州《きゅうしゅう》を平定《へいてい》したあとは、肥後《ひご》（熊本県《くまもとけん》）25万石《まんごく》をあたえられている。

内政《ないせい》でもすぐれた手腕《しゅわん》

朝鮮出兵《ちょうせんしゅっぺい》では日本軍《にほんぐん》の主力《しゅりょく》として先鋒《せんぽう》をつとめ、伝説級《でんせつきゅう》の活躍《かつやく》をして帰国《きこく》。

秀吉《ひでよし》が死去《しきょ》したあと、福島《ふくしま》正則《まさのり》らと石田三成《いしだみつなり》の暗殺未遂《あんさつみすい》事件《じけん》をおこしたが失敗《しっぱい》し、徳《とく》川家康《がわいえやす》に接近《せっきん》。関ケ原《せきがはら》の戦《たたか》いには参戦《さんせん》しなかったが、黒田《くろだ》官兵衛《かんべえ》らと九州《きゅうしゅう》の西軍勢力《せいぐんせいりょく》をたおすなど東軍《とうぐん》に協力《きょうりょく》し、戦《せん》後《ご》に肥後《ひご》52万石《まんごく》をえた。

豊臣軍《とよとみぐん》でもトップクラスの豪傑《ごうけつ》だが、城《しろ》づくりと治水《ちすい》の達人《たつじん》で、内政面《ないせいめん》でもすぐれた手腕《しゅわん》を発揮《はっき》した。彼《かれ》のきずいた熊本城《くまもとじょう》は現在《げんざい》、日本《にほん》３名城《めいじょう》のひとつに数《かぞ》えられている。

能力《のうりょく》パラメータ

武《ぶ》力《りょく》考《こう》察《さつ》

天下無双《てんかむそう》の豪傑《ごうけつ》。槍《やり》の達人《たつじん》で巨大《きょだい》な馬《うま》を乗《の》りこなす。戦《いくさ》にめっぽう強《つよ》く、朝鮮《ちょうせん》では連戦連勝《れんせんれんしょう》で、敵兵《てきへい》に「鬼将軍《おにしょうぐん》」とおそれられた。

主《おも》な戦《たたか》い

賤ケ岳《しずがたけ》の戦《たたか》い、四国征伐《しこくせいばつ》、文禄《ぶんろく》・慶《けい》長《ちょう》の役《えき》

豊《とよ》臣《とみ》秀《ひで》長《なが》

秀吉《ひでよし》の片腕《かたうで》で豊臣政権《とよとみせいけん》の要《かなめ》

イラスト●喜久家《きくや》 系《けい》

兄《あに》をささえた有能《ゆうのう》な弟《おとうと》

秀吉《ひでよし》の弟《おとうと》。政治力《せいじりょく》にすぐれた温厚《おんこう》な人物《じんぶつ》で、秀吉《ひでよし》を陰《かげ》でささえる名補佐役《めいほさやく》だった。武《ぶ》将《しょう》としても一流《いちりゅう》で、戦功《せんこう》により信長《のぶなが》から直々《じきじき》に一国《いっこく》をあたえられたほど。天下統一《てんかとういつ》の戦《たたか》いでも四国《しこく》・九州征伐《きゅうしゅうせいばつ》の総大《そうだい》将《しょう》として活躍《かつやく》した。

51歳《さい》で病死《びょうし》したが、その後《ご》、豊臣家《とよとみけ》は急速《きゅうそく》に崩壊《ほうかい》した。

所属《しょぞく》	織田家《おだけ》、豊臣家《とよとみけ》
出身地《しゅっしんち》	尾張国《おわりのくに》（愛知県《あいちけん》）
生没年月日《せいぼつねんがっぴ》	1540年《ねん》4月8日《がつようか》～1591年《ねん》2月《がつ》15日《にち》
家紋《かもん》	

能力《のうりょく》パラメータ

武《ぶ》力《りょく》考《こう》察《さつ》

武勇《ぶゆう》こそ高《たか》くないが、戦《たたか》いはねばり強《づよ》く堅実《けんじつ》。攻守《こうしゅ》にすきがなく、猛将《もうしょう》の島津義弘《しまづよしひろ》の攻撃《こうげき》もしりぞけている。実《じつ》は不敗《ふはい》の名将《めいしょう》。

主《おも》な戦《たたか》い

但馬《たじま》攻《ぜ》め、四国《しこく》・九州征伐《きゅうしゅうせいばつ》

細《ほそ》川《かわ》忠《ただ》興《おき》

戦国一短気《せんごくいちたんき》な文武両道《ぶんぶりょうどう》の武将《ぶしょう》

イラスト●木志田《きのした》コテツ

信長《のぶなが》にも称賛《しょうさん》された武勇《ぶゆう》

信長《のぶなが》を裏切《うらぎ》った松永久秀《まつながひさひで》攻《ぜ》めで一番槍《いちばんやり》の武功《ぶこう》を上《あ》げるなど、信長《のぶなが》に武勇《ぶゆう》を称賛《しょうさん》された武将《ぶしょう》。明智光秀《あけちみつひで》とは親戚《しんせき》だったが、天下《てんか》をねらう秀吉《ひでよし》の味方《みかた》になり、丹後《たんご》（京都《きょうと》の北部《ほくぶ》）を平定《へいてい》して領地《りょうち》とした。

芸能《げいのう》にもすぐれ、とくに茶《さ》道《どう》は千利休《せんのりきゅう》にまなび、その奥《おう》義《ぎ》をきわめたという。

所属《しょぞく》	織田家《おだけ》、豊臣家《とよとみけ》、徳川家《とくがわけ》	家紋《かもん》	
出身地《しゅっしんち》	京《きょう》（京都府《きょうとふ》）		
生没年月日《せいぼつねんがっぴ》	1563年《ねん》11月《がつ》28日《にち》～1646年《ねん》1月《がつ》18日《にち》		

能力《のうりょく》パラメータ

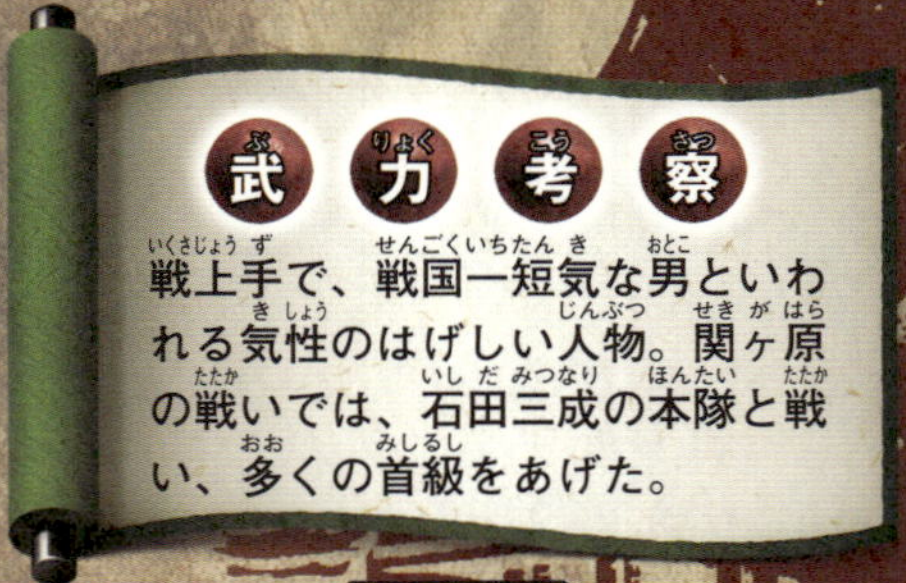

武《ぶ》力《りょく》考《こう》察《さつ》

戦上手《いくさじょうず》で、戦国一短気《せんごくいちたんき》な男《おとこ》といわれる気性《きしょう》のはげしい人物《じんぶつ》。関ヶ原《せきがはら》の戦《たたか》いでは、石田三成《いしだみつなり》の本隊《ほんたい》と戦《たたか》い、多《おお》くの首級《みしるし》をあげた。

主《おも》な戦《たたか》い

信貴山城《しぎさんじょう》の戦《たたか》い、丹後攻《たんごぜ》め、小牧《こまき》・長久手《ながくて》の戦《たたか》い、関ヶ原《せきがはら》の戦《たたか》い

蒲《がも》生《う》氏《うじ》郷《さと》

秀吉《ひでよし》も警戒《けいかい》した天下一《てんかいち》の器量人《きりょうにん》

イラスト●おつけもの

軍《ぐん》の先頭《せんとう》にこの人《ひと》あり！

信長《のぶなが》が気《き》に入《い》り、娘《むすめ》をめとらせるほどの勇将《ゆうしょう》。教養《きょうよう》ゆたかな文化人《ぶんかじん》であるいっぽう、戦場《せんじょう》では勇猛《ゆうもう》で、つねに軍《ぐん》の先頭《せんとう》に立《た》って戦《たたか》った。

本能寺《ほんのうじ》の変《へん》のあとは秀吉《ひでよし》につき、天下統一《てんかとういつ》をたすけて敵《てき》を次々《つぎつぎ》に攻略《こうりゃく》。「天下一《てんかいち》の器《き》量人《りょうにん》」と絶賛《ぜっさん》されたが、秀吉《ひでよし》にはその才能《さいのう》を警戒《けいかい》された。

所属《しょぞく》	織田家《おだけ》、豊臣家《とよとみけ》
出身地《しゅっしんち》	近江国《おうみのくに》（滋賀県《しがけん》）
生没年月日《せいぼつねんがっぴ》	1556年《ねん》～1595年《ねん》3月《がつ》17日《にち》

家紋《かもん》

能力《のうりょく》パラメータ

武《ぶ》力《りょく》考《こう》察《さつ》

九州征伐《きゅうしゅうせいばつ》の岩石城《がんじゃくじょう》の戦《たたか》いでは、弾丸《だんがん》が飛《と》びかうなかを単騎《たんき》で敵陣《てきじん》へつっこみ、難攻不落《なんこうふらく》といわれた岩石城《がんじゃくじょう》を落《お》とした。

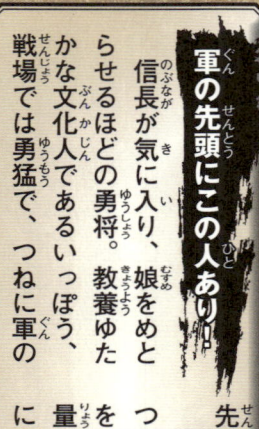

主《おも》な戦《たたか》い

小牧《こまき》・長久手《ながくて》の戦《たたか》い、紀州《きしゅう》・九州《きゅうしゅう》・小田原征伐《おだわらせいばつ》

宇《う》喜《き》多《た》秀《ひで》家《いえ》

関《せき》ヶ《が》原《はら》で孤《こ》軍《ぐん》奮《ふん》闘《とう》した美《うつく》しき大将《たいしょう》

イラスト●小野《おの》たかし

秀吉《ひでよし》のお気《き》に入《い》り

秀吉《ひでよし》に気《き》に入《い》られ、元服《げんぷく》すると「秀《しゅう》」の字《じ》をあたえられ秀家《ひでいえ》と名乗《なの》る。朝鮮出兵《ちょうせんしゅっぺい》では大将《たいしょう》として活躍《かつやく》し、帰国《きこく》すると五大老《ごたいろう》（豊臣政権《とよとみせいけん》をささえる有力五大名《ゆうりょくごだいみょう》）に任《にん》じられた。関ヶ原《せきがはら》の戦《たたか》いでは西軍《せいぐん》の主力《しゅりょく》として奮戦《ふんせん》するも敗戦《はいせん》。諸大《しょだい》名《みょう》からの嘆願《たんがん》で死罪《しざい》を逃《のが》れ、八《はち》丈島《じょうじま》に島流《しまなが》しになった。

所《しょ》 属《ぞく》	織田家《おだけ》、豊臣家《とよとみけ》
出身地《しゅっしんち》	備中国《びっちゅうのくに》（岡山県《おかやまけん》）
生没年月日《せいぼつねんがっぴ》	1572年《ねん》～1655年《ねん》12月《がつ》17日《にち》

家《か》 紋《もん》

能力《のうりょく》パラメータ

武《ぶ》力《りょく》考《こう》察《さつ》

身長《しんちょう》170センチの堂々《どうどう》とした体格《たいかく》でしかも男前《おとこまえ》。関ヶ原《せきがはら》の戦《たたか》いでは東軍《とうぐん》に協力《きょうりょく》した猛将《もうしょう》の福島正則《ふくしままさのり》を相手《あいて》に激戦《げきせん》をくりひろげた。

主《おも》な戦《たたか》い

文禄《ぶんろく》の役《えき》、紀州《きしゅう》・四国《しこく》・九州《きゅうしゅう》・小田《おだ》原征伐《わらせいばつ》、関ヶ原《せきがはら》の戦《たたか》い

秀《ひで》吉《よし》の懐刀《ふところがたな》

石《いし》田《だ》三《みつ》成《なり》

計《けい》算《さん》が得《とく》意《い》な異《い》色《しょく》派《は》武《ぶ》将《しょう》
西《せい》軍《ぐん》をひきいて家《いえ》康《やす》と激《げき》突《とつ》

所属《しょぞく》	豊臣家《とよとみけ》	出身地《しゅっしんち》	近江国《おうみのくに》（滋賀県《しがけん》）
生没年月日《せいぼつねんがっぴ》	1560年《ねん》～1600年《ねん》11月《がつ》6日《むいか》	家紋《かもん》	

イラスト●坪井亮平

秀吉《ひでよし》の側近《そっきん》として台頭《たいとう》

秀吉《ひでよし》に小姓《こしょう》としてつかえはじめ、本能寺《ほんのうじ》の変後《へんご》、天下統《てんかとう》一《いつ》をすすめる秀吉《ひでよし》をもっとも近《ちか》くでささえた。

戦《いくさ》は下手《へた》だが、資材調達《しざいちょうたつ》や補給《ほきゅう》など実務的《じつむてき》な能力《のうりょく》にすぐれていた。秀吉《ひでよし》も勇猛《ゆうもう》な武将《ぶしょう》以上《いじょう》にえがたい才能《さいのう》だと三成《みつなり》を愛《あい》し、九州《きゅうしゅう》に33万石《まんごく》の領地《りょうち》をあたえようとしたが、三成《みつなり》はことわった。九州《きゅうしゅう》の大名《だいみょう》になるよりも、秀吉《ひでよし》のそばで天下《てんか》を動《うご》かすことをのぞんだのである。こうして三成《みつなり》は秀吉《ひでよし》の側近《そっきん》として強大《きょうだい》な力《ちから》をもち、有力《ゆうりょく》な大名《だいみょう》も三成《みつなり》の顔色《かおいろ》をうかがうようになっていった。

家康《いえやす》を打倒《だとう》するため挙兵《きょへい》

秀吉《ひでよし》が亡《な》くなり、さらに重《じゅう》鎮《ちん》の前田利家《まえだとしいえ》も亡《な》くなると、事務派《じむは》と武闘派《ぶとうは》の対立《たいりつ》がはげしくなり、事務派《じむは》のトップの三成《みつなり》は福島正則《ふくしままさのり》らに襲撃《しゅうげき》をうける。家康《いえやす》の仲裁《ちゅうさい》でことなきをえたが、三成《みつなり》は大坂城《おおさかじょう》を追《お》い出《だ》され、居城《きょじょう》の佐和山城《さわやまじょう》に隠居《いんきょ》することになった。

その後《ご》、本格的《ほんかくてき》に天下《てんか》とりへと動《うご》き出《だ》した家康《いえやす》を打倒《だとう》するため、西国《さいごく》の有力大名《ゆうりょくだいみょう》の協《きょう》力《りょく》をとりつけて挙兵《きょへい》する。関《せき》ケ《が》原《はら》の戦《たたか》いでは善戦《ぜんせん》したものの、味方《みかた》の裏切《うらぎ》りをきっかけに敗北《はいぼく》。とらえられて斬首《ざんしゅ》された。

能力《のうりょく》パラメータ

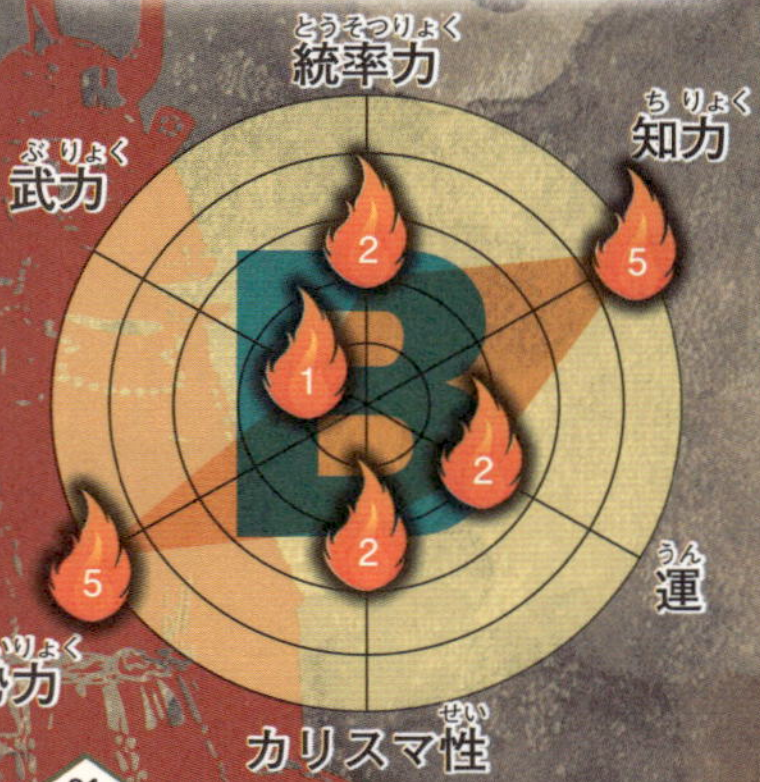

武《ぶ》 力《りょく》 考《こう》 察《さつ》

賤《しず》ヶ《が》岳《たけ》の戦《たたか》いでは先駆衆《せんくしゅう》として参《さん》加《か》したが、武勇《ぶゆう》はあまりなかった。戦《いくさ》は下手《へた》で、腹心《ふくしん》の島左近《しまさこん》も「決《けつ》断《だん》がおそい」といっている。

主《おも》な戦《たたか》い

関《せき》ヶ《が》原《はら》の戦《たたか》い、賤《しず》ヶ《が》岳《たけ》の戦《たたか》い、小《こ》牧《まき》・長久手《ながくて》の戦《たたか》い

黒《くろ》田《だ》官《かん》兵《べ》衛《え》

イラスト●ナチコ

秀吉《ひでよし》を天下人《てんかびと》にした名参謀《めいさんぼう》

天下《てんか》をとれる智謀《ちぼう》

類《たぐい》まれな智謀《ちぼう》をもつ名軍《めいぐん》師《し》。「官兵衛《かんべえ》がその気《き》になれば天下《てんか》をとれる」と、天下人《てんかびと》の秀《ひで》吉《よし》も官兵衛《かんべえ》をおそれたという。

秀吉《ひでよし》の死後《しご》、関ヶ原《せきがはら》の戦《たたか》いには参加《さんか》せず、九州《きゅうしゅう》をまたたく間《ま》に制圧《せいあつ》。家康《いえやす》・三成《みつなり》に三《み》つ巴《どもえ》の決戦《けっせん》をいどもうとしたが、西軍《せいぐん》のあっけない敗北《はいぼく》で夢《ゆめ》はきえた。

所属《しょぞく》	小寺家《こでらけ》、織田家《おだけ》、豊臣家《とよとみけ》、徳川家《とくがわけ》	家紋《かもん》	
出身地《しゅっしんち》	播磨国《はりまのくに》（兵庫県《ひょうごけん》）		
生没年月日《せいぼつねんがっぴ》	1546年《ねん》12月《がつ》22日《にち》～1604年《ねん》4月《がつ》19日《にち》		

能力《のうりょく》パラメータ

武《ぶ》力《りょく》考《こう》察《さつ》

1年間《ねんかん》の幽閉生活《ゆうへいせいかつ》で足《あし》が不自由《ふじゆう》になったため、武勇《ぶゆう》を発揮《はっき》することができなかった。戦《いくさ》のときは輿《こし》にのって前線《ぜんせん》に指示《しじ》を出《だ》していた。

主《おも》な戦《たたか》い

備中高松城《びっちゅうたかまつじょう》攻《ぜ》め、四国《しこく》・九州《きゅうしゅう》・小田《おだ》原征伐《わらせいばつ》、文禄《ぶんろく》・慶長《けいちょう》の役《えき》

竹《たけ》中《なか》半《はん》兵《べ》衛《え》

若《わか》くして世《よ》をさった天才軍師《てんさいぐんし》

イラスト●菊屋《きくや》シロウ

所属《しょぞく》	斎藤家《さいとうけ》、浅井家《あさいけ》、織田家《おだけ》
家紋《かもん》	
出身地《しゅっしんち》	美濃国《みののくに》（岐阜県《ぎふけん》）
生没年月日《せいぼつねんがっぴ》	1544年《ねん》9月《がつ》27日《にち》～1579年《ねん》7月《がつ》6日《むいか》

秀吉《ひでよし》の出世《しゅっせ》にこの人《ひと》あり

黒田官兵衛《くろだかんべえ》とならんで、「両《りょう》兵衛《べえ》」と称《しょう》される秀吉《ひでよし》の軍《ぐん》師《し》。体《からだ》が弱《よわ》く細身《ほそみ》だが、天才《てんさい》的《てき》な智謀《ちぼう》をもっていたため、中国《ちゅうごく》の伝説的軍師《でんせつてきぐんし》である諸葛《しょかつ》孔明《こうめい》にもたとえられた。

羽柴《はしば》時代《じだい》の秀吉《ひでよし》の活躍《かつやく》は半《はん》兵衛《べえ》の知略《ちりゃく》によるところが大《おお》きかったが、中国《ちゅうごく》攻《ぜ》めの最中《さなか》に病《やまい》にたおれて死去《しきょ》した。

能力《のうりょく》パラメータ

武《ぶ》力《りょく》考《こう》察《さつ》

女性《じょせい》のような見《み》た目《め》で病弱《びょうじゃく》だったが、剣術《けんじゅつ》の腕前《うでまえ》は達人級《たつじんきゅう》。わずか16名《めい》で難攻不落《なんこうふらく》の稲葉山城《いなばやまじょう》を占《せん》拠《きょ》する武功《ぶこう》も上《あ》げている。

主《おも》な戦《たたか》い

姉川《あねがわ》の戦《たたか》い、長篠《ながしの》の戦《たたか》い、中国《ちゅうごく》攻《ぜ》め

島《しま》左《さ》近《こん》

敵《てき》をふるえ上《あ》がらせた鬼神《きじん》の武勇《ぶゆう》

イラスト●坪井《つぼい》亮平《りょうへい》

所属《しょぞく》	畠山家《はたけやまけ》、筒井家《つついけ》、豊臣家《とよとみけ》
家紋《かもん》	
出身地《しゅっしんち》	大和国《やまとのくに》（奈良県《ならけん》）
生没年月日《せいぼつねんがっぴ》	1540年《ねん》6月9日《がつここのか》～1600年《ねん》10月《がつ》21日《にち》

三成《みつなり》が高給《こうきゅう》でスカウト

もともとは筒井家《つついけ》につかえていた名将《めいしょう》。筒井家《つついけ》をはなれたあと、石田三成《いしだみつなり》に2万石《まんごく》という破格《はかく》の俸禄《ほうろく》でスカウトされ、石田家《いしだけ》では筆頭家老《ひっとうかろう》として軍事《ぐんじ》をとりしきった。

関《せき》ヶ《が》原《はら》の戦《たたか》いの前哨戦《ぜんしょうせん》で東《とう》軍《ぐん》をやぶったが、翌日《よくじつ》の決戦《けっせん》では黒田隊《くろだたい》の銃撃《じゅうげき》で負傷《ふしょう》。その後《ご》、消息《しょうそく》が不明《ふめい》となる。

能力《のうりょく》パラメータ

武《ぶ》力《りょく》考《こう》察《さつ》

関《せき》ヶ《が》原《はら》の戦《たたか》いで左近《さこん》を負傷《ふしょう》させた黒田隊《くろだたい》の兵士《へいし》は、左近《さこん》の鬼神《きじん》のような勇猛《ゆうもう》ぶりに、戦《たたか》いのあとも夢《ゆめ》でうなされつづけたという。

主《おも》な戦《たたか》い

関《せき》ヶ《が》原《はら》の戦《たたか》い、杭瀬川《くいせがわ》の戦《たたか》い

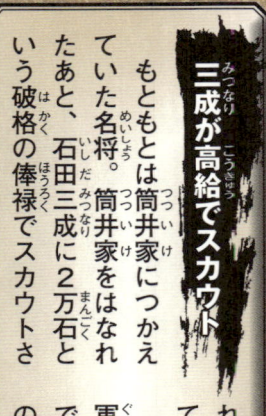

大谷吉継《おおたによしつぐ》

親友《しんゆう》・三成《みつなり》に殉《じゅん》じた義《ぎ》にあつき名将《めいしょう》

イラスト●坂本《さかもと》ロクタク

みずから負《ま》け戦《いくさ》に参加《さんか》

石田三成《いしだみつなり》の親友《しんゆう》。賤ヶ岳《しずがたけ》の戦《たたか》いで武功《ぶこう》を上《あ》げ、そののち敦賀《つるが》5万石《まんごく》の大名《だいみょう》となる。三成《みつなり》から家康《いえやす》打倒《だとう》を相談《そうだん》され、不利《ふり》と見《み》て必死《ひっし》にとめたが、三成《みつなり》の決心《けっしん》を変《か》えられない。吉継《よしつぐ》は負《ま》け戦《いくさ》と知《し》りながら、三成《みつなり》を見《み》すてず関ヶ原《せきがはら》に参戦《さんせん》。西軍総崩《せいぐんそうくず》れのなか、最後《さいご》まで奮戦《ふんせん》して自害《じがい》した。

所属《しょぞく》	豊臣家《とよとみけ》
出身地《しゅっしんち》	近江国《おうみのくに》（滋賀県《しがけん》）
生没年月日《せいぼつねんがっぴ》	1559年《ねん》（諸説《しょせつ》あり）～1600年《ねん》10月《がつ》21日《にち》

家紋《かもん》

能力《のうりょく》パラメータ

武《ぶ》力《りょく》考《こう》察《さつ》

目《め》が見《み》えなかったといわれるが、武勇《ぶゆう》にすぐれ、軍才《ぐんさい》も非凡《ひぼん》。秀吉《ひでよし》に「100万《まん》の兵《へい》をあたえて、自由《じゆう》に指揮《しき》させてみたい」といわせた。

主《おも》な戦《たたか》い

関ヶ原《せきがはら》の戦《たたか》い、賤ヶ岳《しずがたけ》の戦《たたか》い、小田原征伐《おだわらせいばつ》

小《こ》西《にし》行《ゆき》長《なが》

水軍《すいぐん》のあつかいがうまい元《もと》商《しょう》人《にん》武《ぶ》士《し》

イラスト●矢田崎友輔

大《だい》の加藤清正《かとうきよまさ》嫌《ぎら》い

商人《しょうにん》の子《こ》だったが、宇喜多《うきた》直家《なおいえ》に才能《さいのう》を見出《みいだ》されて武士《ぶし》になり、のちに秀吉《ひでよし》につかえた。秀吉《ひでよし》のもとでは貿易《ぼうえき》のほかに舟奉行《ふなぶぎょう》を担当《たんとう》するなど、水軍《すいぐん》のあつかいがうまかった。大《だい》の加藤清正《かとうきよまさ》嫌《ぎら》いで、徳川《とくがわ》寄《よ》りにもかかわらず、関ケ原《せきがはら》の戦《たたか》いには西軍《せいぐん》で参加《さんか》。奮戦《ふんせん》するもやぶれ、斬首《ざんしゅ》された。

所属《しょぞく》	宇喜多家《うきたけ》、豊臣家《とよとみけ》
出身地《しゅっしんち》	京《きょう》（京都府《きょうとふ》）
生没年月日《せいぼつねんがっぴ》	1558年《ねん》〜1600年《ねん》11月6日《がつむいか》

家紋《かもん》

能力《のうりょく》パラメータ

武《ぶ》力《りょく》考《こう》察《さつ》

商人出身《しょうにんしゅっしん》のため、加藤清正《かとうきよまさ》からは「薬屋《くすりや》のせがれ」とバカにされていたが、江戸時代《えどじだい》の書物《しょもつ》には武勇《ぶゆう》と策略《さくりゃく》にすぐれていたとある。

主《おも》な戦《たたか》い

関ケ原《せきがはら》の戦《たたか》い、文禄《ぶんろく》・慶長《けいちょう》の役《えき》、紀《き》州征伐《しゅうせいばつ》

豊《とよ》臣《とみ》秀《ひで》頼《より》

大坂城《おおさかじょう》とともにちった秀吉《ひでよし》の忘《わす》れ形見《がたみ》

イラスト●平林知子

おさなくして豊臣家《とよとみけ》を継《つ》ぐ

秀吉《ひでよし》が57歳《さい》のときの子《こ》。秀吉《ひでよし》の死後《しご》、6歳《さい》で家督《かとく》を継《つ》いだ。石田三成《いしだみつなり》の挙兵《きょへい》で関ケ原《せきがはら》の戦《たたか》いがはじまると、母《はは》・淀《よど》君《ぎみ》の希望《きぼう》で戦場《せんじょう》に出《で》ることなく、大坂城《おおさかじょう》にこもっていた。

戦後《せんご》、家康《いえやす》に天下《てんか》をうばわれることになった秀頼《ひでより》は、大《おお》坂城《さかじょう》を攻《せ》められ（大坂《おおさか》の陣《じん》）、自害《じがい》に追《お》いこまれた。

所属《しょぞく》	豊臣家《とよとみけ》	家紋《かもん》
出身地《しゅっしんち》	摂津国《せっつのくに》（大阪府《おおさかふ》）	
生没年月日《せいぼつねんがっぴ》	1593年《ねん》8月《がつ》29日《にち》～1615年《ねん》6月4日《がつよっか》	

能力《のうりょく》パラメータ

武《ぶ》力《りょく》考《こう》察《さつ》

小柄《こがら》な秀吉《ひでよし》の子《こ》どもながら、身長《しんちょう》が2メートル近《ちか》くもあったという巨漢《きょかん》。武芸《ぶげい》にもすぐれ、家康《いえやす》もその風格《ふうかく》に圧倒《あっとう》されたという。

主《おも》な戦《たたか》い

大坂冬《おおさかふゆ》の陣《じん》・夏《なつ》の陣《じん》

武将《ぶしょう》・軍団編《ぐんだんへん》

計略家《けいりゃくか》どうしの腹《はら》のさぐりあい!!

サムライ空《くう》想《そう》バトル!!

信長《のぶなが》がおそれ、戦《たたか》いをさけたという甲斐《かい》の虎《とら》・武田信玄《たけだしんげん》。もし信玄《しんげん》が長生《ながい》きして、天下統一《てんかとういつ》をすすめる豊臣秀吉《とよとみひでよし》と戦《たたか》ったら、どんな戦《たたか》いかたを見《み》せてくれたのだろう？

甲斐《かい》の虎《とら》と天下人《てんかびと》 超実力者同士《ちょうじつりょくしゃどうし》の白熱《はくねつ》バトル!!

参考《さんこう》データ

特徴《とくちょう》	官位《かんい》	物量《ぶつりょう》	軍勢《ぐんぜい》
計略型《けいりゃくがた》	甲斐《かい》・信濃守護《しなのしゅご》	120万石《まんごく》	約《やく》3万人《まんにん》

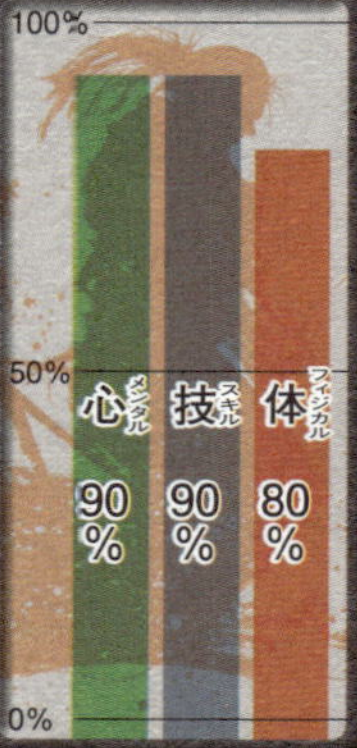

参考《さんこう》データ

特徴《とくちょう》	官位《かんい》	物量《ぶつりょう》	軍勢《ぐんぜい》
計略型《けいりゃくがた》	関白太政大臣《かんぱくだじょうだいじん》	220万石《まんごく》	約《やく》3万《まん》3千人《ぜんにん》

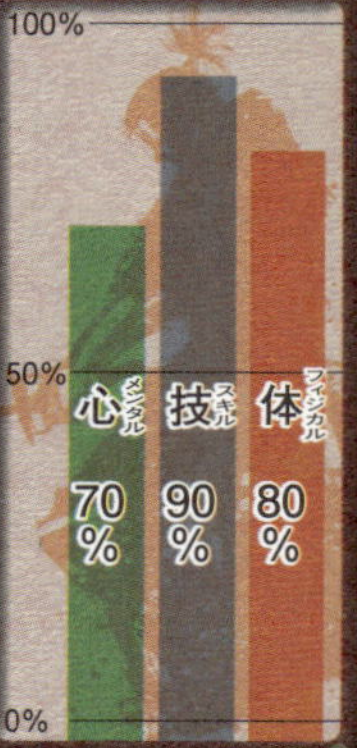

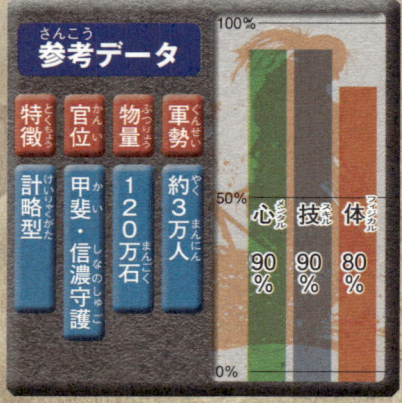

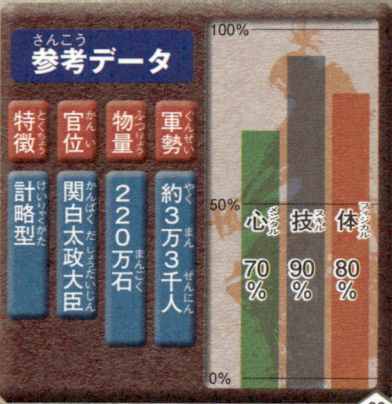

戦《たたか》いかたは似《に》た者同士《ものどうし》

秀吉《ひでよし》が小田原征伐《おだわらせいばつ》にかけた兵力《へいりょく》はおよそ20万人《まんにん》。これは連合軍《れんごうぐん》だが、この軍勢《ぐんぜい》で攻《せ》められたらさすがの信玄《しんげん》も太刀《たち》うちできない。ここは秀吉《ひでよし》が単独《たんどく》で攻《せ》めると仮定《かてい》して空想《くうそう》バトルをスタートしたい。

信玄《しんげん》と秀吉《ひでよし》はどちらも策略《さくりゃく》型《がた》で、戦《たたか》いかたが似《に》ている。信玄《しんげん》は「風林火山《ふうりんかざん》」で有名《ゆうめい》だが、これは兵《へい》の動《うご》かしかたではなく、「いかに戦《たたか》わずして相《あい》手《て》に勝《か》つか」という戦《いくさ》の極意《ごくい》。信玄《しんげん》は情報《じょうほう》を重視《じゅうし》し、戦闘《せんとう》に入《はい》る前《まえ》に敵将《てきしょう》を調略《ちょうりゃく》（内通《ないつう》、謀反《むほん》など）して、相手《あいて》をよわらせてから戦《たたか》うことが多《おお》かった。だまし討《う》ちも大《だい》の得意《とくい》だったという。

信玄《しんげん》はまず秀吉《ひでよし》との決戦前《けっせんまえ》に、秀吉軍《ひでよしぐん》の武将《ぶしょう》の調略《ちょうりゃく》をはかるはず。ねらうのは石田三《いしだみつ》成《なり》を嫌《きら》う武将《ぶしょう》だろう。しかし、秀吉《ひでよし》もそれは承知《しょうち》で、逆手《さかて》にとって信玄《しんげん》を追《お》いつめる。

信玄《しんげん》は強《つよ》いが、不敗《ふはい》ではなくよく負《ま》けた。敗因《はいいん》の多《おお》くは自信過剰《じしんかじょう》によるゆだんである。

しかし、敗戦《はいせん》が濃厚《のうこう》になっても武田軍《たけだぐん》はしぶとい。

有能《ゆうのう》な武将《ぶしょう》が討《う》たれても、ほかの武将《ぶしょう》が軍《ぐん》を崩壊《ほうかい》させずに大逆転《だいぎゃくてん》をねらっている。配《はい》下《か》の層《そう》の厚《あつ》さもまた武田軍《たけだぐん》の強《つよ》さである。さて、勝敗《しょうはい》はいかに!?

勝利《しょうり》の決《き》め手《て》

秀吉配下《ひでよしはいか》の武将《ぶしょう》が寝返《ねがえ》り、あせった豊臣軍《とよとみぐん》の主力《しゅりょく》が出撃《しゅつげき》。手《て》薄《うす》になった秀吉《ひでよし》の本陣《ほんじん》を武田軍《たけだぐん》が攻《せ》める。山本勘助《やまもとかんすけ》がかんがえたキツツキ作戦《さくせん》だ。しかしこれは秀吉《ひでよし》の陽動《ようどう》で、秀吉《ひでよし》は別働隊《べつどうたい》で信玄《しんげん》の本陣《ほんじん》をついた。

必殺技《ひっさつわざ》

敵《てき》の裏《うら》をかく情報操作《じょうほうそうさ》、神速《しんそく》の機動力《きどうりょく》

戦《いくさ》にも美《び》をもとめた武将《ぶしょう》たちの

甲《かっ》冑《ちゅう》図《ず》鑑《かん》

当世具足《とうせいぐそく》

兜《かぶと》

槍《やり》や鉄砲《てっぽう》の攻撃《こうげき》をかわすため厚《あつ》く漆《うるし》でぬりかためている。

面頬当《めんほおあて》

目《め》の下全体《したぜんたい》をおおい、リアルなひげを植《う》えている。

胴《どう》

厚《あつ》い鉄板《てっぱん》でつくられており、防御《ぼうぎょ》にすぐれている。

草摺《くさずり》

漆《うるし》をぬった鉄板《てっぱん》でつくられ、ひもで吊《つ》りさげられている。

前立《まえだて》

うすい木《き》の板《いた》に漆《うるし》をぬって、金《きん》ぱくを押《お》してつくられている。

吹返《ふきかえし》

小《ちい》さく折《お》り返《かえ》して5弁《べん》の花《はな》をすかしている。

籠手《こて》

細長《ほそなが》い鉄板《てっぱん》と鎖《くさり》をつないでつくられている。

佩楯《はいだて》

漆《うるし》をぬった革《かわ》の板《いた》をひもでとじてつくられている。

臑当《すねあて》

鉄板《てっぱん》で筒状《つつじょう》につくられており、膝《ひざ》までおおっている。

伊達政宗《だてまさむね》所用《しょよう》
黒漆《くろうるし》五枚胴《ごまいどう》具足《ぐそく》

仙台市博物館蔵《せんだいしはくぶつかんぞう》

伊達政宗《だてまさむね》の甲冑《かっちゅう》は、装飾《そうしょく》を少《すく》なくし、きわめて実《じつ》用的《ようてき》につくられている。

毛《もう》利《り》元《もと》就《なり》所《しょ》用《よう》
色《いろ》々《いろ》糸《いと》威《おどし》腹《はら》巻《まき》

毛《もう》利《り》博物館蔵《はくぶつかんぞう》

兜《かぶと》は黒漆《くろうるし》でぬり、金箔《きんぱく》もあしらっている。知《ち》将《しょう》にふさわしい質実剛健《しつじつごうけん》な甲冑《かっちゅう》。

直《なお》江《え》兼《かね》続《つぐ》所《しょ》用《よう》
金《きん》小《こ》札《ざね》浅《あさ》葱《ぎ》糸《いと》威《おどし》
二《に》枚《まい》胴《どう》具《ぐ》足《そく》

上杉神社蔵《うえすぎじんじゃぞう》

愛《あい》の文字《もじ》は仁愛《じんあい》の愛《あい》という説《せつ》のほかに、愛染明王《あいぜんみょうおう》の愛《あい》という説《せつ》もある。

上《うえ》杉《すぎ》景勝《かげかつ》所《しょ》用《よう》
浅《あさ》葱《ぎ》糸《いと》威《おどし》黒《くろ》皺《しぼ》韋《かわ》包《つつみ》
板《いた》物《もの》二《に》枚《まい》胴《どう》具《ぐ》足《そく》

宮坂考《みやさかこう》古《こ》館蔵《かんぞう》

前立《まえだて》は瑞鳥《ずいちょう》（めでたい鳥《とり》）を向《む》きあわせた形《かたち》で日輪《にちりん》をいただいている。

参謀《さんぼう》こそ影《かげ》の立役者《たてやくしゃ》

戦場《せんじょう》のカギをにぎる軍師《ぐんし》

戦国大名《せんごくだいみょう》につかえ、作戦《さくせん》を立《た》てたり、軍《ぐん》の指揮《しき》をたすけた武将《ぶしょう》を軍師《ぐんし》とよぶ。参謀《さんぼう》といい変《か》えてもいいだろう。戦国時代《せんごくじだい》には、竹中半兵衛《たけなかはんべえ》、黒田官兵衛《くろだかんべえ》、山本勘助《やまもとかんすけ》、直江兼続《なおえかねつぐ》、片倉小十郎《かたくらこじゅうろう》、太原雪斎《たいげんせっさい》といった名軍師《めいぐんし》が生《う》まれ、彼《かれ》らはもてる能力《のうりょく》のかぎりをつくして君主《くんしゅ》に進言《しんげん》し、戦場《せんじょう》では敵《てき》の軍師《ぐんし》と智謀《ちぼう》をきそいあった。彼《かれ》ら軍師《ぐんし》の活躍《かつやく》がなかったら、戦国時代《せんごくじだい》の戦《たたか》いはひじょうに味気《あじけ》ないものになっていたことだろう。しかし、軍師《ぐんし》という言葉《ことば》は江戸時代《えどじだい》になってから使《つか》われはじめたもので、戦国時代《せんごくじだい》に軍師《ぐんし》という職業《しょくぎょう》があったわけではない。戦国時代《せんごくじだい》には、出陣《しゅつじん》の日《ひ》どりを決《き》め、軍《ぐん》を配置《はいち》する人物《じんぶつ》のことは「軍配者《ぐんばいしゃ》」とよんでいたようだ。

川中島《かわなかじま》の戦《たたか》いでは、武田軍《たけだぐん》の軍師《ぐんし》だった山本勘助《やまもとかんすけ》が戦死《せんし》。上杉軍《うえすぎぐん》からは宇佐美定満《うさみさだみつ》が軍師《ぐんし》として参戦《さんせん》している。

上《うえ》は、八幡社《はちまんしゃ》の「信玄《しんげん》・謙信一騎討《けんしんいっきう》ちの像《ぞう》」。

川中島古戦場付近《かわなかじまこせんじょうふきん》の山本勘助《やまもとかんすけ》の墓《はか》。武田二十四将《たけだにじゅうよんしょう》であり、五名臣《ごみょうしん》のひとりとしてもかたられる勘助《かんすけ》がねむる。

写真提供《しゃしんていきょう》●長野観光《ながのかんこう》コンベンションビューロー

第《だい》4章《しょう》

戦《せん》国《ごく》時《じ》代《だい》の武《ぶ》将《しょう》③
徳《とく》川《がわ》家《いえ》康《やす》軍《ぐん》団《だん》編《へん》

江《え》戸《ど》をひらいた英傑《えいけつ》

徳《とく》川《がわ》家《いえ》康《やす》

辛《しん》抱《ぼう》に辛《しん》抱《ぼう》をかさねて最《さい》後《ご》に笑《わら》った忍《にん》耐《たい》の人《ひと》

所属《しょぞく》	今川家《いまがわけ》、豊臣家《とよとみけ》、徳川家《とくがわけ》	出身地《しゅっしんち》	三河国《みかわのくに》（愛知県《あいちけん》）
生没年月日《せいぼつねんがっぴ》	1543年《ねん》1月《がつ》31日《にち》～1616年《ねん》6月1日《がつついたち》	家紋《かもん》	

イラスト●たわわ実《みのる》

ずっと苦労《くろう》の連続《れんぞく》

三河《みかわ》の弱小《じゃくしょう》な地方豪族《ちほうごうぞく》の松《まつ》平《だいら》家《け》に生《う》まれ、おさないころに織田氏《おだし》、今川氏《いまがわし》の人質《ひとじち》となって苦労《くろう》をかさねた。桶狭間《おけはざま》の戦《たたか》いでの今川義元《いまがわよしもと》の戦死《せんし》を機《き》に、織田信長《おだのぶなが》と同盟《どうめい》して独《どく》立《りつ》。敵対《てきたい》する勢力《せいりょく》をくだして三河《みかわ》の統一《とういつ》に成功《せいこう》する。信長《のぶなが》にその力量《りきりょう》をみとめられていた家康《いえやす》は、対武田《たいたけだ》の最前線《さいぜんせん》に立《た》たされるが、あと継《つ》ぎの長《ちょう》男《なん》が武田側《たけだがわ》への内通《ないつう》をうたがわれて信長《のぶなが》に切腹《せっぷく》を命《めい》じられるなど、つねにきびしい局面《きょくめん》に立《た》たされた。それでも信長《のぶなが》に誠実《せいじつ》につくし、同盟《どうめい》を破棄《はき》することはなかった。

野心《やしん》を胸《むね》に秀吉《ひでよし》につかえる

本能寺《ほんのうじ》の変《へん》のあと、織田家《おだけ》の権力《けんりょく》をにぎった秀吉《ひでよし》と対立《たいりつ》し、小牧《こまき》・長久手《ながくて》の戦《たたか》いに発《はっ》展《てん》するが、ふたりの直接対決《ちょくせつたいけつ》がないまま和睦《わぼく》。秀吉《ひでよし》の家臣《かしん》となって忠実《ちゅうじつ》につかえた。天《てん》下《か》への野心《やしん》を胸《むね》に秘《ひ》め、秀吉《ひでよし》に警戒《けいかい》されないよう、三河《みかわ》から関東《かんとう》への移住《いじゅう》を命《めい》じられても素直《すなお》にしたがっている。秀吉《ひでよし》の死後《しご》、家康《いえやす》はついに豊臣政権《とよとみせいけん》に反旗《はんき》をひるがえした。そして石田三成《いしだみつなり》を関ヶ原《せきがはら》でやぶって全国《ぜんこく》の大名《だいみょう》のトップに立《た》ち、江戸《えど》に幕府《ばくふ》をひらいた。こうして戦乱《せんらん》の世《よ》は終《お》わりをつげたのである。

能力《のうりょく》パラメータ

武《ぶ》力《りょく》考《こう》察《さつ》

剣《けん》や弓《ゆみ》など、武芸《ぶげい》はすべて一流《いちりゅう》の域《いき》に達《たっ》していたといわれる。とくに剣術《けんじゅつ》は有馬神道流《ありましんとうりゅう》、一刀流《いっとうりゅう》、新《しん》陰流《かげりゅう》にまなんだ達人《たつじん》レベル。

主《おも》な戦《たたか》い

三方ヶ原《みかたがはら》の戦《たたか》い、小牧《こまき》・長久手《ながくて》の戦《たたか》い、関ヶ原《せきがはら》の戦《たたか》い

家康《いえやす》が大敗《たいはい》をきっした特異《とくい》な戦《たたか》い

家康《いえやす》の戦術《せんじゅつ》・三方ケ原《みかたがはら》の戦《たたか》い

血気《けっき》さかんな三河武士《みかわぶし》、徳川家康《とくがわいえやす》の戦《たたか》いかたを決《き》めたのは、生涯《しょうがい》1度《ど》の大敗戦《だいはいせん》だった。

信玄《しんげん》の罠《わな》にはまった家康《いえやす》

家康《いえやす》が生《う》まれた三河《みかわ》は兵《へい》が強《つよ》いことで有名《ゆうめい》である。三河《みかわ》武士《ぶし》は主君《しゅくん》に忠実《ちゅうじつ》で、戦場《せんじょう》では前《まえ》へ前《まえ》へとがむしゃらにつきすすんでいく。城攻《しろぜ》めでは無理《むり》を承知《しょうち》で正面突破《しょうめんとっぱ》をするほどで、敵《てき》にうしろを見《み》せるのは恥《はじ》とされた。

この勇猛《ゆうもう》な三河武士《みかわぶし》を周辺《しゅうへん》の大名《だいみょう》はおそれた。信長《のぶなが》が家《いえ》康《やす》と同盟《どうめい》したのも、家康《いえやす》の能《のう》力《りょく》だけでなく、勇猛《ゆうもう》な三河武《みかわぶ》士《し》の力《ちから》をあてにしたからだ。三河武士《みかわぶし》をひきいる家康《いえやす》が平地戦《へいちせん》にめっぽう強《つよ》いのはあたりまえだが、1度《ど》だけ大《おお》きな敗戦《はいせん》をきっしている。三《み》方ケ原《かたがはら》の戦《たたか》いである。

3方面《ほうめん》からの西上作戦《せいじょうさくせん》に討《う》って出《で》た武田信玄《たけだしんげん》は、みずから本隊《ほんたい》をひきいて東海道《とうかいどう》をすすんだ。家康《いえやす》は居城《きょじょう》の浜松《はままつ》城《じょう》を攻《せ》められるとかんがえてろう城《じょう》したが、武田軍《たけだぐん》は浜松《はままつ》城《じょう》を無視《むし》して別《べつ》の城《しろ》をねらうような動《うご》きをした。実《じつ》はこれは家康《いえやす》を戦場《せんじょう》におびき出《だ》そうとする武田信玄《たけだしんげん》の罠《わな》（キツツキ戦法《せんぽう》）だった。家康《いえやす》はさそいに乗《の》って武田軍《たけだぐん》を背後《はいご》から攻撃《こうげき》しようと出陣《しゅつじん》したが、まちかまえていた武田軍《たけだぐん》に完膚《かんぷ》なきまでにたたきのめされた。家康《いえやす》が恐怖《きょうふ》のあまり脱糞《だっぷん》して逃《に》げたほどの惨敗《ざんぱい》だった。

しかし、家康《いえやす》にとって三方ヶ原《みかたがはら》の敗戦《はいせん》はマイナスばかりではなかった。関ヶ原《せきがはら》の戦《たたか》いや大坂《おおさか》の陣《じん》で、家康《いえやす》は武田軍《たけだぐん》のキツツキ戦法《せんぽう》を応用《おうよう》して勝利《しょうり》をつかむ。石田三成《いしだみつなり》を戦場《せんじょう》にひっぱり出《だ》し、城外《じょうがい》の戦《たたか》いにもちこんだ。恥《はじ》となった脱糞《だっぷん》も天下《てんか》とりのいいこやしだったのである。

交戦戦力《こうせんせんりょく》	
武田軍《たけだぐん》	徳川軍《とくがわぐん》 織田軍《おだぐん》
大将《たいしょう》	
武田信玄《たけだしんげん》	徳川家康《とくがわいえやす》
戦力《せんりょく》	
27,000～43,000	11,000～28,000
損害《そんがい》	
100～500	500～数千《すうせん》

三方ヶ原古戦場《みかたがはらこせんじょう》の跡地《あとち》。家康軍《いえやすぐん》は三方ヶ原《みかたがはら》で有能《ゆうのう》な家臣《かしん》をなん人《にん》もうしなう惨敗《ざんぱい》をきっした。

戦《せん》術《じゅつ》考《こう》察《さつ》

信玄《しんげん》のキツツキ戦法《せんぽう》は、敵《てき》を自分《じぶん》が思《おも》い描《えが》いた戦場《せんじょう》におびき出《だ》す高等戦略《こうとうせんりゃく》。家康《いえやす》は惨敗《ざんぱい》の反省《はんせい》をいかし、天下《てんか》とりの戦《たたか》いでキツツキ戦法《せんぽう》を使《つか》った。

写真提供《しゃしんていきょう》●犀ヶ崖資料館《さいががけしりょうかん》

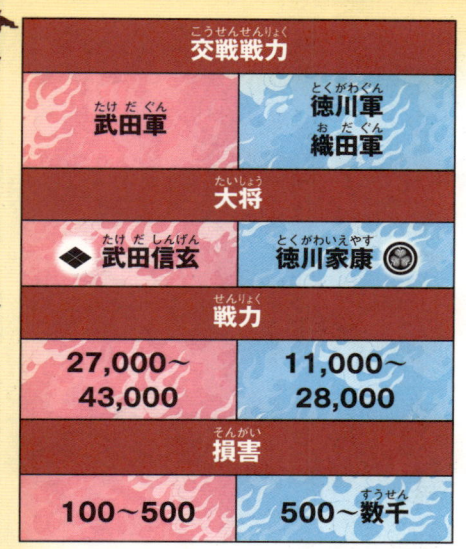

徳《とく》川《がわ》四《し》天《てん》王《のう》

本《ほん》多《だ》忠《ただ》勝《かつ》

3人《にん》の英《えい》雄《ゆう》がみとめた 三《み》河《かわ》最《さい》強《きょう》の豪《ごう》傑《けつ》

所《しょ》属《ぞく》	徳川家《とくがわけ》	出身地《しゅっしんち》	三河国《みかわのくに》（愛知県《あいちけん》）
生没年月日《せいぼつねんがっぴ》	1548年《ねん》3月《がつ》17日《にち》～1610年《ねん》12月3日《がつみっか》	家紋《かもん》	

イラスト●あおひと

戦場《せんじょう》ではまさに無敵《むてき》

徳川四天王《とくがわしてんのう》のひとり。勇猛《ゆうもう》果敢《かかん》な三河武士《みかわぶし》のなかでも、武勇一番《ぶゆういちばん》といわれる猛将《もうしょう》だ。14歳《さい》で初陣《ういじん》をはたし、15歳《さい》のときには敵陣《てきじん》にみずから乗《の》りこみ、敵将《てきしょう》の首《くび》をとる武功《ぶこう》を上《あ》げた。その後《ご》、天下《てんか》の名槍《めいそう》「蜻蛉切《とんぼきり》」を片手《かたて》に戦場《せんじょう》をかけめぐり、57回《かい》の合戦《かっせん》でかすり傷《きず》ひとつ負《お》わなかったという。たびたび徳川軍《とくがわぐん》のピンチをすくう活躍《かつやく》を見《み》せ、とくに小牧《こまき》・長久手《ながくて》の戦《たたか》いでは、豊《とよ》臣《とみ》8万《まん》の大軍《たいぐん》に苦戦《くせん》している味方《みかた》のもとにわずか500騎《き》でかけつけ、豊臣《とよとみ》の進軍《しんぐん》をとめている。

家康《いえやす》も自慢《じまん》した武勇《ぶゆう》

そのなみはずれた豪勇《ごうゆう》を信《のぶ》長《なが》や秀吉《ひでよし》も大《おお》いにみとめ、戦《たたか》いぶりを見《み》た敵将《てきしょう》からは「家《いえ》康《やす》にすぎたるもの」と称賛《しょうさん》された。家康《いえやす》にとっても自慢《じまん》の臣下《しんか》であった。関ヶ原《せきがはら》の戦《たたか》いでも敵《てき》の首《くび》を90以上《いじょう》も上《あ》げる大活躍《だいかつやく》を見《み》せ、戦後《せんご》に家康《いえやす》から10万石《まんごく》をあたえられて大名《だいみょう》となった。

しかし、戦乱《せんらん》の時代《じだい》が終《お》わって世《よ》のなかが平和《へいわ》になると、忠勝《ただかつ》のような武将《ぶしょう》は政治《せいじ》の場《ば》から遠《とお》ざけられた。不遇《ふぐう》の晩《ばん》年《ねん》をすごしたが、死《し》ぬまで主《しゅ》君《くん》である家康《いえやす》への忠誠心《ちゅうせいしん》は変《か》わることがなかったという。

能力《のうりょく》パラメータ

武《ぶ》力《りょく》考《こう》察《さつ》

戦場《せんじょう》に出《で》ること57回《かい》におよんだが、かすり傷《きず》ひとつ負《お》わなかった。長《なが》さ6メートルもある自慢《じまん》の槍《やり》で、生涯《しょうがい》あげた首級《みしるし》は数知《かずし》れず。

主《おも》な戦《たたか》い

一言坂《ひとことざか》の戦《たたか》い、三方ヶ原《みかたがはら》の戦《たたか》い、小《こ》牧《まき》・長久手《ながくて》の戦《たたか》い、関ヶ原《せきがはら》の戦《たたか》い

〝赤鬼《あかおに》〟の異名《いみょう》

井《い》伊《い》直《なお》政《まさ》

「赤《あか》」の軍《ぐん》団《だん》をひきいた
勇《ゆう》猛《もう》果《か》敢《かん》な指《し》揮《き》官《かん》

所《しょ》属《ぞく》	徳川家《とくがわけ》	出身地《しゅっしんち》	遠江国《とおとうみのくに》（静岡県《しずおかけん》）
生没年月日《せいぼつねんがっぴ》	1561年《ねん》3月《がつ》4日《よっか》～1602年《ねん》3月《がつ》24日《にじゅうよっか》	家紋《かもん》	

イラスト●平林知子

徳川《とくがわ》の家臣《かしん》では新参者《しんざんもの》

本多《ほんだ》忠勝《ただかつ》、榊原康政《さかきばらやすまさ》とならぶ徳川三傑《とくがわさんけつ》で、徳川四天王《とくがわしてんのう》のひとりにも数《かぞ》えられる勇将《ゆうしょう》。三河《みかわ》の出身《しゅっしん》ではなく、徳川家《とくがわか》臣団《しんだん》のなかでは新参者《しんざんもの》だったが、家康《いえやす》は戦場《せんじょう》で抜群《ばつぐん》のはたらきを見《み》せる直政《なおまさ》に大《おお》きな信《しん》頼《らい》をよせた。とくに武田《たけだ》との戦《たたか》いで活躍《かつやく》し、武田家《たけだけ》がほろんで甲斐《かい》と信濃《しなの》が家康《いえやす》の領地《りょうち》となると、直政《なおまさ》は旧武田家臣《きゅうたけだかしん》を配下《はいか》にして部隊《ぶたい》を編成《へんせい》。赤《あか》い軍装《ぐんそう》でいろどられたその部《ぶ》隊《たい》は「井伊《いい》の赤備《あかぞな》え」とよばれ、長槍《ちょうそう》で敵《てき》をけちらすリーダーの直政《なおまさ》は「赤鬼《あかおに》」とおそれられた。

自分《じぶん》にも他人《たにん》にもきびしい

武名《ぶめい》が天下《てんか》にとどろくほど勇猛《ゆうもう》な直政《なおまさ》だったが、知略《ちりゃく》にもすぐれ、関ケ原《せきがはら》の戦《たたか》いでは敵《てき》の寝返《ねがえ》り工作《こうさく》を担当《たんとう》。西軍《せいぐん》の吉川広家《きっかわひろいえ》や小早川秀秋《こばやかわひであき》を東《とう》軍《ぐん》にひきこむことに成功《せいこう》して勝利《しょうり》に貢献《こうけん》した。戦後《せんご》は、石《いし》田三成《だみつなり》がおさめた佐和山《さわやま》の地《ち》をあたえられ、彦根藩《ひこねはん》の領主《りょうしゅ》となった。

直政《なおまさ》は気性《きしょう》がはげしい性格《せいかく》で、ふだんから自分《じぶん》をきびしく律《りっ》して家康《いえやす》につかえた。いっぽうで家臣《かしん》にもとてもきびしくあたり、ささいな失敗《しっぱい》もゆるさず、手討《てう》ちにすることも多《おお》かったという。

能力《のうりょく》パラメータ

武《ぶ》力《りょく》考《こう》察《さつ》

かなりはげしい性格《せいかく》だったため、戦場《せんじょう》では陣《じん》を家老《かろう》にまかせ、先頭《せんとう》に立《た》って戦《たたか》った。そのため、つねに生傷《なまきず》がたえなかったという。

主《おも》な戦《たたか》い

高天神城《たかてんじんじょう》の戦《たたか》い、小牧《こまき》・長久手《ながくて》の戦《たたか》い、小田原征伐《おだわらせいばつ》、関ヶ原《せきがはら》の戦《たたか》い徳川《とくがわ》の「鬼半蔵《おにはんぞう》」

服《はっ》部《とり》半《はん》蔵《ぞう》

徳川《とくがわ》十《じゅう》六《ろく》神《しん》将《しょう》のひとり！
伊《い》賀《が》衆《しゅう》をひきいる忍者《にんじゃ》の頭領《とうりょう》

所属《しょぞく》	徳川家《とくがわけ》	出身地《しゅっしんち》	三河国《みかわのくに》（愛知県《あいちけん》）
生没年月日《せいぼつねんがっぴ》	1542年《ねん》～1596年《ねん》12月《がつ》23日《にち》	家紋《かもん》	

イラスト●坂本《さかもと》ロクタク

伊賀《いが》越《ご》えで家康《いえやす》をたすけた

「服部半蔵《はっとりはんぞう》」という名前《なまえ》は、松平家《まつだいらけ》と徳川家《とくがわけ》に忍者《にんじゃ》としてつかえた服部半蔵家《はっとりはんぞうけ》の当主《とうしゅ》のよび名《な》。徳川十六神将《とくがわじゅうろくしんしょう》のひとりである服部半蔵《はっとりはんぞう》は、2代目《だいめ》当主《とうしゅ》の服部半蔵正成《はっとりはんぞうまさしげ》のことだ。

服部半蔵《はっとりはんぞう》を有名《ゆうめい》にしたエピソードは「伊賀越《いがご》え」だ。本《ほん》能寺《のうじ》の変《へん》のあと、有力武将《ゆうりょくぶしょう》を討《う》ちとろうとした明智光秀《あけちみつひで》によって危機《きき》におちいった家康《いえやす》は、わずかな配下《はいか》をつれて自《じ》分《ぶん》の国《くに》にもどることになった。光秀《みつひで》の追《お》っ手《て》や山賊《さんぞく》の襲《しゅう》撃《げき》をさけ無事《ぶじ》に帰国《きこく》できたのは、服部半蔵《はっとりはんぞう》ひきいる伊賀衆《いがしゅう》がいたからといわれている。

忍者《にんじゃ》ではなく戦闘指揮官《せんとうしきかん》?

伊賀《いが》の忍《しの》び衆《しゅう》のリーダーといっても、正成《まさしげ》は伊賀《いが》ではなく三河《みかわ》で生《う》まれ育《そだ》ち、忍者《にんじゃ》の能力《のうりょく》をもっていなかったという。正成《まさしげ》の父《ちち》は、戦場《せんじょう》で戦《たたか》う武士《ぶし》よりも影《かげ》の仕事《しごと》をする忍《にん》者《じゃ》への評価《ひょうか》が低《ひく》かったことから、正成《まさしげ》に忍者《にんじゃ》の修行《しゅぎょう》をさせず、武将《ぶしょう》として育《そだ》てたといわれている。

正成《まさしげ》の得意《とくい》としたのは槍《やり》で、「鬼半蔵《おにはんぞう》」の異名《いみょう》をもつほどの腕前《うでまえ》は、家康《いえやす》のお墨《すみ》つき。猛将《もうしょう》として知《し》られた本人《ほんにん》は戦《せん》場《じょう》をわたり歩《ある》き、諜報活動《ちょうほうかつどう》は配下《はいか》の忍《しの》び衆《しゅう》にまかせ、戦闘《せんとう》を指揮《しき》していたという。

能力《のうりょく》パラメータ

武《ぶ》力《りょく》考《こう》察《さつ》

鬼半蔵《おにはんぞう》といわれる猛者《もさ》。家康《いえやす》の負《ま》け戦《いくさ》となった三方ヶ原《みかたがはら》の戦《たたか》いで武《ぶ》功《こう》を上《あ》げ、家康《いえやす》から槍《やり》をおくられている。

主《おも》な戦《たたか》い

三方ヶ原《みかたがはら》の戦《たたか》い、小牧《こまき》・長久手《ながくて》の戦《たたか》い、小田原征伐《おだわらせいばつ》

武将《ぶしょう》・
個人編《こじんへん》

忍《しの》び対《たい》豪傑《ごうけつ》の異種格闘技戦《いしゅかくとうぎせん》!!

サムライ空《くう》想《そう》バトル!!

戦国最強《せんごくさいきょう》とのよび声《ごえ》も高《たか》い猛将《もうしょう》・本多忠勝《ほんだただかつ》。この最大《さいだい》の強敵《きょうてき》を相手《あいて》に、伊賀《いが》の忍《しの》び集団《しゅうだん》のリーダーにして槍《やり》の名手《めいしゅ》でもある服部半蔵《はっとりはんぞう》は、どう勝負《しょうぶ》をいどむのだろうか？

豪《ごう》勇《ゆう》無《む》比《ひ》の名《めい》将《しょう》と忍《にん》者《じゃ》家《か》系《けい》の武《ぶ》将《しょう》の対《たい》決《けつ》!

参考《さんこう》データ（服部半蔵）

特徴《とくちょう》	官位《かんい》	戦法《せんぽう》	使用武器《しようぶき》
冷静沈着《れいせいちんちゃく》	―	奇襲《きしゅう》	槍《やり》など

心《メンタル》	技《スキル》	体《フィジカル》
(不明《ふめい》)	70%	80%

参考《さんこう》データ（本多忠勝）

特徴《とくちょう》	官位《かんい》	戦法《せんぽう》	使用武器《しようぶき》
自信家《じしんか》、絶対的《ぜったいてき》な忠誠心《ちゅうせいしん》	従五位下《じゅごいげ》、中務大輔《なかつかさのだいぶ》	速攻突撃《そっこうとつげき》	蜻蛉切《とんぼきり》

心《メンタル》	技《スキル》	体《フィジカル》
90%	90%	80%

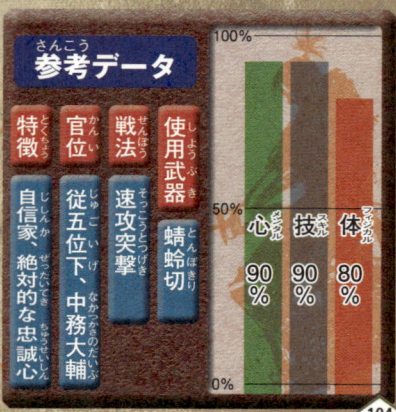

半蔵《はんぞう》の奇襲《きしゅう》と忠勝《ただかつ》の勝負勘《しょうぶかん》

忠勝《ただかつ》は天下《てんか》の名槍《めいそう》「蜻蛉切《とんぼきり》」を自由自在《じゆうじざい》にあつかう槍《やり》の達人《たつじん》。さらに武具《ぶぐ》が足軽《あしがる》なみの軽装《けいそう》だったため、攻撃《こうげき》のスピードも相手《あいて》にかんがえるすきをあたえないほど速《はや》い。同《おな》じ槍《やり》の名手《めいしゅ》の半蔵《はんぞう》を相手《あいて》にしても、まわりくどい攻《せ》めはせず、真《ま》っ正面《しょうめん》から槍《やり》をふりまわし、ものすごいスピードで突撃《とつげき》するはずだ。

まともなら勝《か》ち目《め》なしと冷静《れいせい》に状況《じょうきょう》を判断《はんだん》した半蔵《はんぞう》は奇襲《きしゅう》を決断《けつだん》。忍者《にんじゃ》の修行《しゅぎょう》はつんでいないが、伊賀忍《いがしの》びのリーダーの半蔵《はんぞう》には、忍術《にんじゅつ》の基本《きほん》はそなわっている。まきびしをばらまいて忠勝《ただかつ》のバランスをくずしたり、煙幕《えんまく》をはったり、目《め》つぶしを投《な》げて目《め》をくらませるなどなんでもあり。武士《ぶし》の一騎討《いっきう》ちは正々堂々《せいせいどうどう》が基本《きほん》だが、武士《ぶし》とはいえ忍者《にんじゃ》の家《いえ》に生《う》まれた半蔵《はんぞう》には、そんな常識《じょうしき》はない。常識《じょうしき》はずれの作戦《さくせん》で忠勝《ただかつ》をほんろうしようとした。

半蔵《はんぞう》は目《め》つぶしで視野《しや》がせまくなっている忠勝《ただかつ》の死角《しかく》にまわりこんで槍《やり》をくり出《だ》し、よけられると武具《ぶぐ》のなかにしこんだ小刀《こがたな》を投《な》げた。しかし忠勝《ただかつ》の危険察知能力《きけんさっちのうりょく》と勝負勘《しょうぶかん》は神《かみ》がかっている。半蔵《はんぞう》の奇襲《きしゅう》を間一髪《かんいっぱつ》でよけ、こん身《しん》の一撃《いちげき》をたたきこんだ！

勝利《しょうり》の決《き》め手《て》

生涯《しょうがい》に参加《さんか》した57の合戦《かっせん》で、足軽《あしがる》なみの軽装《けいそう》で出陣《しゅつじん》しながらかすり傷《きず》ひとつ負《お》わなかったという忠勝《ただかつ》。超人的《ちょうじんてき》な危機察知能力《ききさっちのうりょく》がそなわっていたとみるべきだろう。半蔵《はんぞう》がどんな奇襲《きしゅう》で攻《せ》めても、忠勝《ただかつ》には通用《つうよう》しない。

必殺技《ひっさつわざ》

蜻蛉切《とんぼきり》でのうちこみ

傷《きず》だらけの大男《おおおとこ》

藤《とう》堂《どう》高《たか》虎《とら》

主君《しゅくん》を変《か》えて出世《しゅっせ》した
名将《めいしょう》にして築城《ちくじょう》の名人《めいじん》

所属《しょぞく》	浅井家《あさいけ》、織田家《おだけ》、豊臣家《とよとみけ》、徳川家《とくがわけ》など	出身地《しゅっしんち》	近江国《おうみのくに》（滋賀県《しがけん》）
生没年月日《せいぼつねんがっぴ》	1556年《ねん》2月《がつ》16日《にち》～1630年《ねん》11月9日《がつここのか》	家紋《かもん》	

イラスト●坪井亮平《つぼいりょうへい》

豊臣《とよとみ》から徳川《とくがわ》の家臣《かしん》へ

浅井氏《あざいし》からはじまり、7度《ど》も主君《しゅくん》を変《か》えて戦国《せんごく》の世《よ》を生《い》きぬいた武将《ぶしょう》。主《あるじ》にずっとめぐまれなかったが、ようやく芽《め》が出《で》はじめたのは豊臣秀長《とよとみひでなが》の家臣《かしん》となってから。豊臣軍《とよとみぐん》の一員《いちいん》となり、各地《かくち》を転戦《てんせん》して武功《ぶこう》を上《あ》げ、朝鮮出兵《ちょうせんしゅっぺい》でも敵《てき》の水軍《すいぐん》をうちやぶる活躍《かつやく》を見《み》せた。秀長《ひでなが》が死《し》ぬと、その甥《おい》の豊臣秀保《とよとみひでやす》につかえるが、秀吉《ひでよし》の死《し》の直前《ちょくぜん》に家康《いえやす》に急接《きゅうせつ》近《きん》。豊臣《とよとみ》の家臣《かしん》の誰《だれ》よりも早《はや》く家康《いえやす》につく。関ケ原《せきがはら》の戦《たたか》いでは西軍《せいぐん》の武将《ぶしょう》を次々《つぎつぎ》とひきぬいて、東軍《とうぐん》の勝利《しょうり》に大《おお》きく貢献《こうけん》した。

家康《いえやす》が高《たか》く買《か》った実力《じつりょく》

22万石《まんごく》の大名《だいみょう》となった高虎《たかとら》は、外様大名《とざまだいみょう》（関ケ原《せきがはら》の戦《たたか》いの前後《ぜんご》に家康《いえやす》にしたがった家《か》臣《しん》）ながら、譜代大名《ふだいだいみょう》（ずっと家康《いえやす》にしたがってきた家臣《かしん》）と同《おな》じあつかいをうけた。徳《とく》川《がわ》の家臣《かしん》は主《あるじ》を何度《なんど》も変《か》えてきた高虎《たかとら》をよく思《おも》っていなかったが、家康《いえやす》は高虎《たかとら》の忠義《ちゅうぎ》と実力《じつりょく》をかっていたようである。豊臣家《とよとみけ》をほろぼした大坂《おおさか》の陣《じん》では、大坂城《おおさかじょう》を包囲《ほうい》する城《しろ》を建設《けんせつ》。江戸城《えどじょう》の建設指揮《けんせつしき》もするなど、築城《ちくじょう》の名手《めいしゅ》としてその手腕《しゅわん》を発揮《はっき》。さらに伊《い》賀《が》忍《しの》びを統率《とうそつ》して情報収集《じょうほうしゅうしゅう》をしたりと多方面《たほうめん》で活躍《かつやく》した。

能力《のうりょく》パラメータ

武《ぶ》力《りょく》考《こう》察《さつ》

身長《しんちょう》190センチ以上《いじょう》の大男《おおおとこ》で、虎《とら》退治《たいじ》の逸話《いつわ》もある勇将《ゆうしょう》。長年《ながねん》の戦《たたか》いによって体《からだ》は傷《きず》だらけで、指《ゆび》も何本《なんぼん》かちぎれていたという。

主《おも》な戦《たたか》い

賤ヶ岳《しずがたけ》の戦《たたか》い、関ヶ原《せきがはら》の戦《たたか》い、大坂《おおさか》冬《ふゆ》の陣《じん》・夏《なつ》の陣《じん》

徳《とく》川《がわ》秀《ひで》忠《ただ》

偉大《いだい》な父《ちち》の影《かげ》にかくれた守《まも》りの人《ひと》

イラスト●おつけもの

父《ちち》を激怒《げきど》させた戦下手《いくさべた》

家康《いえやす》の三男《さんなん》。関ケ原《せきがはら》の戦《たたか》いで別働隊《べつどうたい》をひきいて中山道《なかせんどう》をすすんだが、真田《さなだ》の策略《さくりゃく》におちいって関ケ原《せきがはら》での合流《ごうりゅう》におくれ、家康《いえやす》を激怒《げきど》させた。戦《いくさ》は下手《へた》だが、温厚《おんこう》な性格《せいかく》で政治《せいじ》のセンスにすぐれていた。江戸幕府《えどばくふ》の2代将軍《だいしょうぐん》として、その基礎《きそ》をかためるにはぴったりの人物《じんぶつ》だった。

所属《しょぞく》	徳川家《とくがわけ》
出身地《しゅっしんち》	遠江国《とおとうみのくに》（静岡県《しずおかけん》）
生没年月日《せいぼつねんがっぴ》	1579年《ねん》5月2日《がつふつか》～1632年《ねん》3月14日《がつじゅうよっか》

家紋《かもん》

能力《のうりょく》パラメータ

武《ぶ》力《りょく》考《こう》察《さつ》

初陣《ういじん》の上田城《うえだじょう》の戦《たたか》いで、真田《さなだ》に大《だい》惨敗《ざんぱい》をきっする。戦《いくさ》のセンスはなく、武勇《ぶゆう》にもとぼしい。徳川《とくがわ》の史《し》書《しょ》でも武人《ぶじん》としての評価《ひょうか》は低《ひく》い。

主《おも》な戦《たたか》い

上田城《うえだじょう》の戦《たたか》い、大坂冬《おおさかふゆ》の陣《じん》・夏《なつ》の陣《じん》

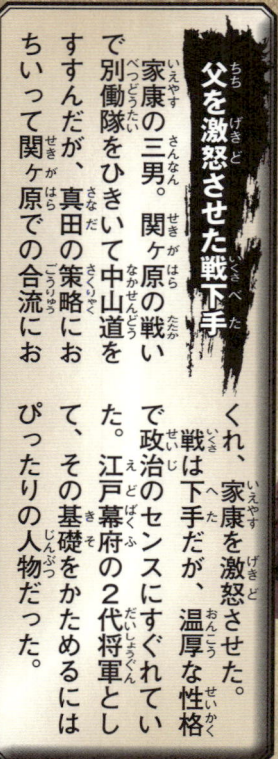

酒《さか》井《い》忠《ただ》次《つぐ》

家康《いえやす》に天下《てんか》をとらせた徳川四天王《とくがわしてんのう》の筆頭《ひっとう》

イラスト●小野《おの》たかし

所属《しょぞく》	徳川家《とくかわけ》	家紋《かもん》	
出身地《しゅっしんち》	三河国《みかわのくに》（愛知県《あいちけん》）		
生没年月日《せいぼつねんがっぴ》	1527年《ねん》～1596年《ねん》12月《がつ》17日《にち》		

名将《めいしょう》だが晩年《ばんねん》は不遇《ふぐう》

生涯《しょうがい》を家康《いえやす》につくした戦名《いくさめい》人《じん》。初期《しょき》の徳川家臣団《とくがわかしんだん》における軍事面《ぐんじめん》のトップで、三方ケ《みかたが》原《はら》の戦《たたか》いや長篠《ながしの》の戦《たたか》いで活躍《かつやく》し、信長《のぶなが》からもその戦《たたか》いぶりを称賛《しょうさん》されている。

しかし、家康《いえやす》の嫡男《ちゃくなん》の信康《のぶやす》が武田《たけだ》への内通《ないつう》をうたがわれた件《けん》で信長《のぶなが》への釈明《しゃくめい》に失敗《しっぱい》。

そのせいで晩年《ばんねん》は不遇《ふぐう》だった。

能力《のうりょく》パラメータ

武《ぶ》力《りょく》考《こう》察《さつ》

家康《いえやす》にさい配《はい》を教《おし》えるほどの戦名《いくさめい》人《じん》。槍《やり》の名手《めいしゅ》でもあり、愛用《あいよう》の槍《やり》はかめもろとも敵《てき》を刺《さ》したという「甕通槍《かめどおしやり》」。

主《おも》な戦《たたか》い

三方ヶ原《みかたがはら》の戦《たたか》い、長篠《ながしの》の戦《たたか》い、小牧《こまき》・長久手《ながくて》の戦《たたか》い

榊《さかき》原《ばら》康《やす》政《まさ》

本多忠勝《ほんだただかつ》と双璧《そうへき》と称《しょう》された歴戦《れきせん》のつわもの

イラスト●木志田《きのした》コテツ

豊臣《とよとみ》の名将《めいしょう》を討《う》ちとる

徳川四天王《とくがわしてんのう》、徳川三傑《とくがわさんけつ》のひとりで、本多忠勝《ほんだただかつ》とは親友《しんゆう》の間柄《あいだがら》。武勇《ぶゆう》こそ忠勝《ただかつ》におよばないが、兵《へい》の指揮能力《しきのうりょく》は忠勝《ただかつ》をしのぐともいわれている。

姉川《あねがわ》の戦《たたか》いでは朝倉軍《あさくらぐん》を敗走《はいそう》させ、小牧《こまき》・長久手《ながくて》の戦《たたか》いでも豊臣秀次《とよとみひでつぐ》の軍《ぐん》を壊滅《かいめつ》させて、森長可《もりながよし》、池田恒興《いけだつねおき》といった敵将《てきしょう》を討《う》ちとった。

所属《しょぞく》	徳川家《とくがわけ》
出身地《しゅっしんち》	三河国《みかわのくに》（愛知県《あいちけん》）
生没年月日《せいぼつねんがっぴ》	1548年《ねん》～1606年《ねん》6月《がつ》19日《にち》

家紋《かもん》

能力《のうりょく》パラメータ

武《ぶ》力《りょく》考《こう》察《さつ》

小牧《こまき》・長久手《ながくて》の戦《たたか》いでは敵陣《てきじん》につっこんで森長可《もりながよし》と池田恒興《いけだつねおき》を討《う》ちとり、怒《おこ》った秀吉《ひでよし》に攻《せ》めこまれたものの、返《かえ》り討《う》ちにしている。

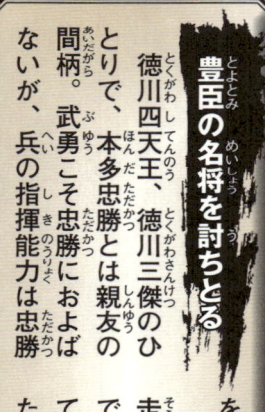

主《おも》な戦《たたか》い

姉川《あねがわ》の戦《たたか》い、三方ヶ原《みかたがはら》の戦《たたか》い、小牧《こまき》・長久手《ながくて》の戦《たたか》い

鳥《とり》居《い》元《もと》忠《ただ》

家康《いえやす》の捨《す》て駒《ごま》になった最高《さいこう》の忠臣《ちゅうしん》

イラスト●星月《ほしつき》まわる

所属《しょぞく》	徳川家《とくがわけ》
出身地《しゅっしんち》	三河国《みかわのくに》（愛知県《あいちけん》）
生没年月日《せいぼつねんがっぴ》	1539年《ねん》～1600年《ねん》9月8日《がつようか》

家紋《かもん》

懸命《けんめい》に家康《いえやす》につかえた生涯《しょうがい》

家康《いえやす》の名補佐役《めいほさやく》。武田《たけだ》との戦《たたか》いのさなかに左足《ひだりあし》に銃弾《じゅうだん》をあび、足《あし》が不自由《ふじゆう》になった。それでも懸命《けんめい》に家康《いえやす》につかえ、関ケ原《せきがはら》の戦《たたか》いの前《まえ》には、家康《いえやす》が兵《へい》をととのえるまでの「捨《す》て駒《ごま》」となって伏見城《ふしみじょう》にろう城《じょう》。２０００の兵《へい》で石田軍《いしだぐん》4万《まん》を半月《はんつき》おさえこんだが、最後《さいご》は壮絶《そうぜつ》に討《う》ち死《じ》にした。

能力《のうりょく》パラメータ

武《ぶ》力《りょく》考《こう》察《さつ》

姉川《あねがわ》の戦《たたか》い、三方ヶ原《みかたがはら》の戦《たたか》い、長篠《ながしの》の戦《たたか》いなどで活躍《かつやく》。足《あし》が不自由《ふじゆう》になってからは武勇《ぶゆう》を発揮《はっき》できなくなった。

主《おも》な戦《たたか》い

伏見城《ふしみじょう》の戦《たたか》い、姉川《あねがわ》の戦《たたか》い、三方ヶ原《みかたがはら》の戦《たたか》い、長篠《ながしの》の戦《たたか》い

武将《ぶしょう》・軍団編《ぐんだんへん》

英雄《えいゆう》たちがまさかの三角対決《さんかくたいけつ》!!

サムライ空想《くうそう》三《み》つ巴《どもえ》バトル!!

戦国《せんごく》の三英傑《さんえいけつ》、織田信長《おだのぶなが》・豊臣秀吉《とよとみひでよし》・徳川家康《とくがわいえやす》が夢《ゆめ》の対決《たいけつ》。弱肉強食《じゃくにくきょうしょく》の戦乱《せんらん》の世《よ》を生《い》き、戦《いくさ》を知《し》りつくした英雄《えいゆう》たちはどんな戦《たたか》いかたを見《み》せてくれるのだろう？

三大武将《さんだいぶしょう》の勝負《しょうぶ》のゆくえは

VS

天《てん》のみぞ知《し》る!!

参考《さんこう》データ

	家康《いえやす》	秀吉《ひでよし》	信長《のぶなが》
物量《ぶつりょう》	200万石《まんごく》	200万石《まんごく》	200万石《まんごく》
軍勢《ぐんぜい》	5万人《まんにん》	5万人《まんにん》	5万人《まんにん》

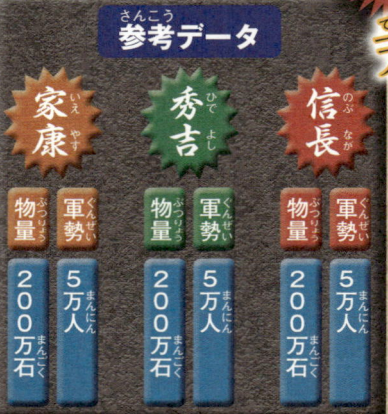

まずは家康《いえやす》をたたけ!

信長《のぶなが》、秀吉《ひでよし》、家康《いえやす》という英《えい》傑《けつ》が戦《たたか》うという凄《すご》いバトルのはじまりだ!! 平等《びょうどう》に戦《たたか》うために、ここでは3者《しゃ》ともに、兵力《へいりょく》は5万人《まんにん》、石高《こくだか》は200万石《まんごく》とする。

平地戦《へいちせん》で3軍《ぐん》が戦《たたか》うとなると、誰《だれ》も自分《じぶん》から動《うご》こうとしないだろう。3軍《ぐん》のうちの2軍《ぐん》が戦《たたか》って消《しょう》もうすれば、のこる1軍《ぐん》が圧倒的《あっとうてき》に有利《ゆうり》になるので、うかつには手出《てだ》しができない。とくにギャンブルが大嫌《だいきら》いな家康《いえやす》は、持久戦《じきゅうせん》にもちこんで勝機《しょうき》をさぐる腹《はら》づもりだ。

いっぽう秀吉《ひでよし》は積極的《せっきょくてき》である。相手《あいて》の兵力《へいりょく》をへらそうと、敵兵《てきへい》を調略《ちょうりゃく》して自軍《じぐん》へのひきいれをすすめる。なかでも精《せい》強《きょう》な三河兵《みかわへい》の家康軍《いえやすぐん》の兵力《へいりょく》をへらしておきたい。信長《のぶなが》も秀《ひで》吉《よし》とかんがえは同《おな》じだが、敵《てき》兵《へい》を調略《ちょうりゃく》するのではなく秀吉《ひでよし》との同盟《どうめい》に動《うご》いた。こうして信長《のぶなが》・秀吉《ひでよし》10万《まん》の連合軍《れんごうぐん》が結《けっ》成《せい》され、家康軍《いえやすぐん》を粉砕《ふんさい》した。

いよいよ信長《のぶなが》と秀吉《ひでよし》の直接《ちょくせつ》対決《たいけつ》。信長《のぶなが》は強固《きょうこ》な陣《じん》をはり、秀吉軍《ひでよしぐん》を鉄砲《てっぽう》の射程《しゃてい》にひきこんで一気《いっき》に勝負《しょうぶ》をつけようとした。対《たい》して秀吉《ひでよし》は信長《のぶなが》配下《はいか》の武将《ぶしょう》に調略《ちょうりゃく》をかけ、寝《ね》返《がえ》らせることに成功《せいこう》。秀吉《ひでよし》は信長軍《のぶながぐん》を内側《うちがわ》から崩壊《ほうかい》させ、戦《たたか》わずして勝《か》ったのだ。

勝利《しょうり》の決《き》め手《て》

精強《せいきょう》な三河兵《みかわへい》をひきいる家康《いえやす》を孤立《こりつ》させて、信長《のぶなが》・秀吉連合軍《ひでよしれんごうぐん》で撃退《げきたい》。信長《のぶなが》と秀吉《ひでよし》の対決《たいけつ》は、直接戦《ちょくせつたたか》おうとした信長《のぶなが》に対《たい》して、秀吉《ひでよし》は信長家臣団《のぶながかしんだん》の結束《けっそく》がよわいと読《よ》んで、調略《ちょうりゃく》にこだわり、勝利《しょうり》につなげた。

必殺技《ひっさつわざ》 秀吉《ひでよし》の「人《ひと》たらし」の魅力《みりょく》をいかした調略《ちょうりゃく》

数々《かずかず》の武将《ぶしょう》が入《い》り乱《みだ》れた天下分《てんかわ》け目《め》の決戦《けっせん》

関《せき》ケ《が》原《はら》の戦《たたか》い

兵力《へいりょく》だけなら西軍有利《せいぐんゆうり》

１６００年《ねん》10月《がつ》21日《にち》午前《ごぜん》８時《じ》すぎ、関《せき》ケ《が》原《はら》で天下分《てんかわ》け目《め》の決戦《けっせん》が開始《かいし》された。東軍《とうぐん》の総兵力《そうへいりょく》は約《やく》７万《まん》４０００。西《せい》軍《ぐん》の兵力《へいりょく》は約《やく》８万《まん》２０００。

西軍《せいぐん》は、石田三成《いしだみつなり》、島津義《しまづよし》弘《ひろ》、宇喜多秀家《うきたひでいえ》らが鶴翼《かくよく》の陣《じん》で布陣《ふじん》。東軍《とうぐん》は福島正則《ふくしままさのり》、黒《くろ》田長政《だながまさ》、井伊直政《いいなおまさ》らが鋒矢《ほうし》の陣《じん》で布陣《ふじん》する。戦《たたか》いは宇喜多《うきた》隊《たい》と福島隊《ふくしまたい》との間《あいだ》ではじまり、全軍《ぜんぐん》にひろまっていった。

戦《たたか》いは昼《ひる》になっても勝敗《しょうはい》がつかなかった。その理由《りゆう》は西《せい》軍《ぐん》のなかにあった。小早川秀《こばやかわひで》秋《あき》は家康《いえやす》に内通《ないつう》していて陣《じん》から動《うご》かず、島津義弘《しまづよしひろ》はやむなく参戦《さんせん》しただけでやる気《き》なし。ほかの４隊《たい》も東軍《とうぐん》に寝返《ねがえ》る機会《きかい》をうかがっていた。

西軍《せいぐん》は総兵力《そうへいりょく》では東軍《とうぐん》に勝《まさ》っていたが、戦《たたか》っていた兵《へい》は実際《じっさい》は約《やく》４万《まん》ほど。ここまで７万《まん》の東軍相手《とうぐんあいて》によくふんばっていた。

しかし、ついに小早川隊《こばやかわたい》が寝返《ねがえ》り、西軍《せいぐん》は総崩《そうくず》れとなった。寝返《ねがえ》りとやる気《き》が勝負《しょうぶ》を分《わ》けた関《せき》ケ《が》原《はら》。三成《みつなり》に人望《じんぼう》と用兵《ようへい》の才能《さいのう》がもう少《すこ》しでもあれば、結果《けっか》はちがったものになっていたかもしれない。

関《せき》ケ《が》原《はら》での家康《いえやす》は、本陣《ほんじん》で敵《てき》の寝返《ねがえ》りを今《いま》か今《いま》かとまっていた。

写真提供《しゃしんていきょう》●岡島慎二《おかじましんじ》

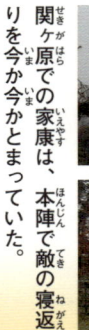

関《せき》ヶ《が》原《はら》の戦《たたか》い武将《ぶしょう》配《はい》置《ち》図《ず》

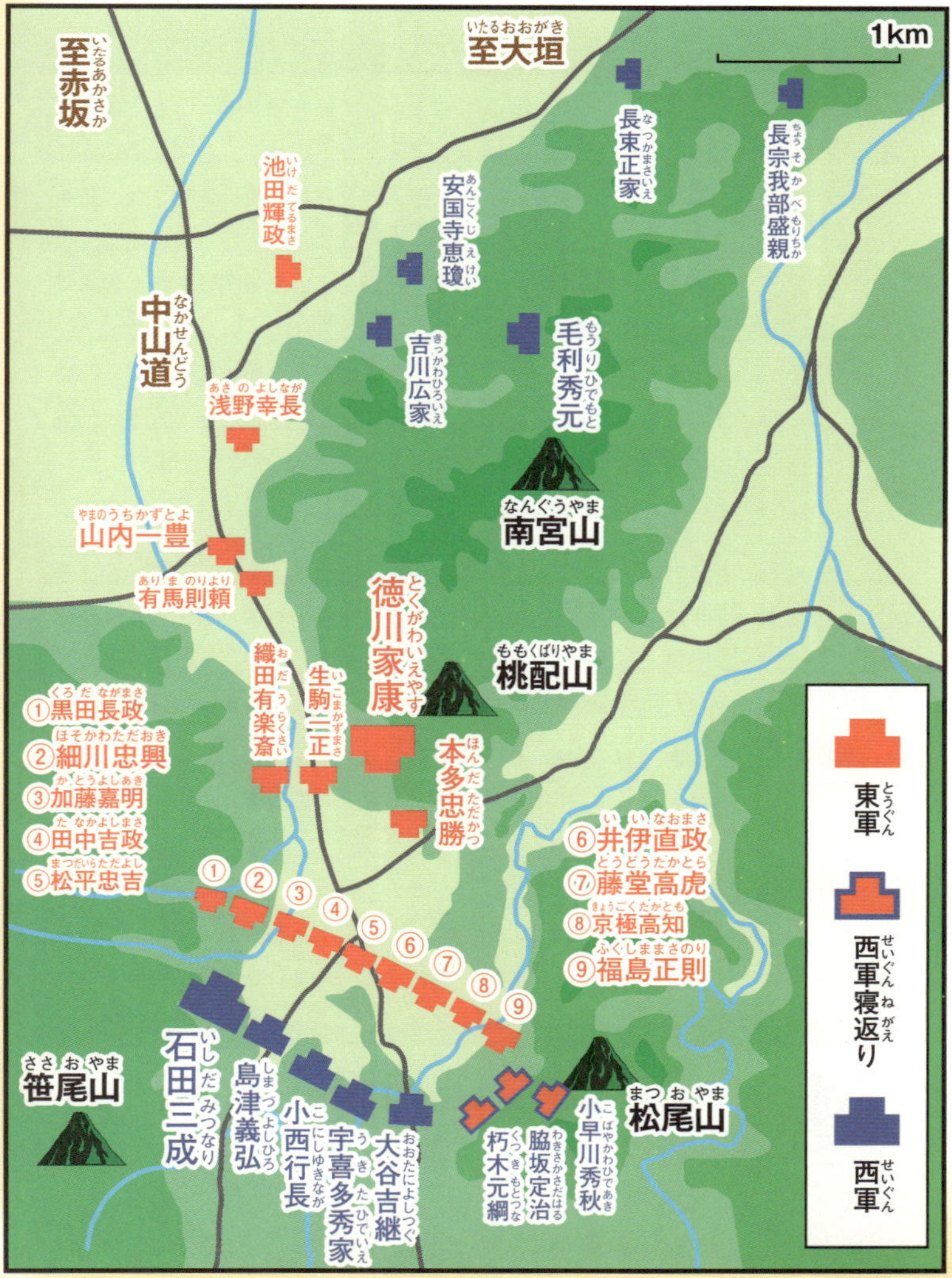

その壱《いち》

戦国武将《せんごくぶしょう》なんでもBEST5

城《しろ》づくり名人《めいじん》

1位《い》	加藤清正《かとうきよまさ》	清正《きよまさ》がきずいた熊本城《くまもとじょう》は、ろう城《じょう》されたら手《て》も足《あし》も出《で》ない天下《てんか》の堅城《けんじょう》。
2位《い》	藤堂高虎《とうどうたかとら》	天下人《てんかびと》の秀吉《ひでよし》と家康《いえやす》に信頼《しんらい》され、数多《かずおお》くの城《しろ》をきずいた築城《ちくじょう》の名手《めいしゅ》。
3位《い》	黒田官兵衛《くろだかんべえ》	官兵衛《かんべえ》がきずいた福岡城《ふくおかじょう》を見《み》た加藤清正《かとうきよまさ》が「この城《しろ》は落《お》ちない」と絶賛《ぜっさん》した。
4位《い》	真田昌幸《さなだまさゆき》	自分《じぶん》できずいた上田城《うえだじょう》は合戦向《かっせんむ》きの城《しろ》で、徳川《とくがわ》の大軍《たいぐん》を２度《ど》も撃退《げきたい》した。
5位《い》	太田道灌《おおたどうかん》	わずか25歳《さい》で江戸城《えどじょう》をきずく。地形《ちけい》をうまく利用《りよう》した城《しろ》づくりの名人《めいじん》。

イケメン

1位《い》	宇喜多秀家《うきたひでいえ》	大坂城《おおさかじょう》にあらわれると城内《じょうない》の女性《じょせい》がさわがしくなったというイケメン。
2位《い》	織田信長《おだのぶなが》	ひげをとってかつらをかぶせたら、女性《じょせい》といってもわからない美形《びけい》。
3位《い》	蒲生氏郷《がもううじさと》	信長《のぶなが》もみとめた器量人《きりょうにん》。戦場《せんじょう》ではいつも先鋒《せんぽう》でいでたちも華麗《かれい》だったという。
4位《い》	直江兼続《なおえかねつぐ》	子《こ》どものころから美形《びけい》と評判《ひょうばん》。長身《ちょうしん》の美男子《びだんし》で声《こえ》もきれいだったという。
5位《い》	井伊直政《いいなおまさ》	徳川家臣一《とくがわかしんいち》の美男子《びだんし》だが、気性《きしょう》がはげしく、厳格《げんかく》ですぐかっとなるのが難点《なんてん》。

清正《きよまさ》は 城《しろ》づくり名人《めいじん》

城《しろ》づくり名人《めいじん》の1位《い》は難攻不落《なんこうふらく》の熊本城《くまもとじょう》をつくった加藤清正《かとうきよまさ》。自前《じまえ》の大工集団《だいくしゅうだん》をもっていたという藤堂高虎《とうどうたかとら》は残念《ざんねん》ながら２位《い》。イケメン1位《い》の宇喜多秀家《うきたひでいえ》は、妻《つま》も美女《びじょ》として有名《ゆうめい》な豪姫《ごうひめ》。

第《だい》5章《しょう》

戦国時代《せんごくじだい》の武将《ぶしょう》④
日本全国《にほんぜんこく》の武将編《ぶしょうへん》

甲《か》斐《い》の軍《ぐん》略《りゃく》家《か》

武《たけ》田《だ》信《しん》玄《げん》

風《ふう》林《りん》火《か》山《ざん》の旗《はた》印《じるし》をかかげ
戦《せん》国《ごく》に覇《は》をとなえた甲《か》斐《い》の虎《とら》

所《しょ》属《ぞく》	武《たけ》田《だ》家《け》	出《しゅっ》身《しん》地《ち》	甲《か》斐《い》国《のくに》（山梨県《やまなしけん》）
生没年月日《せいぼつねんがっぴ》	1521年《ねん》12月1日《がつついたち》～1573年《ねん》5月《がつ》13日《にち》	家《か》紋《もん》	

イラスト●坂井結城《さかいゆうき》

かなり用心深《ようじんぶか》い性格《せいかく》

甲斐《かい》の一大名《いちだいみょう》でしかなかった武田氏《たけだし》を戦国一《せんごくいち》の有力大名《ゆうりょくだいみょう》にまで押《お》し上《あ》げた武田信玄《たけだしんげん》。暴君《ぼうくん》だった父《ちち》・武田信虎《たけだのぶとら》を追《つい》放《ほう》し、武田家《たけだけ》の当主《とうしゅ》となったというのが定説《ていせつ》だが、実際《じっさい》にはクーデターは武田家《たけだけ》の重臣《じゅうしん》がしくんだもので、信玄《しんげん》は信《のぶ》虎《とら》亡《な》きあと甲斐《かい》が動揺《どうよう》するのをおそれた重臣《じゅうしん》がかつぎ出《だ》したお飾《かざ》りだったという。

甲斐《かい》という国《くに》は重臣《じゅうしん》の力《ちから》が強《つよ》く、いつまたクーデターがおきるかわからなかったので、信玄《しんげん》はかなり用心深《ようじんぶか》い性格《せいかく》となり、寝《ね》るときも刀《かたな》を手《て》ばなさなかったといわれている。

天下統一《てんかとういつ》が夢《ゆめ》とちる

信玄《しんげん》は東《ひがし》の北条氏《ほうじょうし》、南《みなみ》の今《いま》川《がわ》氏《し》と同盟《どうめい》をむすび、北《きた》へ勢《せい》力《りょく》をのばした。信玄《しんげん》に攻《せ》められた信濃《しなの》の有力者《ゆうりょくしゃ》は、越後《えちご》の上杉謙信《うえすぎけんしん》にたすけをもとめ、これをきっかけに信玄《しんげん》と謙信《けんしん》は、20年《ねん》にもわたって戦《たたか》いつづけるライバルになった。

着実《ちゃくじつ》に領土《りょうど》をひろげて地盤《じばん》をかためていった信玄《しんげん》は、50歳《さい》をすぎ、いよいよ天下統一《てんかとういつ》へと動《うご》き出《だ》す。織田信長《おだのぶなが》を討《う》つべく信長包囲網《のぶながほういもう》を形成《けいせい》し、上洛《じょうらく》を開始《かいし》したのである。しかし、徳川《とくがわ》をけちらして怒濤《どとう》の進軍《しんぐん》を見《み》せたが、この遠征《えんせい》中《ちゅう》に陣中《じんちゅう》で息《いき》をひきとった。

能力《のうりょく》パラメータ

武《ぶ》力《りょく》考《こう》察《さつ》

いかつい風貌《ふうぼう》で描《えが》かれることが多《おお》いが、実際《じっさい》は細《ほそ》みできゃしゃな体《たい》格《かく》だったようだ。武芸《ぶげい》の鍛錬《たんれん》はしていたが、本質《ほんしつ》は政治家《せいじか》タイプ。

主《おも》な戦《たたか》い

川中島《かわなかじま》の戦《たたか》い、砥石城《といしじょう》の戦《たたか》い、三《み》方ヶ原《かたがはら》の戦《たたか》い

武《たけ》田《だ》勝《かつ》頼《より》

最強《さいきょう》の武《たけ》田《だ》軍《ぐん》団《だん》をうけ継《つ》いだ猛将《もうしょう》

イラスト●小野《おの》たかし

長篠《ながしの》での惨敗《ざんぱい》がいたかった

武《たけ》田《だ》信玄《しんげん》の四男《よんなん》。信玄《しんげん》亡《な》きあとの武《たけ》田《だ》家《け》をおさめた。精強《せいきょう》な武《たけ》田《だ》軍《ぐん》をひきい、信《しん》玄《げん》が落《お》とせなかった城《しろ》を落《お》としたほどの猛将《もうしょう》だが、親《した》しい家臣《かしん》ばかりを重用《ちょうよう》して信玄《しんげん》時《じ》代《だい》の重臣《じゅうしん》を軽《かろ》んじたことで、武《たけ》田《だ》家《け》を弱体化《じゃくたいか》させた。長篠《ながしの》の戦《たたか》いで信長《のぶなが》に惨敗《ざんぱい》。武《たけ》田《だ》家《け》は滅亡《めつぼう》につきすすんでいく。

所属《しょぞく》	武田家《たけだけ》	家紋《かもん》	
出身地《しゅっしんち》	不明《ふめい》		
生没年月日《せいぼつねんがっぴ》	1546年《ねん》～1582年《ねん》4月3日《がつみっか》		

能力《のうりょく》パラメータ

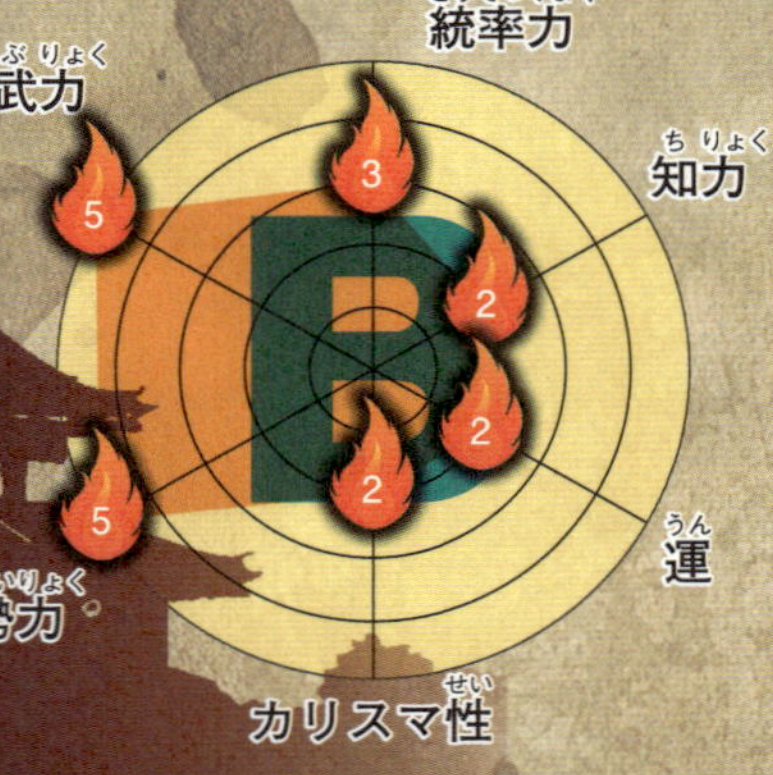

武《ぶ》力《りょく》考《こう》察《さつ》

側近《そっきん》に「強《つよ》すぎて近《ちか》いうちに討《う》ち死《じ》にする」と心配《しんぱい》されるほど勇猛《ゆうもう》な君主《くんしゅ》。その武勇《ぶゆう》は信玄《しんげん》よりも謙《けん》信《しん》に似《に》ているといわれた。

主《おも》な戦《たたか》い

長篠《ながしの》の戦《たたか》い、高天神城《たかてんじんじょう》の戦《たたか》い

山《やま》本《もと》勘《かん》助《すけ》

信玄《しんげん》に命《いのち》をかけてつかえた伝説《でんせつ》の軍師《ぐんし》

イラスト●たわわ実《みのる》

城《しろ》づくりも達人級《たつじんきゅう》

武田軍《たけだぐん》の伝説的《でんせつてき》な軍師《ぐんし》。若《わか》いころは武者修行《むしゃしゅぎょう》で全国《ぜんこく》の有力武将《ゆうりょくぶしょう》のもとをめぐっていた。武田家《たけだけ》につかえてからは信玄《しんげん》に信頼《しんらい》され、戦《いくさ》の作戦《さくせん》を立《た》てるほか、城《しろ》づくりでも才能《さいのう》を発揮《はっき》した。

川中島《かわなかじま》の戦《たたか》いではキツキ戦法《せんぽう》を謙信《けんしん》に見《み》やぶられ、上杉軍《うえすぎぐん》に突撃《とつげき》して戦死《せんし》する。

所属《しょぞく》	武田家《たけだけ》
出身地《しゅっしんち》	三河国《みかわのくに》（愛知県《あいちけん》）
生没年月日《せいぼつねんがっぴ》	1493年《ねん》～1561年《ねん》10月《がつ》18日《にち》

家紋《かもん》

能力《のうりょく》パラメータ

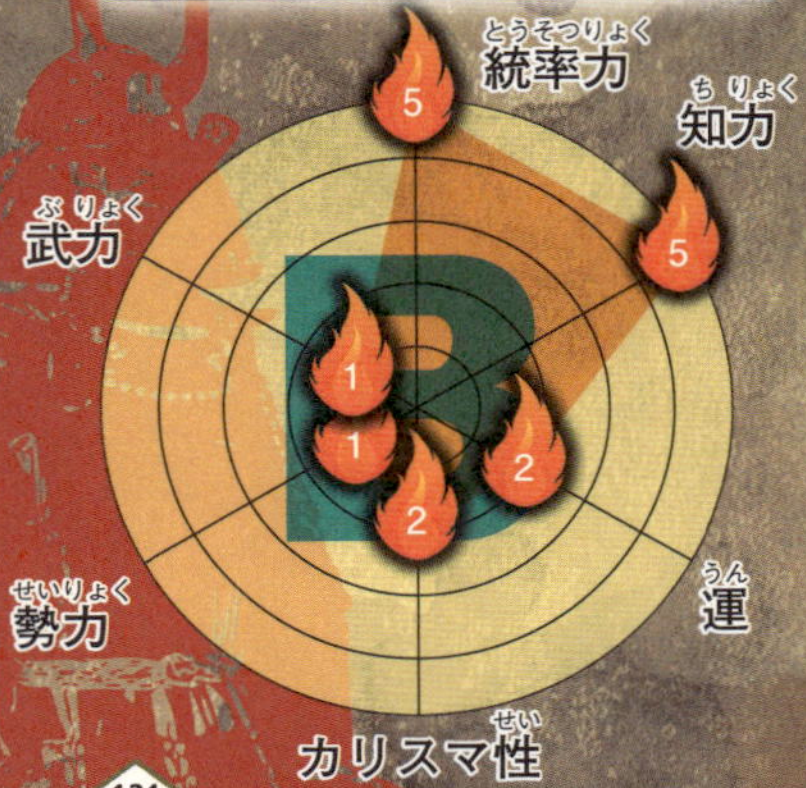

武《ぶ》力《りょく》考《こう》察《さつ》

小柄《こがら》で目《め》が悪《わる》く、足《あし》も不自由《ふじゆう》だったことから武勇《ぶゆう》を発揮《はっき》するタイプではないが、最期《さいご》は上杉軍《うえすぎぐん》にみずから斬《き》りこむ勇壮《ゆうそう》さを見《み》せた。

主《おも》な戦《たたか》い

上田原《うえだはら》の戦《たたか》い、川中島《かわなかじま》の戦《たたか》い、砥石城《といしじょう》の戦《たたか》い

気高《けだか》き軍神《ぐんしん》

上《うえ》杉《すぎ》謙《けん》信《しん》

「義《ぎ》」を重《おも》んじて戦《たたか》った生涯《しょうがい》負《ま》けなしの軍神《ぐんしん》

所属《しょぞく》	上杉家《うえすぎけ》	出身地《しゅっしんち》	越後国《えちごのくに》（新潟県《にいがたけん》）
生没年月日《せいぼつねんがっぴ》	1530年《ねん》2月《がつ》18日《にち》～1578年《ねん》4月《がつ》19日《にち》	家紋《かもん》	

イラスト●末富正直《すえとみまさなお》

義理《ぎり》にあつい武将《ぶしょう》

天才的《てんさいてき》な勝負勘《しょうぶかん》と常識《じょうしき》にとらわれない戦法《せんぽう》で、戦国最強《せんごくさいきょう》の名《な》をほしいままにしたのが上杉謙信《うえすぎけんしん》である。子《こ》どものころから兵学《へいがく》（戦《いくさ》のやりかた）をまなぶのが好《す》きで頭《あたま》もよかったが、父《ちち》にうとまれ、苦難《くなん》の日々《ひび》をすごした。

父《ちち》の死後《しご》は兄《あに》から実権《じっけん》をうばい、わずか5年《ねん》で越後《えちご》の統一《とういつ》をはたす。しかも統一後間《とういつごま》もなく、信濃《しなの》の有力者《ゆうりょくしゃ》から救援要請《きゅうえんようせい》をうけ、武田《たけだ》との戦《たたか》いに身《み》を投《とう》じていくことになる。謙信《けんしん》はたすけをもとめられたら断《ことわ》れない義理《ぎり》にあつい武将《ぶしょう》だったのだ。

大名《だいみょう》をやめて僧侶《そうりょ》に!?

しかし、自分《じぶん》を毘沙門天《びしゃもんてん》（武神《ぶしん》）の化身《けしん》と信《しん》じ、仏教《ぶっきょう》の信仰《しんこう》にあつかった謙信《けんしん》は、家臣《かしん》の対立《たいりつ》や武田《たけだ》との戦《たたか》いに嫌気《いやけ》がさし、出家《しゅっけ》しようと高野山《こうやさん》へ出《で》ていってしまった。家臣団《かしんだん》の説得《せっとく》で謙信《けんしん》は越後《えちご》にもどったが、この一件《いっけん》でバラバラだった上杉《うえすぎ》の家中《かちゅう》はひとつにまとまったという。

その後《ご》、関東管領《かんとうかんれい》（関東《かんとう》を統治《とうち》する役職《やくしょく》）となった謙信《けんしん》は、関東制覇《かんとうせいは》をねらう北条氏《ほうじょうし》とも戦《たたか》った。北陸《ほくりく》では柴田勝家《しばたかついえ》との戦《たたか》いに勝利《しょうり》し、いよいよ信長《のぶなが》との決戦《けっせん》というとき、脳卒中《のうそっちゅう》でたおれて亡《な》くなった。

能力《のうりょく》パラメータ

武《ぶ》力《りょく》考《こう》察《さつ》

戦争《せんそう》の天才《てんさい》。用兵《ようへい》の速《はや》さとかけひきのうまさは戦国一《せんごくいち》。その武勇《ぶゆう》は敵《てき》をして武神《ぶしん》になぞらえたほど。十文字槍《じゅうもんじやり》のあつかいも得意《とくい》。

主《おも》な戦《たたか》い

川中島《かわなかじま》の戦《たたか》い、関東侵攻《かんとうしんこう》、七尾城《ななおじょう》の戦《たたか》い、手取川《てどりがわ》の戦《たたか》い

上《うえ》杉《すぎ》景《かげ》勝《かつ》

謙信《けんしん》の遺志《いし》を継《つ》いだ笑顔《えがお》なき武人《ぶじん》

イラスト●木志田《きのした》コテツ

所属《しょぞく》	上杉家《うえすぎけ》
出身地《しゅっしんち》	越後国《えちごのくに》（新潟県《にいがたけん》）
生没年月日《せいぼつねんがっぴ》	1556年《ねん》1月《がつ》8日《ようか》〜1623年《ねん》4月《がつ》19日《にち》
家紋《かもん》	

秀吉《ひでよし》につき越後《えちご》を再統一《さいとういつ》

上杉謙信《うえすぎけんしん》の養子《ようし》で、相続争《そうぞくあらそ》いを制《せい》して上杉家《うえすぎけ》のあととりになった。内紛《ないふん》によっておとろえた上杉家《うえすぎけ》だったが、景勝《かげかつ》は秀吉《ひでよし》の協力《きょうりょく》をえて、越後《えちご》の再統一《さいとういつ》をはたした。秀吉《ひでよし》に信頼《しんらい》され、天下統一《てんかとういつ》後《ご》は五大老《ごたいろう》にも任命《にんめい》されている。関ケ原《せきがはら》では西軍《せいぐん》で参戦《さんせん》。奥州《おうしゅう》で奮戦《ふんせん》したが家康《いえやす》に降伏《こうふく》した。

能力《のうりょく》パラメータ

武《ぶ》力《りょく》考《こう》察《さつ》

大坂《おおさか》の陣《じん》での奮闘《ふんとう》は、軍神《ぐんしん》の父《ちち》をほうふつとさせるもの。武骨《ぶこつ》な人《ひと》で、家臣《かしん》の前《まえ》で笑《わら》ったことは生涯《しょうがい》に1度《ど》だけだったという。

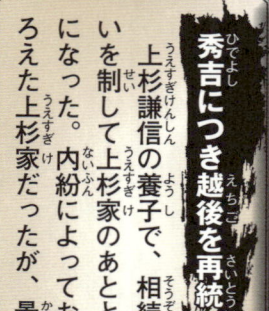

主《おも》な戦《たたか》い

御館《おたて》の乱《らん》、小田原征伐《おだわらせいばつ》、慶長出羽合戦《けいちょうでわかっせん》、大坂冬《おおさかふゆ》の陣《じん》・夏《なつ》の陣《じん》

イラスト●ホマ蔵《ぞう》

直《なお》江《え》兼《かね》続《つぐ》

「愛《あい》」の兜《かぶと》で戦場《せんじょう》をかけめぐった義将《ぎしょう》

抜群《ばつぐん》の軍事《ぐんじ》センスと忠義《ちゅうぎ》

上杉家《うえすぎけ》ひとすじにつかえた知勇兼備《ちゆうけんび》の名将《めいしょう》。上杉家《うえすぎけ》の当主《とうしゅ》にして友《とも》でもあった景勝《かげかつ》を家老《かろう》としてささえ、抜群《ばつぐん》の軍《ぐん》事《じ》センスと政治的判断《せいじてきはんだん》で何度《なんど》もピンチをすくった。

忠義《ちゅうぎ》の人《ひと》だった兼続《かねつぐ》は、秀《ひで》吉《よし》に30万石《まんごく》で家臣《かしん》になるよう説得《せっとく》されたがことわり、生涯《しょうがい》を上杉家《うえすぎけ》にささげたという。

所属《しょぞく》	上杉家《うえすぎけ》
家紋《かもん》	
出身地《しゅっしんち》	越後国《えちごのくに》（新潟県《にいがたけん》）
生没年月日《せいぼつねんがっぴ》	1560年《ねん》～1619年《ねん》1月《がつ》23日《にち》

能力《のうりょく》パラメータ

武《ぶ》力《りょく》考《こう》察《さつ》

攻《せ》めるより、守《まも》りにまわってよさが出《で》る武将《ぶしょう》。個人的《こじんてき》な武勇《ぶゆう》はさほどでもないが、兵《へい》の統率力《とうそつりょく》と戦《いくさ》での判断力《はんだんりょく》はずばぬけている。

主《おも》な戦《たたか》い

新発田重家《しばたしげいえ》の乱《らん》、会津征伐《あいづせいばつ》、大坂冬《おおさかふゆ》の陣《じん》・夏《なつ》の陣《じん》

戦国一《せんごくいち》のかぶき者《しゃ》

前田慶次《まえだけいじ》

権力者《けんりょくしゃ》にこびなかった 天下無双《てんかむそう》のかぶき者《もの》

所属《しょぞく》	前田家《まえだけ》、上杉家《うえすぎけ》	出身地《しゅっしんち》	尾張国《おわりのくに》（愛知県《あいちけん》）
生没年月日《せいぼつねんがっぴ》	1533年《ねん》～1612年《ねん》7月2日《がつふつか》（諸説《しょせつ》あり）	家紋《かもん》	

イラスト●ナチコ

風流《ふうりゅう》を愛《あい》した武人《ぶじん》

派手《はで》な格好《かっこう》や奇行《きこう》の数々《かずかず》で、「戦国一《せんごくいち》のかぶき者《もの》」といわれる変《か》わり者《もの》。腕《うで》っぷしがめっぽう強《つよ》く、武芸《ぶげい》ならなんでもこなす猛将《もうしょう》だが、茶道《さどう》などをたしなむ風流人《ふうりゅうじん》の一面《いちめん》もあった。

慶次《けいじ》、慶次郎《けいじろう》という名前《なまえ》は通称《つうしょう》で、本名《ほんみょう》は前田利益《まえだとします》という。前田利家《まえだとしいえ》の兄《あに》である前田《まえだ》利久《としひさ》の養子《ようし》で、実《じつ》の父親《ちちおや》は織《お》田家《だけ》につかえた滝川一益《たきがわかずます》の一《いち》族《ぞく》。利久《としひさ》が利家《としいえ》に前田家《まえだけ》の家《か》督《とく》をゆずって隠居《いんきょ》したあとは、京《きょう》でくらした。その後《ご》、おじの利家《としいえ》の家臣《かしん》となり、加賀《かが》(石《いし》川県《かわけん》)にうつり住《す》む。

前田家《まえだけ》から上杉家《うえすぎけ》へ

秀吉《ひでよし》の小田原征伐《おだわらせいばつ》がはじまると、おじの利家《としいえ》とともに出陣《しゅつじん》し、前田家《まえだけ》の家臣《かしん》としてはたらいた。しかし、利家《としいえ》とは反《そ》りがあわず、ふたたび京《きょう》でくらすことになった。

この時期《じき》に出会《であ》ったのが生涯《しょうがい》の友《とも》となる直江兼続《なおえかねつぐ》で、兼続《かねつぐ》をとおして上杉景勝《うえすぎかげかつ》と親交《しんこう》をもつ。慶次《けいじ》は武《ぶ》と義《ぎ》にあふれる景勝《かげかつ》の人柄《ひとがら》にほれこみ、上杉家《うえすぎけ》につかえることになった。関ケ原《せきがはら》の戦《たたか》いの裏《うら》でおこなわれた慶長出羽合戦《けいちょうでわかっせん》では、上杉家《うえすぎけ》の先陣《せんじん》で戦《たたか》い、退却時《たいきゃくじ》にはしんがりをつとめるなどの大車輪《だいしゃりん》の活躍《かつやく》を見《み》せた。

能力《のうりょく》パラメータ

武《ぶ》力《りょく》考《こう》察《さつ》

天下人《てんかびと》をもおそれない度胸満点《どきょうまんてん》の猛将《もうしょう》。長《なが》さ５メートル以上《いじょう》の大槍《おおやり》をもち、愛馬松風《あいばまつかぜ》に乗《の》ってさっそうと戦場《せんじょう》をかけめぐった。

主《おも》な戦《たたか》い

小田原征伐《おだわらせいばつ》、慶長出羽合戦《けいちょうでわかっせん》、小牧《こまき》・長久手《ながくて》の戦《たたか》い

天《てん》下《か》の策《さく》謀《ぼう》家《か》

毛《もう》利《り》元《もと》就《なり》

中国《ちゅうごく》地方《ちほう》の盟主《めいしゅ》となった
歴史《れきし》にのこる天才《てんさい》謀略家《ぼうりゃくか》

所《しょ》属《ぞく》	毛利家《もうりけ》	出身地《しゅっしんち》	安芸国《あきのくに》（広島県《ひろしまけん》）
生没年月日《せいぼつねんがっぴ》	1497年《ねん》4月《がつ》16日《にち》～1571年《ねん》7月6日《がつむいか》	家紋《かもん》	

イラスト●おつけもの

この世《よ》はだましあい

安芸《あき》一郡《いちぐん》の領主《りょうしゅ》からはじまり、一代《いちだい》で11か国《こく》を支配下《しはいか》におさめた毛利元就《もうりもとなり》。元就《もとなり》といえば3人《にん》の息子《むすこ》をよんで、団結力《だんけつりょく》の大切《たいせつ》さを説《と》いた「3本《ぼん》の矢《や》」の話《はなし》が有名《ゆうめい》だが、これは人《ひと》をうたがうことで戦国《せんごく》の世《よ》を生《い》きぬいた元就《もとなり》ならではの言葉《ことば》である。

元就《もとなり》は「今《いま》の世《よ》のなかは謀略《ぼうりゃく》が多《おお》ければ勝《か》ち、少《すく》なければ負《ま》ける。人《ひと》をだますことに徹《てっ》し、他国《たこく》はもちろん、自分《じぶん》の国《くに》の人間《にんげん》にも注意《ちゅうい》しろ」と長男《ちょうなん》にいいのこした。この異常《いじょう》な人間不信《にんげんふしん》が、元就《もとなり》を謀略家《ぼうりゃくか》にしたのである。

二大勢力《にだいせいりょく》を謀略《ぼうりゃく》でたおす

27歳《さい》で当主《とうしゅ》となった元就《もとなり》は、大大名《だいだいみょう》になるという野心《やしん》をもっていた。中国地方《ちゅうごくちほう》には尼子氏《あまごし》と大内氏《おおうちし》という二大勢力《にだいせいりょく》があったが、いかなるときも元就《もとなり》は大内氏《おおうちし》についた。尼子氏《あまごし》をたおさなければ中国地方《ちゅうごくちほう》の覇権《はけん》をにぎれないとかんがえたからである。元就《もとなり》は尼子氏《あまごし》のスパイを逆《ぎゃく》に利用《りよう》して尼子氏《あまごし》に大勝《たいしょう》するなど、尼子氏《あまごし》をおとろえさせていった。

いっぽうでクーデターで大内家《おおうちけ》の実権《じっけん》をにぎった陶晴賢《すえはるかた》をたくみな謀略《ぼうりゃく》を駆使《くし》して、厳島《いつくしま》の戦《たたか》いでやぶり、ついに中国地方《ちゅうごくちほう》を制覇《せいは》したのである。

能力《のうりょく》パラメータ

武《ぶ》力《りょく》考《こう》察《さつ》

戦《たたか》いでは勇猛《ゆうもう》さも見《み》せたが、本質《ほんしつ》は謀略家《ぼうりゃくか》。戦《たたか》った相手《あいて》はすべて元就《もとなり》の手《て》のひらにおどらされる。まさしく謀略《ぼうりゃく》の天才《てんさい》だった。

主《おも》な戦《たたか》い

厳島《いつくしま》の戦《たたか》い、有田中井手《ありたなかいで》の戦《たたか》い、月山富田城《がっさんとだじょう》の戦《たたか》い

ぼっちゃん大名《だいみょう》

毛《もう》利《り》輝《てる》元《もと》

**関《せき》ヶ《が》原《はら》で判断《はんだん》をあやまった
毛《もう》利《り》の平凡《へいぼん》な二代目《にだいめ》**

所属《しょぞく》	豊臣家《とよとみけ》、徳川家《とくがわけ》	出身地《しゅっしんち》	安芸国《あきのくに》（広島県《ひろしまけん》）
生没年月日《せいぼつねんがっぴ》	1553年《ねん》2月4日《がつよっか》～1625年《ねん》6月2日《がつふつか》	家紋《かもん》	

イラスト●矢田崎友輔《やたざきゆうすけ》

毛利《もうり》のおぼっちゃん

毛利元就《もうりもとなり》の孫《まご》。父《ちち》である毛利隆元《もうりたかもと》が急死《きゅうし》したため11歳《さい》で毛利家《もうりけ》の当主《とうしゅ》となった。

祖父《そふ》の元就《もとなり》や、叔父《おじ》で補佐《ほさ》役《やく》だった小早川隆景《こばやかわたかかげ》にきびしい教育《きょういく》をうけていたが、おおらかでのんびりした性格《せいかく》で、生涯《しょうがい》おぼっちゃん気質《きしつ》がぬけなかった。

信長《のぶなが》に追放《ついほう》された足利義昭《あしかがよしあき》を保護《ほご》して信長包囲網《のぶながほういもう》にくわわったが、毛利水軍《もうりすいぐん》の敗北《はいぼく》、味方《みかた》の裏切《うらぎ》り、秀吉《ひでよし》の中国遠征《ちゅうごくえんせい》などがかさなって大《だい》ピンチにおちいる。しかし、本能寺《ほんのうじ》の変《へん》で信長《のぶなが》が亡《な》くなり、かろうじてすくわれた。

西軍《せいぐん》の総大将《そうだいしょう》になったが

信長《のぶなが》の死後《しご》は中立《ちゅうりつ》をたもっていたが、秀吉《ひでよし》が天下人《てんかびと》にもっとも近《ちか》いと見《み》るや、秀吉《ひでよし》の家臣《かしん》となった。その後《ご》、毛利《もうり》軍《ぐん》は四国《しこく》・九州征伐《きゅうしゅうせいばつ》で活躍《かつやく》し、輝元《てるもと》は秀吉《ひでよし》から五大老《ごたいろう》のひとりに任《にん》じられる。

関ヶ原《せきがはら》の戦《たたか》いでは西軍《せいぐん》の総大将《そうだいしょう》にかつぎ出《だ》された。しかし出陣《しゅつじん》せずに大坂城《おおさかじょう》に待機《たいき》し、西軍《せいぐん》の敗北《はいぼく》を知《し》るとすぐに大坂城《おおさかじょう》を退去《たいきょ》してしまった。

毛利家《もうりけ》はとりつぶしをまぬがれたが、領地《りょうち》を大《おお》きくへらされた。このときのうらみと苦労《くろう》が、のちの長州藩《ちょうしゅうはん》の倒幕運動《とうばくうんどう》につながっていく。

能力《のうりょく》パラメータ

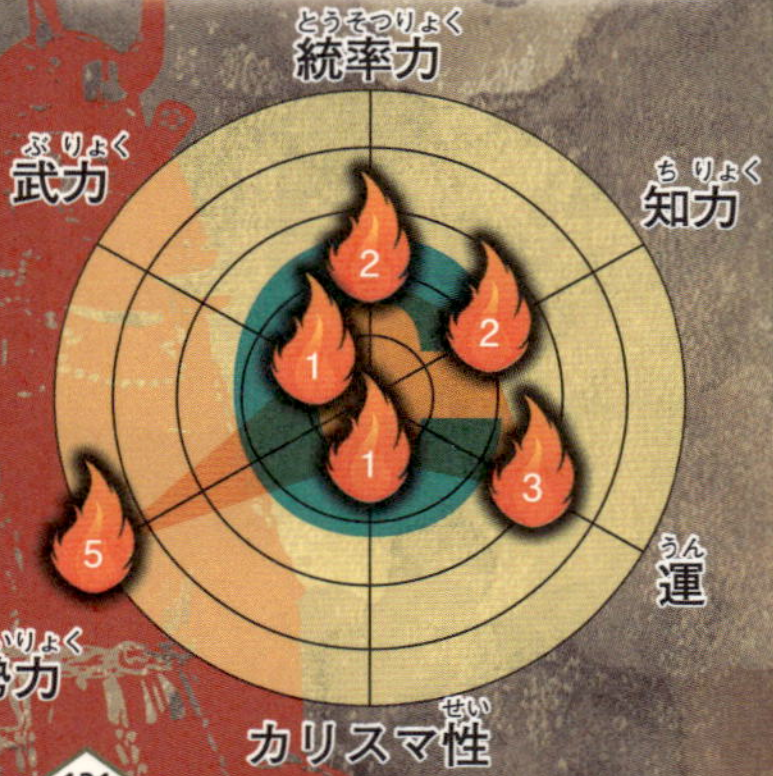

武《ぶ》力《りょく》考《こう》察《さつ》

外交《がいこう》はふたりの優秀《ゆうしゅう》なおじにまかせ、自分《じぶん》ではほとんど何《なに》もしなかった。当然《とうぜん》、武勇《ぶゆう》を発揮《はっき》する場《ば》もなく、関ヶ原《せきがはら》でも活躍《かつやく》しなかった。

主《おも》な戦《たたか》い

木津川口《きづかわぐち》の戦《たたか》い、大内輝弘《おおうちてるひろ》の乱《らん》、四国《しこく》・九州征伐《きゅうしゅうせいばつ》

小《こ》早《ばや》川《かわ》隆《たか》景《かげ》

毛利《もうり》をささえた戦国《せんごく》きってのきれ者《もの》

イラスト●坂本ロクタク

最強《さいきょう》の毛利《もうり》水軍《すいぐん》を統率《とうそつ》

毛利《もうり》元就《もとなり》の三男《さんなん》で、父《ちち》の資《し》質《しつ》をもっともよくうけ継《つ》いだ名将《めいしょう》。兄《あに》の吉川元春《きっかわもとはる》とともに「毛利《もうり》の両川《りょうせん》」とたたえられ、瀬戸内《せとうち》最強《さいきょう》の毛利《もうり》水軍《すいぐん》を指揮《しき》して領土《りょうど》を拡大《かくだい》した。父《ちち》の死《し》後《ご》は輝元《てるもと》を補佐《ほさ》して毛利家《もうりけ》の発展《はってん》につとめる。秀吉《ひでよし》の軍《ぐん》師《し》・黒田官兵衛《くろだかんべえ》とはともにその才能《さいのう》をみとめあう間柄《あいだがら》。

所属《しょぞく》	毛利家《もうりけ》
出身地《しゅっしんち》	安芸国《あきのくに》（広島県《ひろしまけん》）
生没年月日《せいぼつねんがっぴ》	1533年《ねん》～1597年《ねん》7月《がつ》26日《にち》
家紋《かもん》	

能力《のうりょく》パラメータ

武《ぶ》力《りょく》考《こう》察《さつ》

頭《あたま》がよくきれる謀略家《ぼうりゃくか》。その判断《はんだん》力《りょく》の早《はや》さは黒田官兵衛《くろだかんべえ》も絶賛《ぜっさん》したほど。ただ武勇《ぶゆう》は元就《もとなり》の子《こ》のなかではおとるほう。

主《おも》な戦《たたか》い

厳島《いつくしま》の戦《たたか》い、月山富田城《がっさんとだじょう》の戦《たたか》い、伊《い》予出兵《よしゅっぺい》

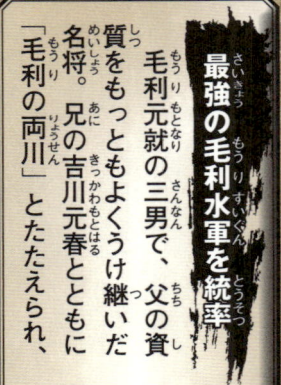

吉《きっ》川《かわ》元《もと》春《はる》

元就《もとなり》もみとめた毛利《もうり》一族《いちぞく》最強《さいきょう》の武人《ぶじん》

イラスト●小野《おの》たかし

毛利《もうり》の中国制覇《ちゅうごくせいは》に貢献《こうけん》

毛利元就《もうりもとなり》の次男《じなん》。「毛利《もうり》の両川《りょうせん》」のひとりで、知《ち》の小早《こばや》川隆景《かわたかかげ》に対《たい》して、武《ぶ》の吉川元《きっかわもと》春《はる》といわれる不敗《ふはい》の勇将《ゆうしょう》。

元服前《げんぷくまえ》に初陣《ういじん》をかざり、毛《もう》利《り》のおもな戦《たたか》いにはほとんど参加《さんか》した。とくに尼子氏《あまごし》との決戦《けっせん》では主力《しゅりょく》として出陣《しゅつじん》して敵《てき》を降伏《こうふく》させ、毛利《もうり》の中国制《ちゅうごくせい》覇《は》に大《おお》きく貢献《こうけん》した。

所属《しょぞく》	毛利家《もうりけ》
出身地《しゅっしんち》	安芸国《あきのくに》（広島県《ひろしまけん》）
生没年月日《せいぼつねんがっぴ》	1530年《ねん》～1586年《ねん》12月《がつ》25日《にち》

家紋《かもん》

能力《のうりょく》パラメータ

武《ぶ》力《りょく》考《こう》察《さつ》

毛利家《もうりけ》最高《さいこう》の武将《ぶしょう》。父元就《ちちもとなり》に「戦《いくさ》では元春《もとはる》におよばぬ」といわしめた。生涯戦績《しょうがいせんせき》は76戦《せん》64勝《しょう》12分《わ》け。所持《しょじ》した名刀《めいとう》の名《な》は「姫切《ひめきり》」。

主《おも》な戦《たたか》い

厳島《いつくしま》の戦《たたか》い、上月城《こうづきじょう》の戦《たたか》い、月山富《がっさんと》田城《だじょう》の戦《たたか》い

武将《ぶしょう》・軍団編《ぐんだんへん》

世紀《せいき》の戦《たたか》いを制《せい》するのはどちらだ!!

サムライ空想《くうそう》バトル!!

軍神《ぐんしん》とおそれられた上杉謙信《うえすぎけんしん》と戦国最高《せんごくさいこう》の知将《ちしょう》といわれる毛利元就《もうりもとなり》。ふたりは同《おな》じ時代《じだい》に生《い》きながら直接対決《ちょくせつたいけつ》することはなかったが、もし戦場《せんじょう》で激突《げきとつ》していたらどうなっていたのだろうか？

策謀家《さくぼうか》対《たい》軍神《ぐんしん》の異色《いしょく》の組《く》みあわせ!!

参考《さんこう》データ

特徴《とくちょう》	官位《かんい》	物量《ぶつりょう》	軍勢《ぐんせい》
臨機応変《りんきおうへん》のひらめき型《かた》	関東管領《かんとうかんれい》	145万石《まんごく》	約《やく》3万《まん》6千人《せんにん》

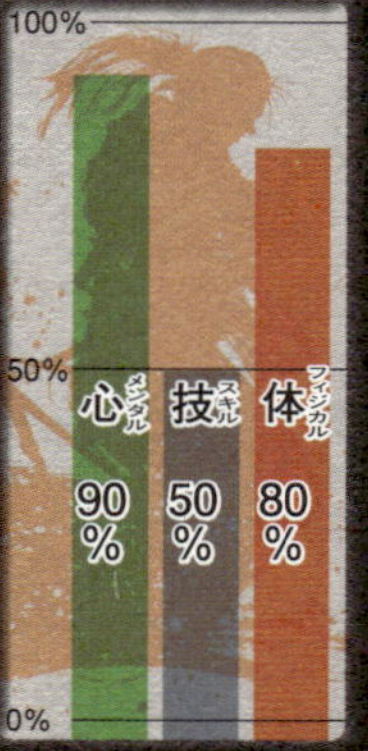

参考《さんこう》データ

特徴《とくちょう》	官位《かんい》	物量《ぶつりょう》	軍勢《ぐんせい》
策略型《さくりゃくかた》	陸奥守《むつのかみ》	130万石《まんごく》	約《やく》3万《まん》3千人《せんにん》

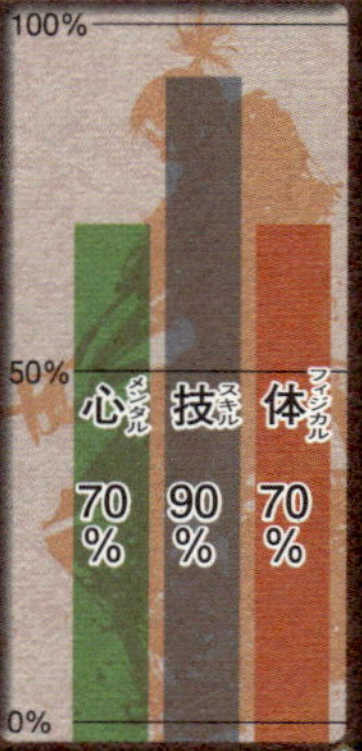

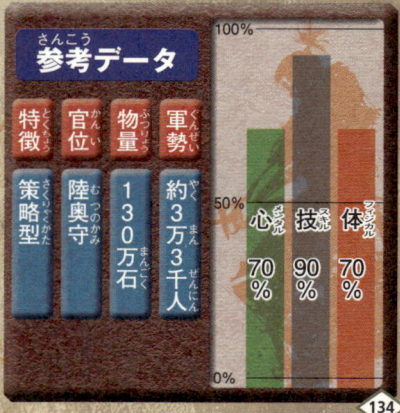

攻《せ》める謙信《けんしん》とうける元就《もとなり》

上杉謙信《うえすぎけんしん》と毛利元就《もうりもとなり》は戦国《せんごく》時代《じだい》を代表《だいひょう》する戦争《せんそう》の天才《てんさい》だが、ふたりの戦《たたか》い方《かた》はまるでちがう。謙信《けんしん》の用兵《ようへい》は機動性《きどうせい》を重視《じゅうし》した速攻型《そっこうがた》。みずからすすんで陣頭《じんとう》に立《た》って兵《へい》を指《し》揮《き》し、戦場《せんじょう》の状況《じょうきょう》を見《み》て臨機《りんき》応変《おうへん》に立《た》ちまわる。前《まえ》もって作戦《さくせん》を決《き》めていなくても、その場《ば》のひらめきで勝《か》ってしまうのが謙信《けんしん》のすごさだ。

逆《ぎゃく》に元就《もとなり》は、戦《いくさ》で自分《じぶん》たちの軍《ぐん》が有利《ゆうり》になるよう、前《まえ》もってしっかり準備《じゅんび》するタイプ。さらに、はかりごとをめぐらして敵《てき》を不利《ふり》な状況《じょうきょう》に追《お》いこむのも得意《とくい》としている。勝《か》つためならどんな手《て》でも使《つか》うのが元就《もとなり》で、ひきょうな作《さく》戦《せん》を嫌《きら》う謙信《けんしん》とは正反対《せいはんたい》だ。

さあ、いざ勝負《しょうぶ》！　両軍《りょうぐん》の兵力《へいりょく》はほぼ互角《ごかく》だが、真《ま》っ向《こう》勝負《しょうぶ》に強《つよ》い謙信《けんしん》を相手《あいて》に元就《もとなり》が正面《しょうめん》から立《た》ち向《む》かうわけがない。おそらく元就《もとなり》は上杉軍《うえすぎぐん》の仲間割《なかまわ》れをねらってくるだろう。謙信《けんしん》の兵力《へいりょく》をへらすことができれば、今度《こんど》はニセの情報《じょうほう》をながして上杉軍《うえすぎぐん》をおびき出《だ》し、大軍《たいぐん》で包囲《ほうい》して持久《じきゅう》戦《せん》にもちこもうとするはずだ。

これに対《たい》して謙信《けんしん》はみずから騎馬隊《きばたい》をひきいて、元就《もとなり》の本陣《ほんじん》に電光石火《でんこうせっか》の奇襲《きしゅう》をかける。大軍勢《だいぐんぜい》を謙信《けんしん》は突破《とっぱ》できるのか。勝負《しょうぶ》のゆくえは⁉

勝利《しょうり》の決《き》め手《て》

敵本陣《てきほんじん》への奇襲《きしゅう》は川中島《かわなかじま》で経験《けいけん》している謙信《けんしん》だが、元就《もとなり》には信《しん》玄《げん》のようなゆだんはない。謙信《けんしん》の動《うご》きは計算《けいさん》のうちで、少数《しょうすう》で攻《せ》めてきたところをひそませていた毛利十八将《もうりじゅうはっしょう》が迎撃《げいげき》。謙信《けんしん》は生涯《しょうがい》はじめての敗戦《はいせん》を味《あじ》わう。

必殺技《ひっさつわざ》　離間《りかん》（仲間割《なかまわ》れ）の計《けい》、反間《はんかん》の計《けい》（敵軍《てきぐん》へニセ情報《じょうほう》をながしての誘《さそ》いこみ）

戦国《せんごく》の独眼竜《どくがんりゅう》

伊達政宗《だてまさむね》

天下《てんか》をねらいつづけた 奥州《おうしゅう》の独眼竜《どくがんりゅう》

所属《しょぞく》	豊臣家《とよとみけ》、徳川家《とくがわけ》	出身地《しゅっしんち》	出羽国《でわのくに》（山形県《やまがたけん》）
生没年月日《せいぼつねんがっぴ》	1567年《ねん》9月5日《がついつか》～1636年《ねん》6月《がつ》27日《にち》	家紋《かもん》	

イラスト●トミダトモミ

不遇《ふぐう》だった少年時代《しょうねんじだい》

のちに「独眼竜《どくがんりゅう》」とたたえられ、奥州《おうしゅう》を地盤《じばん》に天下《てんか》とりをねらった名将《めいしょう》。

おさないときに病気《びょうき》で右目《みぎめ》を失明《しつめい》。母《はは》はそんな政宗《まさむね》の容貌《ようぼう》を嫌《きら》って弟《おとうと》ばかりをかわいがったので、少年時代《しょうねんじだい》の政宗《まさむね》は、ずっとコンプレックスをもちながら育《そだ》ったという。

18歳《さい》で伊達家《だてけ》の当主《とうしゅ》になると勢力拡大《せいりょくかくだい》に動《うご》き、逆《さか》らう者《もの》にはいっさい容赦《ようしゃ》しない非情《ひじょう》なやりかたで、またたく間《ま》に奥州《おうしゅう》の風雲児《ふううんじ》となった。しかし、奥州《おうしゅう》の覇者《はしゃ》となったときにはすでに、秀吉《ひでよし》の天下統一《てんかとういつ》は最終段階《さいしゅうだんかい》に入《はい》っていた。

消《き》えることがない野心《やしん》

もはや天下《てんか》を手中《しゅちゅう》におさめたも同然《どうぜん》の秀吉《ひでよし》は、政宗《まさむね》のもとに自分《じぶん》にしたがうよう何度《なんど》も書状《しょじょう》をおくっていた。しかし、政宗《まさむね》は返事《へんじ》をためらっていた。すきあらば秀吉《ひでよし》と戦《たたか》うつもりでいたのである。

その後《ご》、秀吉《ひでよし》の巨大《きょだい》な力《ちから》を前《まえ》に臣従《しんじゅう》を決意《けつい》するが、野心《やしん》をかくせない政宗《まさむね》は何度《なんど》も謀反《むほん》のうたがいをかけられた。

秀吉《ひでよし》が亡《な》くなり、家康《いえやす》の天下《てんか》になっても政宗《まさむね》の野心《やしん》の炎《ほのお》は燃《も》えつづけ、スペインと同盟《どうめい》して幕府《ばくふ》の打倒《だとう》をはかろうとして失敗《しっぱい》。晩年《ばんねん》になってようやく幕府《ばくふ》に忠誠《ちゅうせい》をちかった。

能力《のうりょく》パラメータ

武《ぶ》力《りょく》考《こう》察《さつ》

性格《せいかく》は血気《けっき》さかん。何《なに》をするにも派手《はで》で武勇《ぶゆう》にもすぐれた武将《ぶしょう》の印象《いんしょう》が強《つよ》いが、実際《じっさい》には政治的《せいじてき》な手腕《しゅわん》のほうがすぐれていた。

主《おも》な戦《たたか》い

摺上原《すりあげはら》の戦《たたか》い、大崎合戦《おおさきかっせん》、会津征伐《あいづせいばつ》、大坂冬《おおさかふゆ》の陣《じん》・夏《なつ》の陣《じん》

伊《だ》達《て》成《しげ》実《ざね》

きらびやかな伊達軍《だてぐん》の武《ぶ》のエース

イラスト●合間太郎《あいまたろう》

伊達家《だてけ》をささえた武人《ぶじん》

伊達政宗《だてまさむね》のいとこ。武勇無双《ぶゆうむそう》と称《しょう》された猛将《もうしょう》で、戦《いくさ》での武功《ぶこう》は数知《かずし》れず。武人《ぶじん》としてのプライドが高《たか》く、朝鮮出兵《ちょうせんしゅっぺい》での活躍《かつやく》がみとめられなかった不満《ふまん》から、伊達家《だてけ》をはなれて浪人《ろうにん》になる。その間《かん》、家康《いえやす》や上杉《うえすぎ》から仕官《しかん》のさそいはあったがことわり、ふたたび伊達家《だてけ》にもどった。

所属《しょぞく》	伊達家《だてけ》	家紋《かもん》	
出身地《しゅっしんち》	陸奥国《むつのくに》（福島県《ふくしまけん》）		
生没年月日《せいぼつねんがっぴ》	1568年《ねん》～1646年《ねん》7月《がつ》16日《にち》		

能力《のうりょく》パラメータ

武《ぶ》力《りょく》考《こう》察《さつ》

人取橋《ひととりばし》の戦《たたか》いでは、はさみ撃《う》ちにあって大《だい》ピンチの政宗《まさむね》をすくい、郡山合戦《こおりやまかっせん》では芦名軍《あしなぐん》4000の攻勢《こうせい》をわずか600の兵《へい》でしのぎきった。

主《おも》な戦《たたか》い

人取橋《ひととりばし》の戦《たたか》い、郡山合戦《こおりやまかっせん》、摺上原《すりあげはら》の戦《たたか》い

片《かた》倉《くら》小《こ》十《じゅう》郎《ろう》

政宗《まさむね》に忠誠《ちゅうせい》をつくした智謀《ちぼう》の士《し》

イラスト●米月《よねつき》かな

政宗《まさむね》のそばに小十郎《こじゅうろう》あり

伊達成実《だてしげざね》とともに「伊達《だて》の双璧《そうへき》」と称《しょう》された名参謀《めいさんぼう》。「政《まさ》宗《むね》のあるところ、かたわらに小十郎《こじゅうろう》あり」といわれ、軍師《ぐんし》として伊達家《だてけ》の勢力拡大《せいりょくかくだい》に貢《こう》献《けん》した。政宗《まさむね》に豊臣《とよとみ》につくことを進言《しんげん》したのも小十郎《こじゅうろう》で、誰《だれ》よりも伊達家《だてけ》の安泰《あんたい》を願《ねが》っていた。晩年《ばんねん》は筆頭家老《ひっとうかろう》として政宗《まさむね》をささえつづけた。

所《しょ》属《ぞく》	伊達家《だてけ》
出身地《しゅっしんち》	出羽国《でわのくに》（山形県《やまがたけん》）
生没年月日《せいぼつねんがっぴ》	1557年《ねん》～1615年《ねん》12月4日《がつよっか》

家《か》紋《もん》

能力《のうりょく》パラメータ

武《ぶ》力《りょく》考《こう》察《さつ》

いつも冷静沈着《れいせいちんちゃく》。群《ぐん》をぬく智謀《ちぼう》のもち主《ぬし》だが武勇《ぶゆう》にもすぐれていた。剣術《けんじゅつ》が得意《とくい》で、おさない政宗《まさむね》の剣術指南《けんじゅつしなん》もつとめていた。

主《おも》な戦《たたか》い

人取橋《ひととりばし》の戦《たたか》い、郡山合戦《こおりやまかっせん》、摺上原《すりあげはら》の戦《たたか》い

信《しん》義《ぎ》の豪《ごう》傑《けつ》

真《さな》田《だ》幸《ゆき》村《むら》

六《ろく》文《もん》銭《せん》をなびかせて徳《とく》川《がわ》を震《しん》かんさせた勇《ゆう》将《しょう》

所属《しょぞく》	上杉家《うえすぎけ》、豊臣家《とよとみけ》	出身地《しゅっしんち》	甲斐国《かいのくに》（山梨県《やまなしけん》）
生没年月日《せいぼつねんがっぴ》	1567年《ねん》（諸説《しょせつ》あり）～1615年《ねん》6月3日《がつみっか》	家紋《かもん》	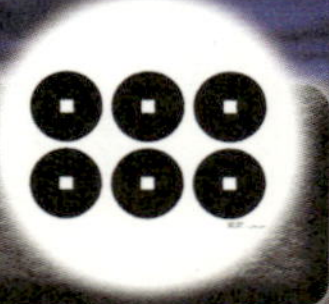

イラスト●木志田《きのした》コテツ

人質《ひとじち》となって各地《かくち》へ

本名《ほんみょう》は真田信繁《さなだのぶしげ》。幸村《ゆきむら》の名《な》前《まえ》は大坂《おおさか》の陣以降《じんいこう》に名乗《なの》ったものといわれている。

武田氏《たけだし》につかえていた真田《さなだ》氏《し》は、武田氏《たけだし》の滅亡後《めつぼうご》、生《い》きのこりのために主《あるじ》を次々《つぎつぎ》と変《か》えた。上杉氏《うえすぎし》にもしたがった真田氏《さなだし》は、幸村《ゆきむら》を人質《ひとじち》として越後《えちご》におくりだした。上杉《うえすぎ》景勝《かげかつ》は幸村《ゆきむら》を気《き》に入《い》ったが、裏切《うらぎ》りや策謀《さくぼう》ばかりの真田家《さなだけ》で育《そだ》った幸村《ゆきむら》も、上杉景勝《うえすぎかげかつ》の義《ぎ》を重《おも》んじるかんがえ方《かた》に強《つよ》い感動《かんどう》をおぼえたという。

その後《ご》、真田氏《さなだし》は秀吉《ひでよし》につかえることになり、幸村《ゆきむら》は大《おお》坂《さか》に人質《ひとじち》に出《だ》された。

家康《いえやす》を追《お》いつめた特攻《とっこう》

秀吉《ひでよし》の死後《しご》、関ヶ原《せきがはら》の戦《たたか》いでは父《ちち》の真田昌幸《さなだまさゆき》とともに西《せい》軍《ぐん》についた。上田城《うえだじょう》にもどった昌幸《まさゆき》・幸村親子《ゆきむらおやこ》は、中山道《なかせんどう》をすすんで関ヶ原《せきがはら》で合流《ごうりゅう》しようとしていた徳川秀忠《とくがわひでただ》の進軍《しんぐん》をとめるはたらきを見《み》せる。

しかし西軍《せいぐん》はやぶれ、幸村《ゆきむら》は高野山《こうやさん》に幽閉《ゆうへい》された。

大坂《おおさか》の陣《じん》がおきると、幸村《ゆきむら》は高野山《こうやさん》を脱出《だっしゅつ》して豊臣方《とよとみがた》で参戦《さんせん》した。しかし提案《ていあん》した作《さく》戦《せん》が軍議《ぐんぎ》で採用《さいよう》されず、砦《とりで》（真《さな》田丸《だまる》）をきずいて徳川軍《とくがわぐん》と戦《たたか》った。幸村《ゆきむら》は徳川本陣《とくがわほんじん》に突撃《とつげき》して家康《いえやす》を敗走《はいそう》させ、敵方《てきがた》に「日本一《にっぽんいち》の兵《つわもの》」と絶賛《ぜっさん》された。

能力《のうりょく》パラメータ

武《ぶ》力《りょく》考《こう》察《さつ》

真田《さなだ》の赤備《あかぞな》えをひきい、十文字槍《じゅうもんじやり》を手《て》に徳川本陣《とくがわほんじん》に突撃《とつげき》し、家康《いえやす》を追《お》いつめた。死《し》を覚悟《かくご》の特攻《とっこう》とはいえ、その武勇《ぶゆう》は神《かみ》がかっていた。

主《おも》な戦《たたか》い

上田城《うえだじょう》の戦《たたか》い、小田原征伐《おだわらせいばつ》、大坂冬《おおさかふゆ》の陣《じん》・夏《なつ》の陣《じん》

真《さな》田《だ》の忍《にん》者《じゃ》集《しゅう》団《だん》

真《さな》田《だ》十《じゅう》勇《ゆう》士《し》

真《さな》田《だ》家《け》にしたがった個《こ》性《せい》あふれる10人《にん》の家《か》臣《しん》

所属《しょぞく》　真田家《さなだけ》

メンバー　猿飛佐助《さるとびさすけ》、霧隠才蔵《きりがくれさいぞう》、三好清海入道《みよしせいかいにゅうどう》、三好伊三入道《みよしいさにゅうどう》、穴山小助《あなやまこすけ》、由利鎌之介《ゆりかまのすけ》、海野六郎《うんのろくろう》、根津甚八《ねづじんぱち》、望月六郎《もちづきろくろう》、筧十蔵《かけいじゅうぞう》

イラスト●平林知子《ひらばやしともこ》

忍術《にんじゅつ》をきわめたふたり

真田家《さなだけ》につかえ、その手《て》となり足《あし》となって、徳川《とくがわ》を相手《あいて》に奮戦《ふんせん》した10人《にん》の勇者《ゆうしゃ》。

その中心《ちゅうしん》メンバーが忍者《にんじゃ》の猿飛佐助《さるとびさすけ》と霧隠才蔵《きりがくれさいぞう》である。佐助《さすけ》は甲賀流《こうかりゅう》の忍者《にんじゃ》で、徳川《とくがわ》の内情《ないじょう》をさぐったり、幸村《ゆきむら》の従者《じゅうしゃ》として身《み》のまわりの世話《せわ》を担当《たんとう》した。いっぽうの才蔵《さいぞう》は伊賀流《いがりゅう》の忍者《にんじゃ》。大坂夏《おおさかなつ》の陣《じん》では徳川《とくがわ》の大軍《たいぐん》をなやませ、家康《いえやす》の本陣《ほんじん》に忍《しの》びこんで首《くび》をねらったが失敗《しっぱい》している。

怪力自慢《かいりきじまん》の兄弟《きょうだい》が三好清海《みよしせいかい》入道《にゅうどう》と三好伊三入道《みよしいさにゅうどう》。大坂《おおさか》の陣《じん》で徳川軍相手《とくがわぐんあいて》に奮戦《ふんせん》し、ふたりとも壮絶《そうぜつ》な戦死《せんし》をとげた。

得意分野《とくいぶんや》がちがう面々《めんめん》

十勇士《じゅうゆうし》の古株《ふるかぶ》で参謀《さんぼう》として活躍《かつやく》したのが海野六郎《うんのろくろう》。大坂《おおさか》の陣《じん》では徳川軍《とくがわぐん》にニセの情報《じょうほう》をながしてかく乱《らん》した。

ほかにも、くさり鎌《がま》と槍《やり》の達人《たつじん》の由利鎌之介《ゆりかまのすけ》、鉄砲《てっぽう》の達《たつ》人《じん》の筧十蔵《かけいじゅうぞう》、水軍《すいぐん》の名手《めいしゅ》の根《ね》津甚八《づじんぱち》、爆弾《ばくだん》づくりの名人《めいじん》の望月六郎《もちづきろくろう》と、個性《こせい》あふれる面々《めんめん》が幸村《ゆきむら》をサポートした。

また、幸村《ゆきむら》と体《からだ》つきや顔《かお》が似《に》ていた穴山小助《あなやまこすけ》は、大坂《おおさか》の陣《じん》で幸村《ゆきむら》の影武者《かげむしゃ》となり、六文《ろくもん》銭《せん》の旗《はた》をなびかせて徳川軍《とくがわぐん》に突撃《とつげき》して戦死《せんし》。根津甚八《ねづじんぱち》と望《もち》月六郎《づきろくろう》も幸村《ゆきむら》の影武者《かげむしゃ》となり、ともに敵《てき》の刃《やいば》にたおれた。

能力《のうりょく》パラメータ

武《ぶ》力《りょく》考《こう》察《さつ》

勝敗《しょうはい》がわかりきっていても決死《けっし》の覚悟《かくご》で戦《たたか》い、忍術《にんじゅつ》、怪力《かいりき》、多彩《たさい》な武器《ぶき》で徳川軍《とくがわぐん》をくるしめた十勇《じゅうゆう》士《し》。10人《にん》だけだが武勇《ぶゆう》は百人力《ひゃくにんりき》だ。

主《おも》な戦《たたか》い

大坂冬《おおさかふゆ》の陣《じん》・夏《なつ》の陣《じん》

武将《ぶしょう》・個人編《こじんへん》

夢《ゆめ》の一騎討《いっきう》ちの勝敗《しょうはい》やいかに!?

サムライ空想《くうそう》バトル!!

東北《とうほく》を制《せい》した文武両道《ぶんぶりょうどう》の名将《めいしょう》・伊達政宗《だてまさむね》と、大坂《おおさか》で徳川家康《とくがわいえやす》をおそれさせた忠義《ちゅうぎ》の勇将《ゆうしょう》・真田幸村《さなだゆきむら》が一騎討《いっきう》ちで対決《たいけつ》。政宗《まさむね》の剣《けん》が幸村《ゆきむら》を斬《き》りふせるのか、それとも幸村《ゆきむら》の槍《やり》が政宗《まさむね》を追《お》いつめるのか？

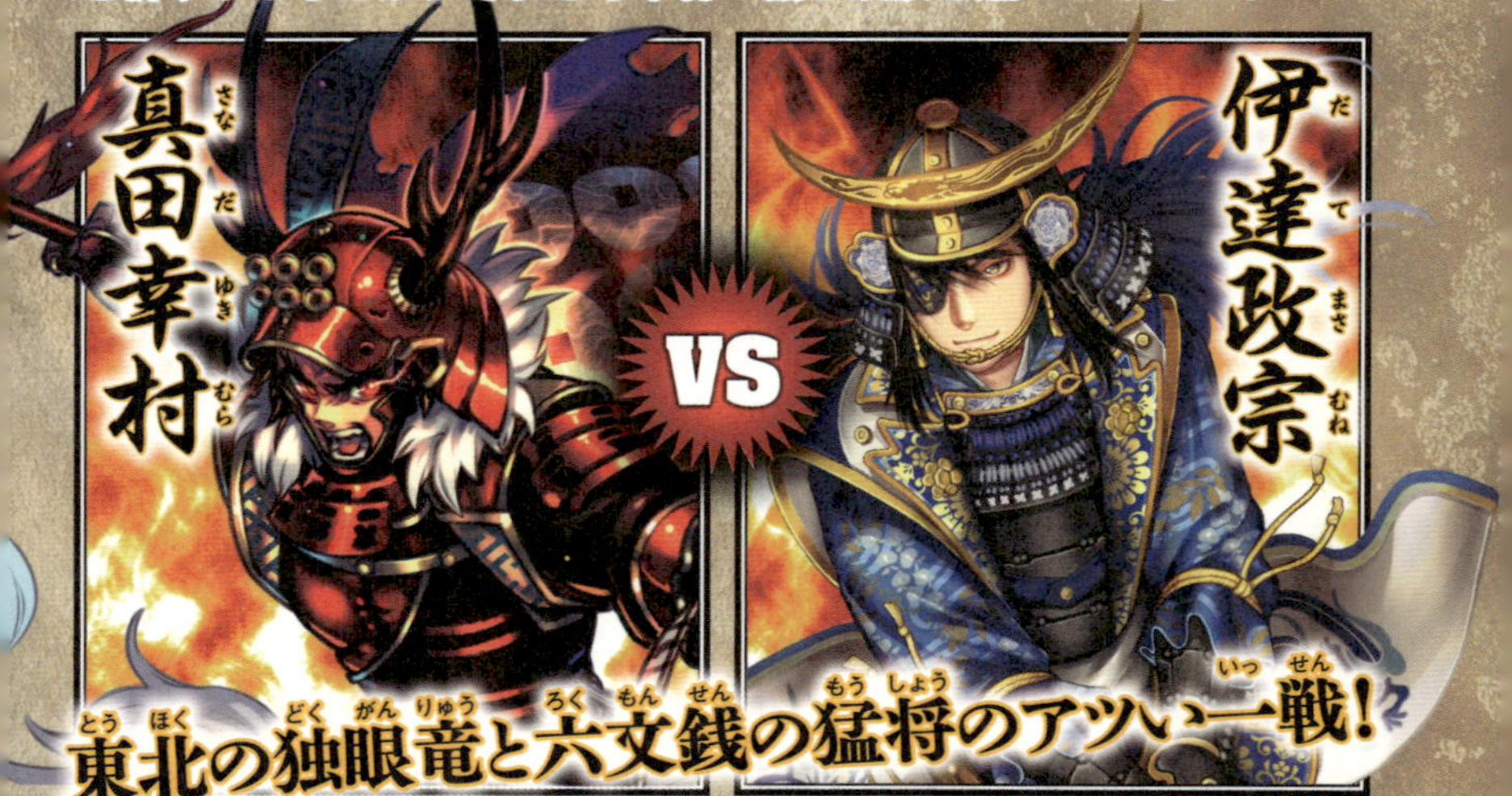

東北《とうほく》の独眼竜《どくがんりゅう》と六文銭《ろくもんせん》の猛将《もうしょう》のアツい一戦《いっせん》！

参考《さんこう》データ

特徴《とくちょう》	官位《かんい》	戦法《せんぽう》	使用武器《しようぶき》
小柄《こがら》、我慢強《がまんづよ》い、義理堅《ぎりがた》い	従五位下《じゅごいげ》、左衛門佐《さえもんのすけ》	かく乱《らん》、特攻《とっこう》	十文字槍《じゅうもんじやり》

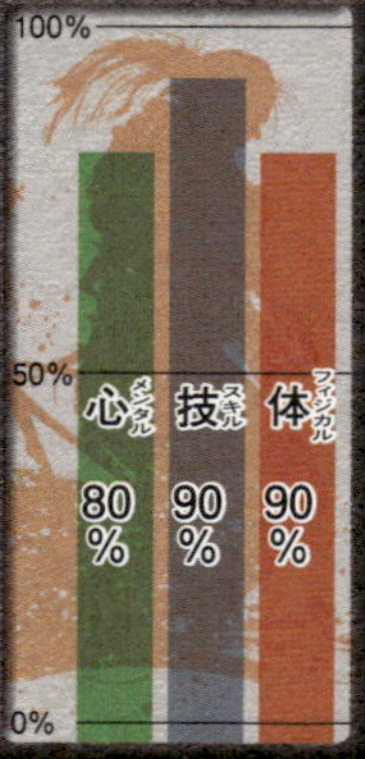

参考《さんこう》データ

特徴《とくちょう》	官位《かんい》	戦法《せんぽう》	使用武器《しようぶき》
隻眼《せきがん》、冷酷《れいこく》、派手好《はです》き	陸奥守《むつのかみ》、権中納言《ごんちゅうなごん》	奇襲《きしゅう》	鞍切景秀《くらきりかげひで》、燭台切光忠《しょくだいきりみつただ》

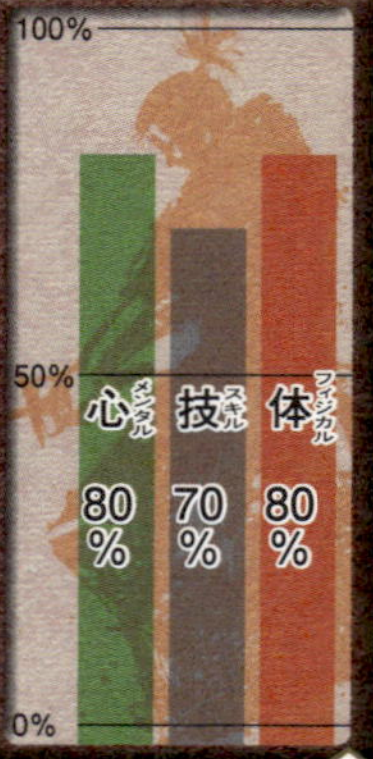

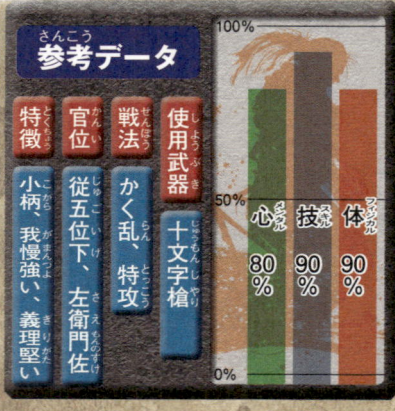

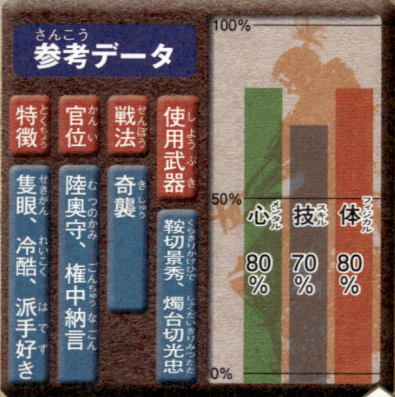

政宗《まさむね》のおそるべき名刀《めいとう》

大坂《おおさか》の陣《じん》で、伊達政宗《だてまさむね》のひきいる自慢《じまん》の騎馬鉄砲隊《きばてっぽうたい》が真《さな》田《だ》幸村《ゆきむら》の奇襲《きしゅう》にやぶれた。政《まさ》宗《むね》は相当《そうとう》くやしい思《おも》いをしたようで、この対決《たいけつ》で雪辱《せつじょく》をはらそうとやる気《き》まんまんだ。

政宗《まさむね》がえらんだ武器《ぶき》は、「鞍《くら》切景秀《きりかげひで》」と「燭台切光忠《しょくだいきりみつただ》」と名《な》づけられた2本《ほん》の刀《かたな》。どちらもおそろしい斬《き》れ味《あじ》をもつ名刀《めいとう》だ。幸村《ゆきむら》の武器《ぶき》はもちろん十文字槍《じゅうもんじやり》である。

刀《かたな》と槍《やり》の対決《たいけつ》は、距離《きょり》をとって攻《せ》められる槍《やり》が有利《ゆうり》。刀《かたな》を使《つか》う政宗《まさむね》にすれば、いかに接近《せっきん》できるかが勝利《しょうり》のポイントになる。そのことをわかっている幸村《ゆきむら》は、距離《きょり》をとりながらつづけて突《つ》きをくり出《だ》す。政宗《まさむね》は幸村《ゆきむら》の攻撃《こうげき》をよけるのに精《せい》いっぱいで、どうしても懐《ふところ》へ飛《と》びこめない。

それでも意《い》を決《けっ》した政宗《まさむね》は、1本《ぽん》の刀《かたな》で槍《やり》を下《した》からはじいて幸村《ゆきむら》に接近《せっきん》し、もう1本《ぽん》の刀《かたな》で水平《すいへい》に斬《き》りつけた。よろいをも真《ま》っぷたつにするほどの政宗《まさむね》の刀《かたな》が幸村《ゆきむら》の赤《あか》備《ぞな》えをとらえたかのように思《おも》えたが、刀《かたな》は空《くう》を斬《き》っていた。幸村《ゆきむら》は政宗《まさむね》が刀《かたな》をふった瞬《しゅん》間《かん》、隻眼《せきがん》の死角《しかく》にすばやく入《はい》りこみ、槍《やり》で政宗《まさむね》の足《あし》をなぎはらった。地面《じめん》にたおれた政《まさ》宗《むね》の顔《かお》の前《まえ》には、十文字槍《じゅうもんじやり》の穂先《ほさき》が光《ひか》っていた。

勝利《しょうり》の決《き》め手《て》

幸村《ゆきむら》は政宗《まさむね》が接近戦《せっきんせん》にくる瞬間《しゅんかん》をねらっていた。槍《やり》がはじき上《あ》げられた瞬間《しゅんかん》、すばやく政宗《まさむね》の死角《しかく》に入《はい》る。死角《しかく》をつかれた政《まさ》宗《むね》には幸村《ゆきむら》が消《き》えたように見《み》えたはず。幸村《ゆきむら》がそのまま足《あし》をはらって勝負《しょうぶ》あり。

必殺技《ひっさつわざ》 十文字槍《じゅうもんじやり》での連続突《れんぞくつ》きと足《あし》ばらい

雌雄《しゆう》を決《けっ》する戦場《せんじょう》に舞《ま》った
戦《せん》国《ごく》武《ぶ》将《しょう》の旗印《はたじるし》・馬印《うまじるし》

戦《いくさ》といえば、旗印《はたじるし》・馬印《うまじるし》はつきもの。戦場《せんじょう》をいろどった数々《かずかず》の旗《はた》の本物《ほんもの》を見《み》てみよう。

片倉《かたくら》家《け》伝来《でんらい》

白《しろ》絹《きぬ》地《じ》黒《くろ》釣鐘《つりがね》旗印《はたじるし》

仙台《せんだい》市《し》博物館蔵《はくぶつかんぞう》

白地《しろじ》に鐘《かね》をあしらったこの旗《はた》は、小十《こじゅう》郎《ろう》が大馬印《おおうまじるし》として所用《しょよう》したとされる。

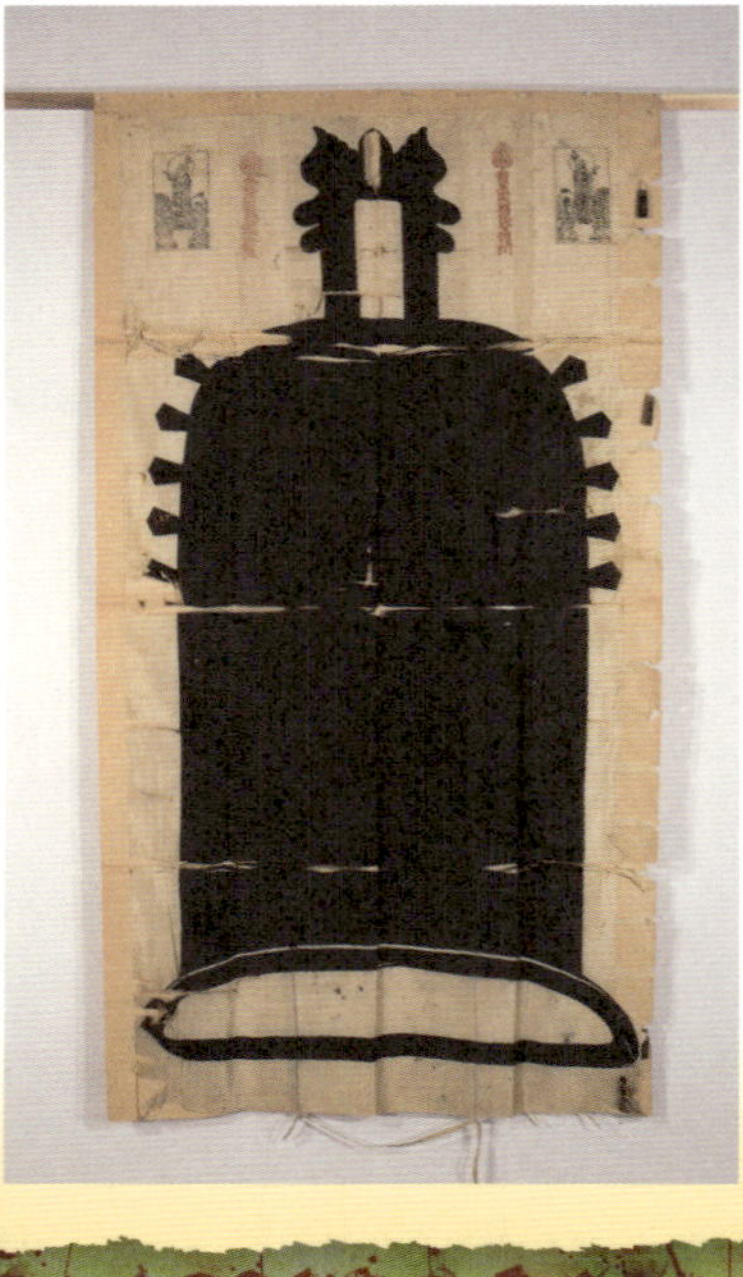

真田《さなだ》幸隆《ゆきたか》所用《しょよう》

紺《こん》絹《きぬ》地《じ》六《ろく》連《れん》銭《せん》四《し》方《ほう》の旗印《はたじるし》

真田《さなだ》宝物館蔵《ほうもつかんぞう》

真田《さなだ》氏《し》の有名《ゆうめい》な六文銭《ろくもんせん》の旗印《はたじるし》だ。真田《さなだ》氏《し》の戦《いくさ》にはこの旗《はた》がはためいていた。

井伊家本陣旗《いいけほんじんき》

朱《しゅ》絹《きぬ》地《じ》金《きん》箔《ぱく》押《おし》井《い》桁《げた》紋《もん》旗《はた》印《じるし》

彦根城博物館蔵《ひこねじょうはくぶつかんぞう》

井伊家本陣旗《いいけほんじんき》のうち井桁紋《いげたもん》を配《はい》したもの。これは江戸時代《えどじだい》につくられたもの。

謙信本陣旗《けんしんほんじんき》

白《しろ》絹《きぬ》地《じ》「毘《び》」の旗《はた》印《じるし》

上杉神社蔵《うえすぎじんじゃぞう》

軍神《ぐんしん》・謙信《けんしん》の毘《び》の旗《はた》。出撃《しゅつげき》の際《さい》には、隊列《たいれつ》の先頭《せんとう》にかかげられたという。

細川家《ほそかわけ》３代《だい》　光尚所用《みつなおしょよう》

紺《こん》地《じ》平《ひら》絹《ぎぬ》九《く》曜《よう》紋《もん》大《おお》馬《うま》印《じるし》

永青文庫蔵《えいせいぶんこぞう》

島原《しまばら》の乱《らん》に出陣《しゅつじん》した光尚《みつなお》が使用《しよう》したものとされる九曜紋《くようもん》の金箔張《きんぱくば》り大馬印《おおうまじるし》。

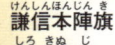

関東《かんとう》の覇者《はしゃ》

北《ほう》条《じょう》氏《うじ》康《やす》

北《ほう》条《じょう》の全《ぜん》盛《せい》期《き》をきずいた一《いっ》騎《き》当《とう》千《せん》の相模《さがみ》の獅子《しし》

所《しょ》　属《ぞく》	北条家《ほうじょうけ》	出身地《しゅっしんち》	相模国《さがみのくに》(神奈川県《かながわけん》)
生没年月日《せいぼつねんがっぴ》	1515年《ねん》～1571年《ねん》10月《がつ》21日《にち》	家紋《かもん》	

イラスト●合間太郎《あいまたろう》

臆病《おくびょう》だった幼少時代《ようしょうじだい》

関東《かんとう》にその名《な》をとどろかせた戦国大名《せんごくだいみょう》で北条早雲《ほうじょうそううん》の孫《まご》。出陣《しゅつじん》した36回《かい》の戦《いくさ》では一度《いちど》も敵《てき》に背中《せなか》を見《み》せたことがなかった豪傑《ごうけつ》だが、おさないころは武術《ぶじゅつ》の訓練《くんれん》を見《み》ているだけで失神《しっしん》してしまう臆病者《おくびょうもの》だったという。しかし成長《せいちょう》するにしたがって北条氏《ほうじょうし》のあと継《つ》ぎという自覚《じかく》がめばえ、15歳《さい》の初陣《ういじん》では上杉勢《うえすぎぜい》をやぶる大金星《だいきんぼし》を上《あ》げた。

しかし、氏康《うじやす》が北条氏《ほうじょうし》の当主《とうしゅ》となるとすぐにピンチがおとずれる。駿河《するが》の今川《いまがわ》と関東《かんとう》の上杉《うえすぎ》が手《て》を組《く》み、相模《さがみ》をはさみ撃《う》ちにしてきたのである。

相模《さがみ》を強固《きょうこ》な国《くに》に！

このピンチに氏康《うじやす》は、武田《たけだ》信玄《しんげん》に仲介《ちゅうかい》をたのみ今川《いまがわ》と和睦《わぼく》。後方《こうほう》の心配《しんぱい》をなくして、上杉《うえすぎ》に包囲《ほうい》されていた河越城《かわごえじょう》の救援《きゅうえん》に向《む》かった。そして8万《まん》の上杉軍《うえすぎぐん》を1万《まん》にもみたない兵《へい》でやぶり、これが氏康《うじやす》の関東制覇《かんとうせいは》の足《あし》がかりとなった。

氏康《うじやす》は戦《いくさ》における情報《じょうほう》の重要《じゅうよう》さを知《し》っていた。そこで忍《しの》び（風魔一族《ふうまいちぞく》）を使《つか》った情報網《じょうほうもう》を構築《こうちく》した。強力《きょうりょく》な水軍《すいぐん》もつくり上《あ》げ、小田原《おだわら》の町《まち》を整備《せいび》して、軍事《ぐんじ》と民政《みんせい》の両面《りょうめん》から相模《さがみ》の充実《じゅうじつ》をはかった。こうして氏康《うじやす》は、北条氏《ほうじょうし》の全盛期《ぜんせいき》をきずいたのである。

能力《のうりょく》パラメータ

武《ぶ》力《りょく》考《こう》察《さつ》

文武《ぶんぶ》をかねそなえた名将《めいしょう》。出陣《しゅつじん》した36回《かい》の戦《いくさ》では一度《いちど》も敵《てき》に背中《せなか》を見《み》せたことがなく、軍神《ぐんしん》・上杉謙信《うえすぎけんしん》の猛攻《もうこう》もしのぎきっている。

主《おも》な戦《たたか》い

河東《かとう》の乱《らん》、河越夜戦《かわごえやせん》、小田原城《おだわらじょう》の戦《たたか》い、国府台《こうのだい》の戦《たたか》い

北《ほう》条《じょう》早《そう》雲《うん》

最初《さいしょ》の戦国大名《せんごくだいみょう》といわれる傑人《けつじん》

戦上手《いくさじょうず》な謀略家《ぼうりゃくか》

室町幕府《むろまちばくふ》の執政《しっせい》をつとめた伊勢氏《いせし》の出身《しゅっしん》。今川家《いまがわけ》の武将《ぶしょう》として、伊豆《いず》を平定《へいてい》したのちに小田原城《おだわらじょう》をうばって関東《かんとう》に進出《しんしゅつ》。戦上手《いくさじょうず》なうえに謀略《ぼうりゃく》にもすぐれ、関東管領《かんとうかんれい》の上杉氏《うえすぎし》をたくみに利用《りよう》して勢力《せいりょく》をひろげていった。その後《ご》は今川《いまがわ》家《け》からはなれて領土《りょうど》を拡大《かくだい》。相模《さがみ》の平定《へいてい》に成功《せいこう》した。

所属《しょぞく》	今川家《いまがわけ》
出身地《しゅっしんち》	備中国《びっちゅうのくに》（岡山県《おかやまけん》）
生没年月日《せいぼつねんがっぴ》	1432年《ねん》（諸説《しょせつ》あり）～1519年《ねん》9月8日《がつようか》
家紋《かもん》	

能力《のうりょく》パラメータ

武《ぶ》力《りょく》考《こう》察《さつ》

謀略家《ぼうりゃくか》で天性《てんせい》の戦上手《いくさじょうず》。伝承《でんしょう》では馬術《ばじゅつ》がたくみな弓《ゆみ》の達人《たつじん》で、強敵《きょうてき》を相手《あいて》にしても一歩《いっぽ》もヒケをとらなかったという。

主《おも》な戦《たたか》い

伊豆《いず》討《う》ち入《い》り、小田原城奪取《おだわらじょうだっしゅ》、武蔵《むさし》立河原《たちかわのはら》の戦《たたか》い

北《ほう》条《じょう》氏《うじ》政《まさ》

北条氏《ほうじょうし》を滅亡《めつぼう》に追《お》いこんだ4代目《だいめ》

イラスト●小野たかし

秀吉《ひでよし》に最後《さいご》まで抵抗《ていこう》

偉大《いだい》な父《ちち》・北条氏康《ほうじょううじやす》のあとをついで関東《かんとう》をおさめたが、天下統一《てんかとういつ》をねらう秀吉《ひでよし》と対立《たいりつ》。最後《さいご》まで抵抗《ていこう》したがやぶれ、家臣《かしん》の助命《じょめい》を願《ねが》いながら切腹《せっぷく》してはてた。名門《めいもん》の北条氏《ほうじょうし》を滅亡《めつぼう》に追《お》いこんだこともあり、のちの歴史書《れきししょ》に「国政《こくせい》をみだしたおろか者《もの》」と評価《ひょうか》されてしまった。

所属《しょぞく》	北条家《ほうじょうけ》	家紋《かもん》	
出身地《しゅっしんち》	相模国《さがみのくに》（神奈川県《かながわけん》）		
生没年月日《せいぼつねんがっぴ》	1538年《ねん》～1590年《ねん》8月10日《がつとおか》		

能力《のうりょく》パラメータ

武《ぶ》力《りょく》考《こう》察《さつ》

勇猛《ゆうもう》な東国武士《とうごくぶし》をひとつにまとめるには武勇《ぶゆう》も必要《ひつよう》だが、実力《じつりょく》はそこそこ程度《ていど》。豪傑《ごうけつ》である父《ちち》とくらべるのはかわいそう。

主《おも》な戦《たたか》い

小田原城《おだわらじょう》の戦《たたか》い、三船山《みふねやま》の戦《たたか》い、小田原征伐《おだわらせいばつ》

海《かい》道《どう》一《いち》の弓《ゆみ》とり

今《いま》川《がわ》義《よし》元《もと》

桶《おけ》狭《はざ》間《ま》にちった 東《とう》海《かい》道《どう》の覇《は》者《しゃ》

所《しょ》　属《ぞく》	足利家《あしかがけ》	出身地《しゅっしんち》	駿河国《するがのくに》（静岡県《しずおかけん》）
生没年月日《せいぼつねんがっぴ》	1519年《ねん》～1560年《ねん》6月《がつ》12日《にち》	家紋《かもん》	

イラスト●矢《や》田《た》崎友輔

向《む》かうところ敵《てき》なし！

駿河《するが》をおさめる今川家《いまがわけ》に生《う》まれたが、五男《ごなん》だったためあと継《つ》ぎになれず、わずか４歳《さい》で仏門《ぶつもん》に入《い》れられた。しかし当主《とうしゅ》になった兄《あに》が急死《きゅうし》。17歳《さい》になっていた義元《よしもと》は後継者《こうけいしゃ》に名乗《なの》りを上《あ》げ、ライバルをけちらして当主《とうしゅ》の座《ざ》につく。

義元《よしもと》はおさないころからの教育係《きょういくがかり》だった太原雪斎《たいげんせっさい》を軍師《ぐんし》に迎《むか》え、北条氏康《ほうじょううじやす》を駿河《するが》から撃退《げきたい》。織田軍《おだぐん》をやぶって三河《みかわ》の松平家康《まつだいらいえやす》を人質《ひとじち》にとるなど、破竹《はちく》のいきおいを見《み》せる。その姿《すがた》はまさしく「海道一《かいどういち》の弓《ゆみ》とり（東海道《とうかいどう》でもっともすぐれた武将《ぶしょう》）」であった。

桶狭間《おけはざま》のゆだんが命《いのち》とり

武田《たけだ》、北条《ほうじょう》との同盟《どうめい》に成功《せいこう》した義元《よしもと》は、西《にし》にさらに勢力《せいりょく》をのばそうと、２万《まん》５０００の大軍《たいぐん》をひきいて尾張《おわり》へ侵攻《しんこう》した。しかし、前哨戦《ぜんしょうせん》は勝《か》ったものの、桶狭間《おけはざま》で本隊《ほんたい》を休《きゅう》憩《けい》させているときに織田信長《おだのぶなが》の奇襲《きしゅう》をうけ、戦死《せんし》してしまった。今川家《いまがわけ》は義元《よしもと》の死後《しご》、急速《きゅうそく》におとろえて10年《ねん》をたたずに滅亡《めつぼう》した。

桶狭間《おけはざま》の敗戦《はいせん》で信長《のぶなが》のひき立《た》て役《やく》になった義元《よしもと》。しかし軍事《ぐんじ》・内政《ないせい》の両面《りょうめん》で駿河《するが》を強《きょう》国《こく》にした手腕《しゅわん》はお見事《みごと》。よくいわれる「貴族趣味《きぞくしゅみ》の軟弱《なんじゃく》なおぼっちゃん」ではない。

能力《のうりょく》パラメータ

武《ぶ》力《りょく》考《こう》察《さつ》

桶狭間《おけはざま》の戦《たたか》いでは斬《き》りつけてきた織田《おだ》の家臣《かしん》を撃退《げきたい》。槍《やり》で刺《さ》されて首《くび》をねらわれたときには、敵兵《てきへい》の指《ゆび》を食《く》いちぎって死《し》んだ。

主《おも》な戦《たたか》い

桶狭間《おけはざま》の戦《たたか》い、河東《かとう》の乱《らん》、小豆坂《あずきざか》の戦《たたか》い

武将《ぶしょう》・個人編《こじんへん》

正々堂々《せいせいどうどう》の斬撃合戦《ざんげきがっせん》こそ男《おとこ》の戦《たたか》い!!

サムライ空想《くうそう》バトル!!

織田信長《おだのぶなが》による桶狭間《おけはざま》の不意討《ふいう》ちで命《いのち》を落《お》とした今川義元《いまがわよしもと》。あのときのうらみを今回《こんかい》の一騎討《いっきう》ちで晴《は》らすことができるのか!? 夢《ゆめ》のセカンドラウンドのゴングがいま鳴《な》った！

参考《さんこう》データ

特徴《とくちょう》	官位《かんい》	戦法《せんぽう》	使用武器《しようぶき》
辣腕《らつわん》、貴族趣味《きぞくしゅみ》	治部大輔《じぶだいふ》	カウンター	宗三左文字《むねみつさもんじ》

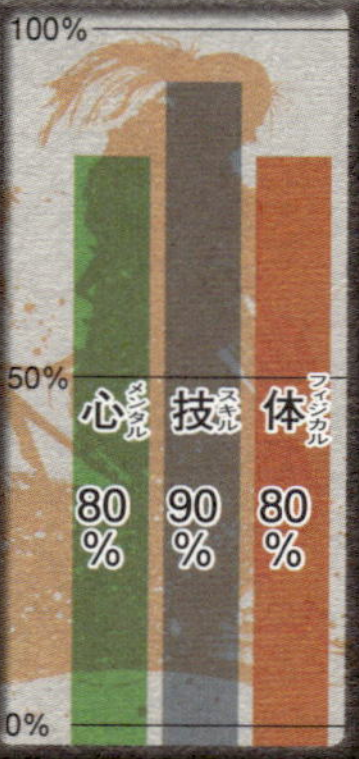

参考《さんこう》データ

特徴《とくちょう》	官位《かんい》	戦法《せんぽう》	使用武器《しようぶき》
天性《てんせい》の勝負勘《しょうぶかん》、狂気《きょうき》	弾正少忠《だんじょうしょうちゅう》	高速機動《こうそくきどう》	へし切長谷部《きりはせべ》

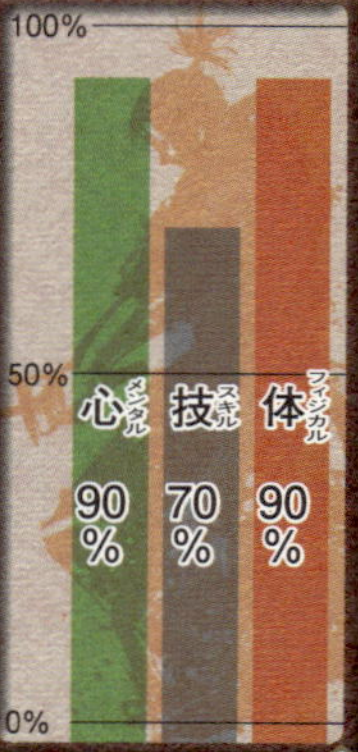

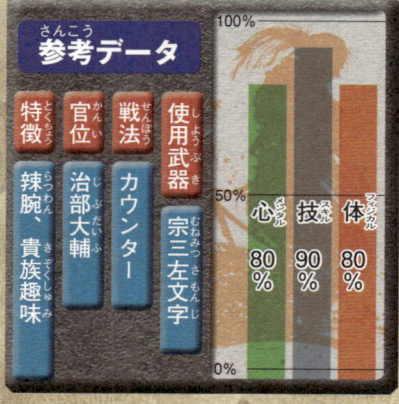

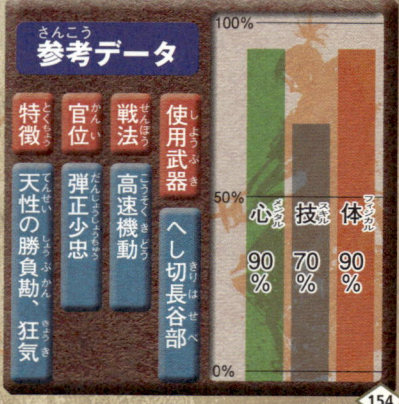

刀対刀《かたなたいかたな》の真剣勝負《しんけんしょうぶ》

今川義元《いまがわよしもと》がえらんだ武器《ぶき》は刀《かたな》。信長《のぶなが》も有利《ゆうり》な槍《やり》ではなく、同《おな》じ刀《かたな》をえらぶ。合戦《かっせん》では勝《か》つために手段《しゅだん》をえらばない信《のぶ》長《なが》だが、一騎討《いっきう》ちであれば、正々堂々《せいせいどうどう》と戦《たたか》うタイプなのである。

義元《よしもと》の刀《かたな》は「宗三左文字《むねみつさもんじ》」。もともと武田家《たけだけ》がもっていた長刀《ちょうとう》で、斬撃《ざんげき》の威力《いりょく》は強烈《きょうれつ》。いっぽうの信長《のぶなが》の刀《かたな》は「へし切長谷部《きりはせべ》」。信長《のぶなが》はふだんから長刀《ちょうとう》を愛用《あいよう》したが、その代表《だいひょう》ともいえる名刀《めいとう》である。

開始《かいし》の合図《あいず》が鳴《な》るやいなや、猛《もう》スピードでうちこんでいく信長《のぶなが》。しかし、義元《よしもと》はそのうちこみをはらって反撃《はんげき》する。義元《よしもと》のうちこみは荒々《あらあら》しく重《おも》い。その攻撃力《こうげきりょく》は、ひよわなおぼっちゃんではない。

しかし、義元《よしもと》の重《おも》いうちこみは信長《のぶなが》をくるしめるが、どうしても致命傷《ちめいしょう》をあたえられない。

逆《ぎゃく》に信長《のぶなが》は戦《たたか》いの興奮《こうふん》からか、攻《せ》めのスピードがどんどんまし、スタミナがなくなってきた義元《よしもと》を追《お》いつめていく。そしてついに信長《のぶなが》の刀《かたな》が義元《よしもと》の刀《かたな》をはじき飛《と》ばした！

義元《よしもと》は最後《さいご》のねばりを見《み》せ、信長《のぶなが》の腕《うで》をつかんでそのまましめ上《あ》げようとしたが、スルリと身《み》をかわした信長《のぶなが》は、義元《よしもと》に刀《かたな》をふりおろした。

WINNER

信長《のぶなが》

勝利《しょうり》の決《き》め手《て》

剣術《けんじゅつ》の腕前《うでまえ》はおそらく互角《ごかく》。しかし義元《よしもと》は力《ちから》はあるが、スピードとスタミナがなかった。信長《のぶなが》は戦《たたか》いがすすむにつれ、高揚感《こうようかん》からかアドレナリンがどんどん出《で》てスピードが上《あ》がり、集中力《しゅうちゅうりょく》もましていった。

必殺技《ひっさつわざ》

神速《しんそく》の連続《れんぞく》うちこみ

下克上《げこくじょう》の梟雄《きょうゆう》

斎《さい》藤《とう》道《どう》三《さん》

国《くに》をぬすみとった美《み》濃《の》のマムシ

所属《しょぞく》	土岐家《ときけ》、長井家《ながいけ》	出身地《しゅっしんち》	山城国《やましろのくに》（京都府《きょうとふ》）
生没年月日《せいぼつねんがっぴ》	1494年《ねん》（?）～1556年《ねん》5月《がつ》28日《にち》	家紋《かもん》	

イラスト●坂井結城《さかいゆうき》

食《く》いついたらはなさない

斎藤道三《さいとうどうさん》といえば、油売《あぶらう》りから大名《だいみょう》にのぼりつめた下克《げこく》上《じょう》の代表的《だいひょうてき》な人物《じんぶつ》とされている。しかし真実《しんじつ》はややことなる。油売《あぶらう》りをしていたのは道《どう》三《さん》の父《ちち》で、その父《ちち》がやがて美《み》濃《の》で武士《ぶし》となり、生《う》まれたのが道三《どうさん》だった。道三《どうさん》は生《う》まれながらの武士《ぶし》だったのだ。

しかし、自分《じぶん》の野望《やぼう》を達成《たっせい》するため、つかえていた家《いえ》の主《あるじ》を追《お》い落《お》とし、そのたびに名前《なまえ》を変《か》えて出世《しゅっせ》していったことは真実《しんじつ》である。一度《いちど》主《あるじ》に食《く》らいついたら、相手《あいて》が死《し》ぬまではなさなかった道三《どうさん》の姿《すがた》は、マムシにたとえられた。

信長《のぶなが》の器量《きりょう》を見《み》ぬいた

道三《どうさん》はすぐれた武将《ぶしょう》で、戦《いくさ》をしかけてきた隣国《りんごく》の織田家《おだけ》を何度《なんど》も撃退《げきたい》した。そこで織《お》田《だ》家《け》は、道三《どうさん》の娘《むすめ》を信長《のぶなが》の嫁《よめ》に迎《むか》えて同盟《どうめい》をむすんだ。道《どう》三《さん》はあいさつにきた信長《のぶなが》を見《み》てその器量《きりょう》を見《み》ぬき、「自分《じぶん》の子《こ》どもたちは将来《しょうらい》、信長《のぶなが》の家《け》来《らい》になってしまうだろう」とつぶやいたといわれている。

道三《どうさん》は主《あるじ》をほろぼして大名《だいみょう》となったため、家臣《かしん》や領民《りょうみん》に人望《じんぼう》がなかった。そこで、もともと美濃《みの》をおさめていた土《と》岐《き》氏《し》の子孫《しそん》を自分《じぶん》の子《こ》（斎藤《さいとう》義龍《よしたつ》）として育《そだ》てたが、謀反《むほん》をおこされ討《う》ち死《じ》にした。

能力《のうりょく》パラメータ

武《ぶ》力《りょく》考《こう》察《さつ》

槍《やり》と鉄砲《てっぽう》の修行《しゅぎょう》をして腕《うで》を上《あ》げ、おもだった土岐氏《ときし》の信頼《しんらい》をえたという。しかし個人的《こじんてき》な武勇《ぶゆう》よりも頭《あたま》のきれで勝負《しょうぶ》するタイプ。

主《おも》な戦《たたか》い

加納口《かのうぐち》の戦《たたか》い、長良川《ながらがわ》の戦《たたか》い

本《ほん》願《がん》寺《じ》顕《けん》如《にょ》

信長《のぶなが》と激闘《げきとう》をくりひろげた本願寺《ほんがんじ》の僧侶《そうりょ》

イラスト●田中健一

戦国大名《せんごくだいみょう》に匹敵《ひってき》する力《ちから》

浄土真宗本願寺《じょうどしんしゅうほんがんじ》の宗主《そうしゅ》。石《いし》山本願寺《やまほんがんじ》を拠点《きょてん》に戦国大名《せんごくだいみょう》に匹敵《ひってき》する勢力《せいりょく》をもっていた顕《けん》如《にょ》は、本願寺《ほんがんじ》の明《あ》けわたしを命《めい》じる信長《のぶなが》を仏敵《ぶってき》とみなして対立《たいりつ》。ほかの戦国大名《せんごくだいみょう》とともに信長包囲網《のぶながほういもう》をつくって信長《のぶなが》を追《お》いつめた。しかし逆《ぎゃく》に信《のぶ》長《なが》に追《お》いこまれ、本願寺《ほんがんじ》の退《たい》去《きょ》を条件《じょうけん》に和睦《わぼく》に応《おう》じた。

所属《しょぞく》	本願寺《ほんがんじ》
出身地《しゅっしんち》	摂津国《せっつのくに》（大阪府《おおさかふ》）
生没年月日《せいぼつねんがっぴ》	1543年《ねん》2月《がつ》20日《はつか》～1592年《ねん》12月《がつ》27日《にち》

家紋《かもん》

能力《のうりょく》パラメータ

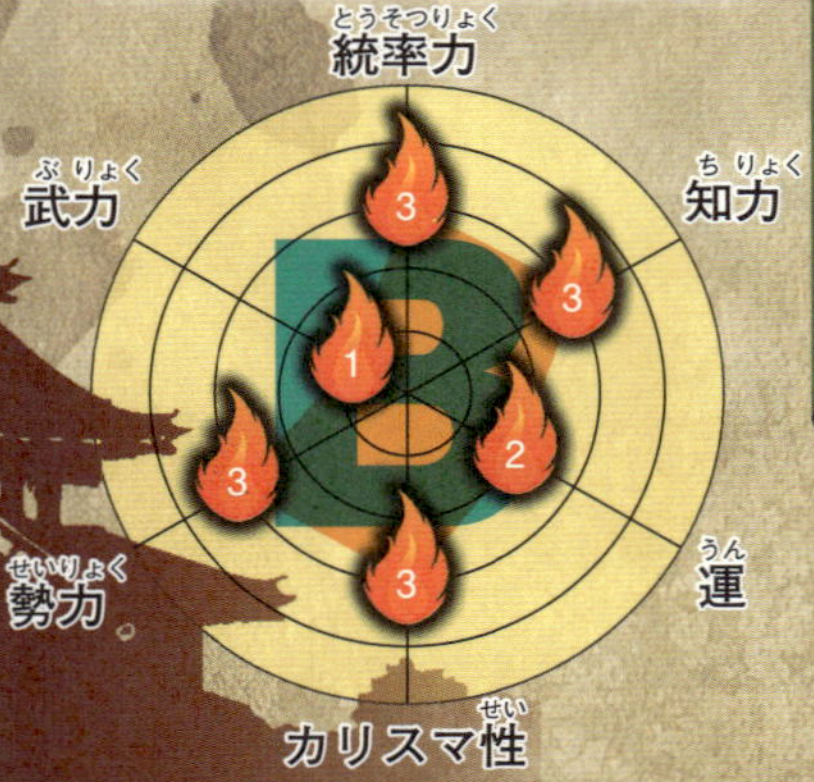

武《ぶ》力《りょく》考《こう》察《さつ》

戦乱《せんらん》の世《よ》だけに僧侶《そうりょ》でも武芸《ぶげい》の心《こころ》得《え》はあったが、顕如《けんにょ》は本願寺《ほんがんじ》の政《せい》治的《じてき》なリーダー。戦《いくさ》の指揮《しき》は専門《せんもん》の武将《ぶしょう》や僧兵《そうへい》にまかせていた。

主《おも》な戦《たたか》い

石山合戦《いしやまかっせん》、木津川口《きづがわぐち》の戦《たたか》い

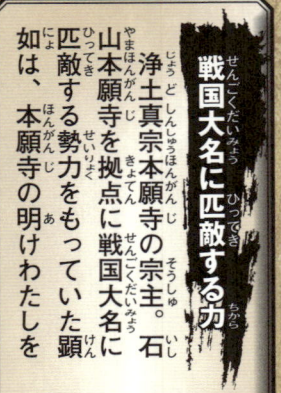

雑《さい》賀《か》孫《まご》一《いち》

権力者《けんりょくしゃ》にやとわれて活躍《かつやく》した伝説《でんせつ》の鉄砲使《てっぽうづか》い

イラスト●ナチコ

信長《のぶなが》をうちのめす!!

鉄砲《てっぽう》を得意《とくい》とする傭兵集団《ようへいしゅうだん》「雑賀衆《さいかしゅう》」。雑賀孫一《さいかまごいち》はそのリーダーである。本願寺《ほんがんじ》と信長《のぶなが》が戦《たたか》った石山《いしやま》合戦《かっせん》では、雑賀衆《さいかしゅう》を指揮《しき》し、鉄砲《てっぽう》を利用《りよう》したさまざまな奇《き》襲戦法《しゅうせんぽう》で織田軍《おだぐん》をうちのめした。その後《ご》、雑賀衆《さいかしゅう》は紀伊《きい》（和《わ》歌山県《かやまけん》）の拠点《きょてん》を信長《のぶなが》に攻《せ》められて降伏《こうふく》した。

所属《しょぞく》	雑賀衆《さつかしゅう》
出身地《しゅっしんち》	不明《ふめい》
生没年月日《せいぼつねんがっぴ》	1534年《ねん》～1589年《ねん》6月14日《がつじゅうよっか》（諸説《しょせつ》あり）

家紋《かもん》

能力《のうりょく》パラメータ

武《ぶ》 力《りょく》 考《こう》 察《さつ》

当時最強《とうじさいきょう》の武器《ぶき》だった鉄砲《てっぽう》を自由《じゆう》自在《じざい》にあやつり、鉄砲《てっぽう》を使《つか》ったさまざまな奇襲戦法《きしゅうせんぽう》もあみ出《だ》した伝説的《でんせつてき》な鉄砲使《てっぽうづか》い。

主《おも》な戦《たたか》い

石山合戦《いしやまかっせん》、紀伊攻《きいぜ》め

浅《あざ》井《い》長《なが》政《まさ》

信長《のぶなが》に気《き》に入《い》られた勇壮《ゆうそう》な若武者《わかむしゃ》

イラスト●平林知子

所属《しょぞく》	六角氏《ろっかくし》	家紋《かもん》	
出身地《しゅっしんち》	近江国《おうみのくに》（滋賀県《しがけん》）		
生没年月日《せいぼつねんがっぴ》	1545年《ねん》～1573年《ねん》9月《がつ》26日《にち》		

信長《のぶなが》を裏切《うらぎ》って滅亡《めつぼう》へ

六角氏《ろっかくし》をやぶり、北近江《きたおうみ》の覇権《はけん》をうばった名将《めいしょう》。信長《のぶなが》の妹《いもうと》・お市《いち》を妻《つま》に迎《むか》えて織田家《おだけ》と同盟《どうめい》をむすぶが、親交《しんこう》のある朝倉家《あさくらけ》とともに織田家《おだけ》と戦《たたか》うことを決意《けつい》する。

織田《おだ》の大軍《たいぐん》を相手《あいて》に優勢《ゆうせい》に戦《たたか》いをすすめるが敗北《はいぼく》。それでも抵抗《ていこう》をつづけ、最後《さいご》は小《お》谷城《だにじょう》で自害《じがい》してはてた。

能力《のうりょく》パラメータ

武《ぶ》力《りょく》考《こう》察《さつ》

身長《しんちょう》180センチをこえる大柄《おおがら》な体格《たいかく》で、勇猛《ゆうもう》のほまれも高《たか》い。わずか16歳《さい》で軍《ぐん》をひきい、六角軍《ろっかくぐん》をやぶった将才《しょうさい》のもち主《ぬし》である。

主《おも》な戦《たたか》い

野良田合戦《のらだかっせん》、姉川《あねがわ》の戦《たたか》い、一乗谷城《いちじょうだにじょう》の戦《たたか》い

朝《あさ》倉《くら》義《よし》景《かげ》

名門《めいもん》意識《いしき》が強《つよ》かった風流人武将《ふうりゅうじんぶしょう》

イラスト●白汰

所属《しょぞく》	朝倉家《あさくらけ》	家紋《かもん》	
出身地《しゅっしんち》	越前国《えちぜんのくに》（福井県《ふくいけん》）		
生没年月日《せいぼつねんがっぴ》	1533年《ねん》10月《がつ》12日《にち》～1573年《ねん》9月《がつ》16日《にち》		

せっかくの好機《こうき》を逃《のが》す

越前《えちぜん》を支配《しはい》する名門《めいもん》・朝倉《あさくら》氏《し》の最後《さいご》の当主《とうしゅ》。風流《ふうりゅう》を愛《あい》する文化人《ぶんかじん》で、乱世《らんせい》を生《い》きぬく力強《ちからづよ》さには欠《か》けていた。

越前《えちぜん》に逃《に》げてきた足利将軍《あしかがしょうぐん》をかくまい、上洛《じょうらく》して天下《てんか》に号令《ごうれい》するチャンスをえたが、軍事行動《ぐんじこうどう》を嫌《きら》って拒否《きょひ》。その後《ご》、信長《のぶなが》とあらそって大敗《たいはい》して一気《いっき》に没落《ぼつらく》した。

能力《のうりょく》パラメータ

武《ぶ》力《りょく》考《こう》察《さつ》

弓《ゆみ》が達者《たっしゃ》だったようだが戦《たたか》いは苦《にが》手《て》で優柔不断《ゆうじゅうふだん》。金《かね》ヶ崎《がさき》の戦《たたか》いでは、追撃《ついげき》をためらって信長《のぶなが》をみすみす逃《のが》してしまった。

主《おも》な戦《たたか》い

金《かね》ヶ崎《がさき》の戦《たたか》い、一乗谷城《いちじょうだにじょう》の戦《たたか》い

九《く》鬼《き》嘉《よし》隆《たか》

「海賊大名《かいぞくだいみょう》」の異名《いみょう》をもつ水上戦《すいじょうせん》の名手《めいしゅ》

イラスト●坪井亮平

史上初《しじょうはつ》の鋼鉄軍艦《こうてつぐんかん》

北畠《きたばたけ》氏《し》の属将《ぞくしょう》だったが、桶《おけ》狭間《はざま》の戦《たたか》いの勝利《しょうり》でいきおいに乗《の》る信長《のぶなが》につかえた。伊勢《いせ》に侵攻《しんこう》した信長軍《のぶながぐん》の水軍《すいぐん》を担《たん》当《とう》。その活躍《かつやく》がみとめられ、九鬼氏《くきし》の家督《かとく》を継《つ》いだ。

本願寺《ほんがんじ》との戦《たたか》いでは毛利水《もうりすい》軍《ぐん》に敗北《はいぼく》。史上初《しじょうはつ》の鋼鉄軍艦《こうてつぐんかん》「鉄甲船《てっこうせん》」をつくって、毛利水《もうりすい》軍《ぐん》に雪辱《せつじょく》をはたしている。

所属《しょぞく》	織田家《おだけ》、豊臣家《とよとみけ》
出身地《しゅっしんち》	志摩国《しまのくに》（三重県《みえけん》）
生没年月日《せいぼつねんがっぴ》	1542年《ねん》～1600年《ねん》11月《がつ》17日《にち》
家紋《かもん》	

能力《のうりょく》パラメータ

武《ぶ》力《りょく》考《こう》察《さつ》

九鬼一族《くきいちぞく》のなかでもっとも武勇《ぶゆう》にすぐれていた人物《じんぶつ》とされている。荒々《あらあら》しい海《うみ》の男《おとこ》だが、茶道《さどう》が好《す》きなかぶき者《もの》でもあった。

主《おも》な戦《たたか》い

木津川口《きづがわくち》の戦《たたか》い、文禄《ぶんろく》・慶長《けいちょう》の役《えき》、関ヶ原《せきがはら》の戦《たたか》い

海賊大名《かいぞくだいみょう》も出《だ》した海《うみ》の勇者《ゆうしゃ》

水軍《すいぐん》の活躍《かつやく》

中世《ちゅうせい》の日本《にほん》で、瀬戸内海《せとないかい》、紀州《きしゅう》、九州《きゅうしゅう》、伊勢《いせ》などの沿岸地域《えんがんちいき》で勢力《せいりょく》をのばした水軍《すいぐん》は、ほとんどが海賊《かいぞく》をルーツにしている。有名《ゆうめい》な村上水軍《むらかみすいぐん》の祖先《そせん》は源氏《げんじ》だというが、はっきりしたことはわかっていない。海賊《かいぞく》からの成《な》り上《あ》がりが源氏《げんじ》を名乗《なの》っているだけかもしれない。それはともかく、元海賊《もとかいぞく》の水軍《すいぐん》は、戦国時代《せんごくじだい》になると有力《ゆうりょく》な戦国大名《せんごくだいみょう》の戦闘部隊《せんとうぶたい》となり、戦《いくさ》で活躍《かつやく》するようになる。なかでも最強《さいきょう》といわれたのが、村上水軍《むらかみすいぐん》をとりこんだ毛利水軍《もうりすいぐん》で、瀬戸内海《せとないかい》の制海権《せいかいけん》をにぎり、信長《のぶなが》の九鬼水軍《くきすいぐん》と激闘《げきとう》をくりひろげた。その九鬼水軍《くきすいぐん》が対毛利水軍用《たいもうりすいぐんよう》に建造《けんぞう》したのが「鉄甲船《てっこうせん》」だ。鉄《てっ》甲船《こうせん》は船体《せんたい》を鉄板《てっぱん》でおおった巨大船《きょだいせん》で、毛利《もうり》水軍《すいぐん》の火薬兵器《かやくへいき》をはね返《かえ》したという。

鉄甲船《てっこうせん》で毛利水軍《もうりすいぐん》をやぶった九鬼水軍《くきすいぐん》の首領《しゅりょう》・九鬼嘉隆《くきよしたか》。

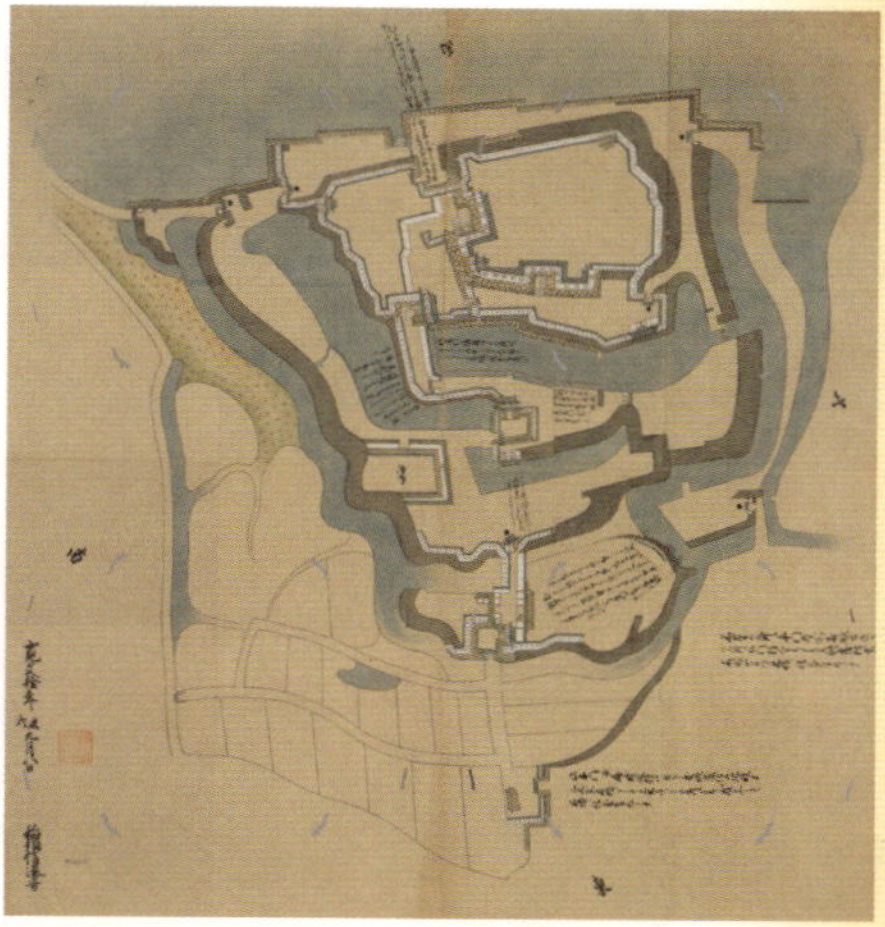

九鬼嘉隆《くきよしたか》がきずいた鳥羽城《とばじょう》の俯瞰図《ふかんず》。『日本古《にほんこ》城絵図《じょうえず》　鳥羽城郭古図《とばじょうかくこず》』国立国会図書館蔵《こくりつこっかいとしょかんぞう》。

長《ちょう》宗《そ》我《か》部《べ》元《もと》親《ちか》

「土《と》佐《さ》の出《で》来《き》人《にん》」とよばれた四国《しこく》の覇者《はしゃ》

イラスト●木志田コテツ

戦《いくさ》に出《で》て評価《ひょうか》が一変《いっぺん》！

父《ちち》に「うつけ者《もの》」といわれて育《そだ》ったが、戦《いくさ》で武功《ぶこう》を上《あ》げ「智勇兼備《ちゆうけんび》の大将《たいしょう》」と評価《ひょうか》が一変《いっぺん》。長宗我部家《ちょうそかべけ》を継《つ》いで、土《と》佐《さ》の統一《とういつ》をはたした。信長《のぶなが》の死後《しご》は反秀吉《はんひでよし》をつらぬき、秀吉《ひでよし》が柴田勝家《しばたかついえ》と徳川《とくがわ》家康《いえやす》にてこずっている間《あいだ》に四《し》国《こく》を統一《とういつ》する。しかし、秀吉《ひでよし》の四国征伐《しこくせいばつ》をうけて降伏《こうふく》した。

所属《しょぞく》	細川家《ほそかわけ》、一条家《いちじょうけ》、豊臣家《とよとみけ》	家紋《かもん》	
出身地《しゅっしんち》	土佐国《とさのくに》（高知県《こうちけん》）		
生没年月日《せいぼつねんがっぴ》	1539年《ねん》～1599年《ねん》7月《がつ》11日《にち》		

能力《のうりょく》パラメータ

武《ぶ》力《りょく》考《こう》察《さつ》

22歳《さい》というおそい初陣《ういじん》では、味方《みかた》500に対《たい》して敵《てき》2000ときびしい状況《じょうきょう》で勝利《しょうり》。みずからも槍《やり》で敵兵《てきへい》をなぎたおしている。

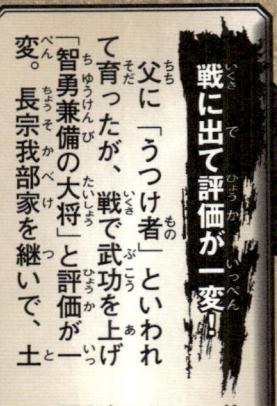

主《おも》な戦《たたか》い

長浜《ながはま》の戦《たたか》い、潮江城《うしおえじょう》の戦《たたか》い、四万十川《しまんとがわ》の戦《たたか》い、十河城《そごうじょう》の戦《たたか》い

山《やまの》内《うち》一《かず》豊《とよ》

槍《やり》をもったら鬼《おに》になった熱血漢《ねっけつかん》

イラスト●平林知子

本人《ほんにん》よりも妻《つま》が有名《ゆうめい》

内助《ないじょ》の功《こう》で知《し》られる妻《つま》・千《ち》代《よ》で有名《ゆうめい》な武将《ぶしょう》。浪人生活《ろうにんせいかつ》をへて信長《のぶなが》につかえ、その後《ご》、秀吉《ひでよし》の配下《はいか》となって各地《かくち》を転《てん》戦《せん》し、順調《じゅんちょう》に出世《しゅっせ》をはたす。関ヶ原《せきがはら》の戦《たたか》いでは家康《いえやす》にいち早《はや》く味方《みかた》し、東軍《とうぐん》への参加《さんか》を迷《まよ》っている武将《ぶしょう》たちをひとつにまとめ、その功《こう》で戦後《せんご》、土《と》佐《さ》20万石《まんごく》をあたえられた。

所属《しょぞく》	織田家《おだけ》、豊臣家《とよとみけ》、徳川家《とくがわけ》など
家紋《かもん》	
出身地《しゅっしんち》	尾張国《おわりのくに》（愛知県《あいちけん》）
生没年月日《せいぼつねんがっぴ》	1545年《ねん》（1546年《ねん》とも）～1605年《ねん》11月1日《がつついたち》

能力《のうりょく》パラメータ

武《ぶ》力《りょく》考《こう》察《さつ》

槍《やり》の名手《めいしゅ》。刀禰坂《とねざか》の戦《たたか》いでは弓《ゆみ》の名手《めいしゅ》だった敵将《てきしょう》に頬《ほほ》を射《い》ぬかれるが、矢《や》が刺《さ》さったまま相手《あいて》を討《う》ちとっている。

主《おも》な戦《たたか》い

刀禰坂《とねざか》の戦《たたか》い、賤ヶ岳《しずがたけ》の戦《たたか》い、関ヶ原《せきがはら》の戦《たたか》い

謀《ぼう》略《りゃく》の天《てん》才《さい》

尼《あま》子《ご》経《つね》久《ひさ》

下《げ》克《こく》上《じょう》ではい上《あ》がったアウトロー武《ぶ》将《しょう》

所《しょ》属《ぞく》	尼子家《あまこけ》	出身地《しゅっしんち》	出雲国《いずものくに》（島根県《しまねけん》）
生没年月日《せいぼつねんがっぴ》	1458年《ねん》12月《がつ》25日《にち》～1541年《ねん》11月《がつ》30日《にち》	家紋《かもん》	

イラスト●小野《おの》たかし

横領《おうりょう》で追放《ついほう》される

毛利元就《もうりもとなり》、宇喜多秀家《うきたひでいえ》とともに中国地方《ちゅうごくちほう》の三大謀将《さんだいぼうしょう》のひとりに数《かぞ》えられる謀略《ぼうりゃく》の天才《てんさい》。出雲国《いずものくに》の守護代《しゅごだい》（守護《しゅご》を補佐《ほさ》する役目《やくめ》）だった尼子氏《あまごし》に生《う》まれ、当主《とうしゅ》にまでなった経久《つねひさ》だが、金銭《きんせん》の横領《おうりょう》や仕事《しごと》をさぼるなど素行《そこう》が悪《わる》く、追放《ついほう》されて浪人《ろうにん》に身《み》を落《お》とした。

しかし、もとの地位《ちい》に返《かえ》りざくと積極的《せっきょくてき》に勢力《せいりょく》をひろげ、出雲《いずも》を平定《へいてい》して戦国大名《せんごくだいみょう》となる。さらに出雲《いずも》を安定《あんてい》させるため、次男《じなん》の国久《くにひさ》がひきいる尼子氏《あまごし》の精鋭集団《せいえいしゅうだん》「新宮党《しんぐうとう》」を中心《ちゅうしん》に他国《たこく》を侵略《しんりゃく》。最盛期《さいせいき》には11国《こく》を支配《しはい》した。

失意《しつい》のうちに隠居《いんきょ》

中国地方《ちゅうごくちほう》の最大勢力《さいだいせいりょく》となった尼子氏《あまごし》にとって、当面《とうめん》のライバルは大内氏《おおうちし》だった。その大内氏《おおうちし》が九州《きゅうしゅう》を攻《せ》めると聞《き》き、挙兵《きょへい》しようとした経久《つねひさ》だったが、三男《さんなん》が反乱《はんらん》をおこしてそれどころではなくなった。気落《きお》ちした経久《つねひさ》は孫《まご》の晴久《はるひさ》にあとをたくして隠居《いんきょ》した。

横領《おうりょう》で追放《ついほう》され、下克上《げこくじょう》で権力《けんりょく》を手《て》に入《い》れた経久《つねひさ》だが、「天性無欲正直《てんせいむよくしょうじき》な人《ひと》」といわれ、家臣《かしん》にもち物《もの》をほめられるとなんでもあたえてしまう人《ひと》だった。冬《ふゆ》なのに着《き》ているものをあたえてしまい、薄着《うすぎ》で何日《なんにち》もすごしたという。

能力《のうりょく》パラメータ

武《ぶ》力《りょく》考《こう》察《さつ》

武勇《ぶゆう》よりも策略《さくりゃく》で敵《てき》に勝《か》つタイプ。戦闘《せんとう》は勇猛《ゆうもう》でならす息子《むすこ》の国久《くにひさ》や、尼子三傑《あまごさんけつ》、尼子十勇士《あまごじゅうゆうし》といった優秀《ゆうしゅう》な家臣《かしん》にまかせた。

主《おも》な戦《たたか》い

富田城奪回戦《とだじょうだっかいせん》、船岡山《ふなおかやま》の戦《たたか》い、鏡山《かがみやま》城《じょう》の戦《たたか》い

尼《あま》子《ご》晴《はる》久《ひさ》

毛利《もうり》と激戦《げきせん》をくりひろげたねばりの武将《ぶしょう》

イラスト●合間太郎

大敗《たいはい》から信頼《しんらい》を回復《かいふく》

尼子経久《あまごつねひさ》の孫《まご》。尼子家《あまごけ》の当《とう》主《しゅ》となり、経久《つねひさ》が反対《はんたい》した毛《もう》利《り》攻《ぜ》めを決行《けっこう》して大敗《たいはい》。さらに経久《つねひさ》が亡《な》くなると地元《じもと》の有《ゆう》力者《りょくしゃ》が次々《つぎつぎ》と離反《りはん》するピンチにおちいるが、大内氏《おおうちし》に勝利《しょうり》して信頼《しんらい》を回復《かいふく》。幕府《ばくふ》から8国《こく》の守護《しゅご》にも任《にん》じられた。しかし、大内氏《おおうちし》をほろぼした毛《もう》利元就《りもとなり》との抗争中《こうそうちゅう》に急死《きゅうし》する。

所属《しょぞく》	尼子家《あまごけ》	家紋《かもん》	
出身地《しゅっしんち》	出雲国《いずものくに》（島根県《しまねけん》）		
生没年月日《せいぼつねんがっぴ》	1514年《ねん》3月8日《がつようか》～1561年《ねん》1月9日《がつここのか》		

能力《のうりょく》パラメータ

武《ぶ》力《りょく》考《こう》察《さつ》

身内《みうち》から「短気《たんき》で大将《たいしょう》の器量《きりょう》がない」と評価《ひょうか》されたが、尼子《あまご》の勢力《せいりょく》を拡大《かくだい》し、毛利《もうり》の攻撃《こうげき》から石見銀山《いわみぎんざん》を守《まも》りぬいた実績《じっせき》は光《ひか》る。

主《おも》な戦《たたか》い

吉田郡山城《よしだこおりやまじょう》の戦《たたか》い、月山富田城《がっさんとだじょう》の戦《たたか》い、忍原崩《おしばらくず》れ

山《やま》中《なか》幸《ゆき》盛《もり》

3度《ど》も主家《しゅか》の再興《さいこう》をはかった山陰《さんいん》の麒麟児《きりんじ》

イラスト●篠野よしかず

尼子氏《あまごし》のために死《し》す

山中鹿之助《やまなかしかのすけ》の名前《なまえ》でも知《し》られる悲運《ひうん》の武将《ぶしょう》。尼子三傑《あまごさんけつ》にして尼子十勇士《あまごじゅうゆうし》のひとり。毛利軍《もうりぐん》の侵攻《しんこう》で尼子氏《あまごし》が滅《めつ》亡《ぼう》すると、幸盛《ゆきもり》は尼子氏《あまごし》の再《さい》興《こう》をめざして毛利軍《もうりぐん》と戦《たたか》うも城《しろ》を包囲《ほうい》され無念《むねん》の降伏《こうふく》。毛《もう》利《り》の当主《とうしゅ》と刺《さ》しちがえるためつかまったが、ねらいを見《み》ぬかれて護送中《ごそうちゅう》に殺《ころ》された。

所属《しょぞく》	尼子家《あまごけ》
出身地《しゅっしんち》	出雲国《いずものくに》（島根県《しまねけん》）
生没年月日《せいぼつねんがっぴ》	1545年《ねん》9月20日《がつはつか》～1578年《ねん》8月20日《がつはつか》

家紋《かもん》

能力《のうりょく》パラメータ

武《ぶ》力《りょく》考《こう》察《さつ》

16歳《さい》で山名氏《やまなし》の猛将《もうしょう》の菊池音八《きくちおとはち》を一騎討《いっきう》ちでたおし、のちの月山《がっさん》富田城《とだじょう》の戦《たたか》いでも毛利《もうり》の豪傑《ごうけつ》・品《しな》川大膳《がわだいぜん》を一騎討《いっきう》ちでたおした。

主《おも》な戦《たたか》い

月山富田城《がっさんとだじょう》の戦《たたか》い、原手合戦《はらてがっせん》、布部《ふべ》山《やま》の戦《たたか》い、上月城《こうづきじょう》の戦《たたか》い

島《しま》津《づ》義《よし》弘《ひろ》

天下無双《てんかむそう》の豪勇《ごうゆう》でならした薩摩隼人《さつまはやと》

イラスト●平林知子

所属《しょぞく》	島津家《しまづけ》、豊臣家《とよとみけ》
出身地《しゅっしんち》	薩摩国《さつまのくに》（鹿児島県《かごしまけん》）
生没年月日《せいぼつねんがっぴ》	1535年《ねん》7月《がつ》23日《にち》～1619年《ねん》7月《がつ》21日《にち》

家紋《かもん》

かがやかしいばかりの武勲《ぶくん》

薩摩《さつま》を大国《たいこく》にした猛将《もうしょう》だが秀吉《ひでよし》の九州征伐《きゅうしゅうせいばつ》で降伏《こうふく》。朝鮮《ちょうせん》出兵《しゅっぺい》では７０００の兵《へい》で20万《まん》の敵軍《てきぐん》をやぶる前代未聞《ぜんだいみもん》の勝利《しょうり》を上《あ》げた。関ケ原《せきがはら》の戦《たたか》いでは西軍《せいぐん》で参戦《さんせん》。敗戦《はいせん》のなか敵中《てきちゅう》にとりのこされるが、決死《けっし》の中央突破《ちゅうおうとっぱ》をはかり脱出《だっしゅつ》に成功《せいこう》。この退却戦《たいきゃくせん》は「島津《しまづ》の退《の》き口《ぐち》」とたたえられた。

能力《のうりょく》パラメータ

武《ぶ》力《りょく》考《こう》察《さつ》

通称《つうしょう》「鬼島津《おにしまづ》」。慶長《けいちょう》の役《えき》では島津家《しまづけ》が考案《こうあん》した「釣《つ》り野伏《のぶせ》」戦法《せんぽう》で敵《てき》の大軍《たいぐん》を撃破《げきは》。国内外《こくないがい》に勇名《ゆうめい》をとどろかせた。

主《おも》な戦《たたか》い

文禄《ぶんろく》・慶長《けいちょう》の役《えき》、関ヶ原《せきがはら》の戦《たたか》い、木崎原《きざきばる》の戦《たたか》い

島《しま》津《づ》豊《とよ》久《ひさ》

最期《さいご》まで養父《ようふ》を守《まも》った忠節《ちゅうせつ》の士《し》

イラスト●ホマ蔵

義弘《よしひろ》の身《み》がわりで戦死《せんし》

英傑《えいけつ》ぞろいの島津四兄弟《しまづよんきょうだい》の末《すえ》っ子《こ》で天才軍略家《てんさいぐんりゃくか》・島津家《しまづいえ》久《ひさ》の子《こ》。家久《いえひさ》が急死《きゅうし》したのちは島津義弘《しまづよしひろ》に育《そだ》てられた。

関ヶ原《せきがはら》の戦《たたか》いに義弘《よしひろ》と参戦《さんせん》。西軍《せいぐん》の敗戦《はいせん》で切腹《せっぷく》を決意《けつい》した義弘《よしひろ》を説得《せっとく》し、「島津《しまづ》の退《の》き口《ぐち》」とよばれる中央突破《ちゅうおうとっぱ》を敢行《かんこう》。しんがりをつとめ、義弘《よしひろ》の身《み》がわりで戦死《せんし》する。

所属《しょぞく》	島津家《しまづけ》
出身地《しゅっしんち》	薩摩国《さつまのくに》（鹿児島県《かごしまけん》）
生没年月日《せいぼつねんがっぴ》	1570年《ねん》6月《がつ》～1600年《ねん》10月《がつ》21日《にち》
家紋《かもん》	

能力《のうりょく》パラメータ

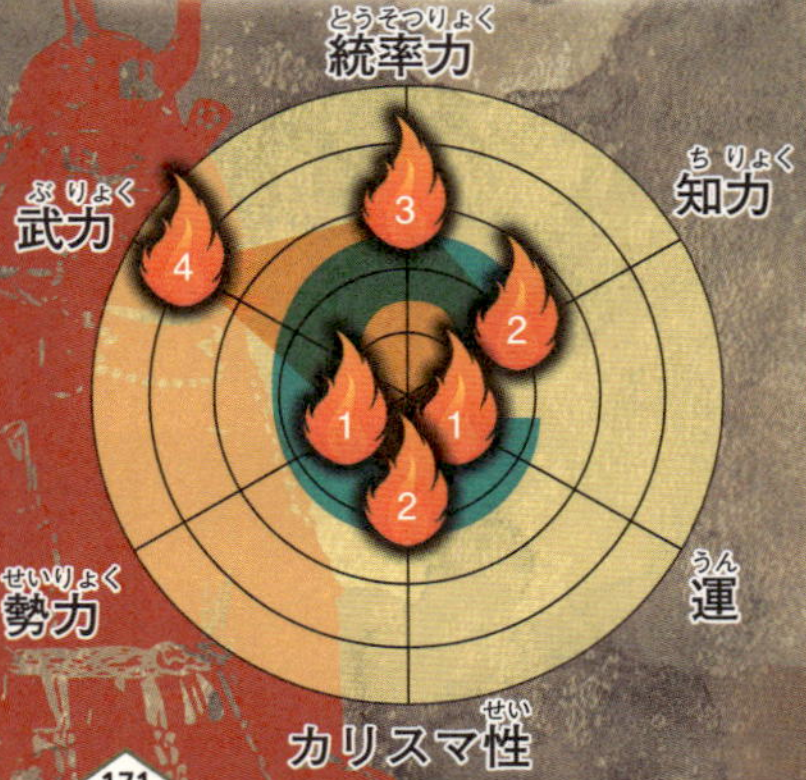

武《ぶ》 力《りょく》 考《こう》 察《さつ》

父《ちち》の武勇《ぶゆう》をうけ継《つ》いだ勇将《ゆうしょう》。義弘《よしひろ》を逃《に》がすため、戦場《せんじょう》に最後《さいご》までふみとどまり、決死《けっし》の覚悟《かくご》で敵《てき》をたおしつづけた。

主《おも》な戦《たたか》い

文禄《ぶんろく》・慶長《けいちょう》の役《えき》、関ヶ原《せきがはら》の戦《たたか》い、庄内《しょうない》の乱《らん》

立《たち》花《ばな》宗《むね》茂《しげ》

ふたりの名将《めいしょう》を父《ちち》にもつサラブレッド

イラスト●坪井《つぼい》亮平《りょうへい》

西国一《さいごくいち》の忠義《ちゅうぎ》と豪勇《ごうゆう》

父《ちち》は大友家《おおともけ》の名将《めいしょう》・高橋紹《たかはしじょう》運《うん》。養父《ようふ》は「雷神《らいじん》」とおそれられた立花道雪《たちばなどうせつ》。ふたりの名《めい》将《しょう》の教《おし》えをうけ継《つ》ぐ宗茂《むねしげ》は、秀吉《ひでよし》から「西国一《さいごくいち》の忠義《ちゅうぎ》と豪《ごう》勇《ゆう》」とたたえられた。

大友家《おおともけ》につかえ、強敵《きょうてき》の島《しま》津軍《づぐん》をあざやかに撃退《げきたい》するなど、輝《かがや》かしい武功《ぶこう》がみとめられ、のちに大名《だいみょう》になった。

所《しょ》属《ぞく》	大友家《おおともけ》、豊臣家《とよとみけ》、徳川家《とくがわけ》	家《か》紋《もん》	
出身地《しゅっしんち》	豊後国《ぶんごのくに》（大分県《おおいたけん》）		
生没年月日《せいぼつねんがっぴ》	1567年《ねん》9月《がつ》20日《はつか》〜1643年《ねん》1月《がつ》15日《にち》		

能力《のうりょく》パラメータ

武《ぶ》力《りょく》考《こう》察《さつ》

剣術《けんじゅつ》はタイ捨流《しゃりゅう》の免許皆伝《めんきょかいでん》。弓《ゆみ》も日置流《へきりゅう》の免許皆伝《めんきょかいでん》の腕前《うでまえ》。老齢《ろうれい》でも武勇《ぶゆう》はおとろえず、島原《しまばら》の乱《らん》での活躍《かつやく》は「武神《ぶしん》の再来《さいらい》」と称《しょう》された。

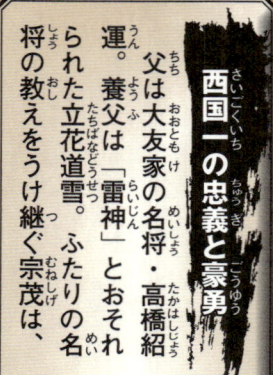

主《おも》な戦《たたか》い

岩屋城《いわやじょう》の戦《たたか》い、文禄《ぶんろく》・慶長《けいちょう》の役《えき》、関《せき》ヶ原《がはら》の戦《たたか》い、島原《しまばら》の乱《らん》

大《おお》友《とも》宗《そう》麟《りん》

九州《きゅうしゅう》の半分《はんぶん》を掌握《しょうあく》したキリシタン大名《だいみょう》

イラスト●小野たかし

貿易《ぼうえき》を振興《しんこう》させた外交家《がいこうか》

大友家《おおともけ》の最盛期《さいせいき》をつくった戦国大名《せんごくだいみょう》で、キリシタン大名《だいみょう》としても有名《ゆうめい》である。国内《こくない》を南蛮貿易《なんばんぼうえき》で発展《はってん》させ、軍事《ぐんじ》では九州侵攻《きゅうしゅうしんこう》をもくろむ毛利氏《もうりし》、南《みなみ》の島津氏《しまづし》とわたりあい、北九州《きたきゅうしゅう》に一大勢力《いちだいせいりょく》をきずいた。しかし、島津軍《しまづぐん》に大敗《たいはい》したことをきっかけに、大友氏《おおともし》は衰退《すいたい》していった。

所《しょ》属《ぞく》	足利家《あしかがけ》、豊臣家《とよとみけ》	家《か》紋《もん》	
出身地《しゅっしんち》	豊後国《ぶんごのくに》（大分県《おおいたけん》）		
生没年月日《せいぼつねんがっぴ》	1530年《ねん》1月《がつ》31日《にち》～1587年《ねん》6月《がつ》11日《にち》		

能力《のうりょく》パラメータ

武《ぶ》 力《りょく》 考《こう》 察《さつ》

日本《にほん》ではじめて大砲《たいほう》を輸入《ゆにゅう》した宗麟《そうりん》は、領内《りょうない》でも大砲《たいほう》をつくらせ、戦《いくさ》で使《つか》ったとされる。しかし使《つか》いこなすまでにはいたらなかった。

主《おも》な戦《たたか》い

今山《いまやま》の戦《たたか》い、耳川《みみかわ》の戦《たたか》い、戸次川《へつぎがわ》の戦《たたか》い

武将《ぶしょう》・個人編《こじんへん》

駿馬《しゅんめ》の軽《かろ》みは柔《じゅう》よく剛《ごう》を制《せい》するか!?

サムライ空想《くうそう》バトル!!

豊臣秀吉《とよとみひでよし》にその武勇《ぶゆう》を絶賛《ぜっさん》された天性《てんせい》の武将《ぶしょう》・立花宗茂《たちばなむねしげ》。対《たい》するは愛馬松風《あいばまつかぜ》に乗《の》ってさっそうと戦場《せんじょう》をかけめぐった戦《いくさ》のプロフェッショナル・前田慶次《まえだけいじ》。戦国最高《せんごくさいこう》の一戦《いっせん》を制《せい》するのはどちらか?

西国一《さいごくいち》の勇将《ゆうしょう》と天下御免《てんかごめん》のかぶき者《もの》が激突《げきとつ》!

参考《さんこう》データ

特徴《とくちょう》	官位《かんい》	戦法《せんぽう》	使用武器《しようぶき》
かぶき者《しゃ》、豪放磊落《ごうほうらいらく》	―	正面突破《しょうめんとっぱ》	朱槍《しゅやり》

心《メンタル》	技《スキル》	体《フィジカル》
80%	80%	70%

参考《さんこう》データ

特徴《とくちょう》	官位《かんい》	戦法《せんぽう》	使用武器《しようぶき》
清廉《せいれん》、すぐれた策略《さくりゃく》	飛騨守《ひだのかみ》	変幻自在《へんげんじざい》	雷切《らいきり》

心《メンタル》	技《スキル》	体《フィジカル》
90%	80%	90%

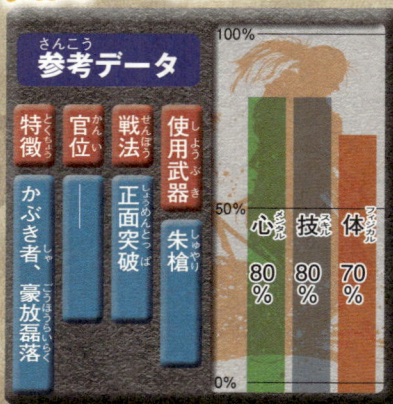

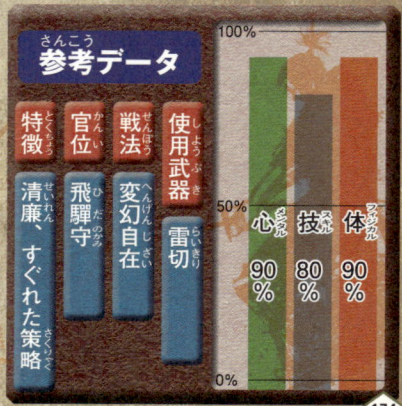

技量《ぎりょう》はまったくの互角《ごかく》

巨大《きょだい》な愛馬《あいば》松風《まつかぜ》に乗《の》ってあらわれた前田《まえだ》慶次《けいじ》。その手《て》ににぎられているのは長《なが》さ5メートルの朱槍《しゅやり》だ。かたやあでやかな甲冑《かっちゅう》に身《み》をつつみ、馬《うま》に乗《の》ってあらわれた立花《たちばな》宗《むね》茂《しげ》。腰《こし》におびているのは立花《たちばな》家《け》につたわる名刀《めいとう》の「雷切《らいきり》」。その名《な》のとおり、雷《かみなり》を斬《き》ったという自慢《じまん》の大太刀《おおだち》だ。

大《おお》きなかけ声《ごえ》を上《あ》げ、槍《やり》をふりまわして真《ま》っ正面《しょうめん》からつっこむ慶次《けいじ》。どんな強敵《きょうてき》が相手《あいて》でも奇策《きさく》をもちいず、正《しょう》面《めん》から戦《たたか》うのがかぶき者《もの》の流《りゅう》儀《ぎ》である。いっぽうの宗茂《むねしげ》は馬《うま》をとめたまま刀《かたな》もぬかず、慶次《けいじ》をまちかまえている。

慶次《けいじ》はそんな宗茂《むねしげ》を見《み》ても気《き》にせず真上《まうえ》から朱槍《しゅやり》をふりおろした。しかし、朱槍《しゅやり》が宗《むね》茂《しげ》をとらえたと思《おも》った瞬間《しゅんかん》、宗茂《むねしげ》の雷切《らいきり》が一閃《いっせん》！　朱槍《しゅやり》をはじき飛《と》ばしたかと思《おも》うと、宗茂《むねしげ》は慶次《けいじ》の懐《ふところ》に飛《と》びこみ、タイ捨流《しゃりゅう》の極意《ごくい》である袈裟《けさ》斬《ぎ》りを慶次《けいじ》におみまいした。しかし、慶次《けいじ》もさすが剛《ごう》の者《もの》。太刀《たち》すじをぎりぎりで見《み》きってこれをよける。

腕《うで》はまったくの互角《ごかく》。槍《やり》と大太刀《おおだち》の火花《ひばな》ちるやりとりがえんえんとつづいたが、最後《さいご》は宗茂《むねしげ》の馬《うま》がつかれ、宗茂《むねしげ》は再戦《さいせん》の約束《やくそく》をしていさぎよくその場《ば》をはなれた。

WINNER

慶次《けいじ》

勝利《しょうり》の決《き》め手《て》

慶次《けいじ》の朱槍《しゅやり》も、タイ捨流《しゃりゅう》の免許《めんきょ》皆伝《かいでん》にして武芸《ぶげい》の天才《てんさい》、宗茂《むねしげ》をとらえることはできない。技量《ぎりょう》や武器《ぶき》は互角《ごかく》だったが、慶次《けいじ》が乗《の》るのは天下《てんか》の名馬《めいば》・松風《まつかぜ》。宗《むね》茂《しげ》の馬《うま》は長丁場《ながちょうば》の戦《たたか》いにたえられなかった。

必《ひっ》殺《さつ》技《わざ》　朱槍《しゅやり》の連続《れんぞく》突《つ》き

つわものどもが夢《ゆめ》のあと

日《に》本《ほん》の古《こ》戦《せん》場《じょう》5選《せん》

古戦場跡《こせんじょうあと》は、公園《こうえん》になっていたりするところもある。現在《げんざい》の古戦場《こせんじょう》の姿《すがた》を見《み》てみよう。

写真提供《しゃしんていきょう》●（公財《こうざい》）大阪観光局《おおさかかんこうきょく》

大坂《おおさか》の陣《じん》古《こ》戦場跡《せんじょうあと》

有名《ゆうめい》な大坂《おおさか》の陣跡《じんあと》。天守《てんしゅ》が現代《げんだい》に再建《さいけん》されている。右《みぎ》は茶臼山《ちゃうすやま》の碑《ひ》だ。

写真提供《しゃしんていきょう》●宮島観光協会《みやじまかんこうきょうかい》

厳島《いつくしま》合戦《かっせん》古《こ》戦場跡《せんじょうあと》

毛利元就《もうりもとなり》と陶晴賢《すえはるかた》がおこなった厳《いつく》島合戦《しまかっせん》の跡地《あとち》。宮尾城趾《みやおじょうし》があるが、まわりは住宅街《じゅうたくがい》となっている。

写真提供《しゃしんていきょう》●桶狭間古戦場保存会《おけはざまこせんじょうほぞんかい》

桶狭間《おけはざま》古《こ》戦場跡《せんじょうあと》

織田軍《おだぐん》と今川軍《いまがわぐん》が戦《たたか》った跡地《あとち》には数々《かずかず》の史跡《しせき》があり、今《いま》では行楽地《こうらくち》となっている。

写真提供《しゃしんていきょう》●長浜観光協会《なかはまかんこうきょうかい》

姉川《あねがわ》古《こ》戦場跡《せんじょうあと》

今《いま》でも美《うつく》しいせせらぎが流《なが》れる姉川《あねがわ》。上《うえ》は、姉川《あねがわ》で戦死《せんし》した兵《へい》をとむらう碑《ひ》。

長久手《ながくて》古《こ》戦場跡《せんじょうあと》

長久手古戦場跡《ながくてこせんじょうあと》は公園《こうえん》になっている。史跡《しせき》があたりにちらばっていて、見所《みどころ》も多《おお》い。

写真提供《しゃしんていきょう》●長久手市役所生涯学習課

その弐《に》

戦国武将《せんごくぶしょう》なんでもBEST5

最弱武将《さいじゃくぶしょう》

1位《い》	小田氏治《おだうじはる》	天才的《てんさいてき》な戦下手《いくさべた》。無鉄砲《むてっぽう》ですぐ返《かえ》り討《う》ちにあい、城《しろ》は3回《かい》も落《お》とされた。
2位《い》	小早川秀秋《こばやかわひであき》	関ヶ原《せきがはら》で家康《いえやす》に内通《ないつう》していたが、なかなか寝返《ねがえ》りができなかった優柔不断者《ゆうじゅうふだんもの》。
3位《い》	大友義統《おおともよしむね》	大友宗麟《おおともそうりん》のあと継《つ》ぎ。「状況判断《じょうきょうはんだん》に欠《か》け、弱々《よわよわ》しくおくびょう」といわれた。
4位《い》	大野治長《おおのはるなが》	大坂《おおさか》の陣《じん》で真田幸村《さなだゆきむら》の進言《しんげん》をヘンな理《り》屈《くつ》をつけてとり上《あ》げなかった戦争音痴《せんそうおんち》。
5位《い》	上杉憲政《うえすぎのりまさ》	北条《ほうじょう》に大軍《たいぐん》でボロ負《ま》けして城《しろ》をうばわれる。北条《ほうじょう》に生涯《しょうがい》1度《ど》も勝《か》てなかった。

大酒《おおざけ》のみの武将《ぶしょう》

1位《い》	上杉謙信《うえすぎけんしん》	みそやうめぼしをつまみに酒《さけ》ばかりのんでいたため、脳溢血《のういっけつ》で亡《な》くなった。
2位《い》	母里太兵衛《もりたへえ》	黒田家《くろだけ》の家臣《かしん》。直径《ちょっけい》30センチの大杯《たいはい》についだ酒《さけ》を3杯一気《ばいいっき》のみする酒豪《しゅごう》。
3位《い》	長宗我部元親《ちょうそかべもとちか》	酒好《さけず》きで、領内《りょうない》に禁酒令《きんしゅれい》を出《だ》したにもかかわらず、かくれて酒《さけ》をのんでいた。
4位《い》	加藤清正《かとうきよまさ》	大酒《おおざけ》のみで、いくらのんでも行儀《ぎょうぎ》がよく、けっしてみだれることはなかった。
5位《い》	福島正則《ふくしままさのり》	朝《あさ》から酒《さけ》を手《て》ばなさなかった酒豪《しゅごう》だが、母里太兵衛《もりたへえ》にのみくらべで負《ま》けた。

最弱武将《さいじゃくぶしょう》のダントツ1位《い》は、大《おお》きな戦《いくさ》で生涯《しょうがい》0勝《しょう》だった常陸《ひたち》の小田氏治《おだうじはる》。大酒《おおざけ》のみ武将《ぶしょう》では上杉謙信《うえすぎけんしん》が1位《い》。酒《さけ》をこよなく愛《あい》し、酒《さけ》のせいで亡《な》くなったという本物《ほんもの》の酒豪《しゅごう》である。

第《だい》6章《しょう》

戦《せん》国《ごく》〜江《え》戸《ど》時《じ》代《だい》前《ぜん》期《き》の剣《けん》豪《ごう》

最《さい》強《きょう》の剣《けん》聖《せい》

塚《つか》原《はら》卜《ぼく》伝《でん》

一撃必殺《いちげきひっさつ》の究極剣《きゅうきょくけん》!
神《かみ》に近《ちか》づいた剣聖《けんせい》

所《しょ》 属《ぞく》	卜部家《うらべけ》	出身地《しゅっしんち》	常陸国《ひたちのくに》（茨城県《いばらきけん》）
生没年月日《せいぼつねんがっぴ》	1489年《ねん》〜1571年《ねん》3月6日《がつむいか》		

イラスト●おつけもの

武者《む しゃ》修行《しゅぎょう》で京《きょう》へ

真剣勝負《しんけんしょうぶ》で一度《いちど》も傷《きず》を負《お》わなかったことから「剣聖《けんせい》」とたたえられる剣豪《けんごう》。

鹿島神宮《かしまじんぐう》の神官《しんかん》の家《いえ》に生《う》まれ、鹿島古流《かしまこりゅう》の名手《めいしゅ》である父《ちち》から剣術《けんじゅつ》をまなび、塚原家《つかはらけ》に養子《ようし》に出《だ》されたのちは、養父《ようふ》から天真正伝香取神道流《てんしんしょうでんかとりしんとうりゅう》をまなんだ。ふたりの達人《たつじん》から剣《けん》の教《おし》えをうけ、10代半《だいなか》ばですでに一流《いちりゅう》の剣士《けんし》になっていた卜伝《ぼくでん》は、鹿島《かしま》を飛《と》びだし武者《むしゃ》修行《しゅぎょう》の旅《たび》に出《で》る。そして香取《かとり》神道流《しんとうりゅう》の名《な》を売《う》ろうと京《きょう》へと向《む》かい、さまざまな流派《りゅうは》の強《きょう》敵《てき》と戦《たたか》い、そのすべてで勝利《しょうり》をおさめたのである。

奥義《おうぎ》「一《ひと》つの太刀《たち》」

しかし、ときは戦乱《せんらん》の時代《じだい》。京《きょう》で多《おお》くの人《ひと》の死《し》に接《せっ》し、この世《よ》のむなしさに心《こころ》をいためた卜伝《ぼくでん》は、故郷《こきょう》の鹿島《かしま》にもどった。そして京《きょう》で染《し》みついたけがれを落《お》とそうと、鹿島《かしま》神宮《じんぐう》での千日修行《せんにちしゅぎょう》をおこなった。ここで卜伝《ぼくでん》は「一《ひと》つの太《た》刀《ち》」とよばれる一撃必殺《いちげきひっさつ》の剣《けん》の奥義《おうぎ》をつかんだのである。

その後《ご》、2度《ど》の武者修行《むしゃしゅぎょう》で真剣勝負《しんけんしょうぶ》をかさねると同時《どうじ》に、足利義輝《あしかがよしてる》、北畠具教《きたばたけとものり》、細《ほそ》川藤孝《かわふじたか》といった剣《けん》の達人《たつじん》たちに剣術《けんじゅつ》を指南《しなん》した。そしてふたたび鹿島《かしま》にもどった卜伝《ぼくでん》は、鹿島新当流《かしましんとうりゅう》をひらいた。

能力《のうりょく》パラメータ

武《ぶ》 力《りょく》 考《こう》 察《さつ》

真剣勝負《しんけんしょうぶ》19回《かい》、戦場《せんじょう》37回《かい》。矢傷《やきず》以外《いがい》の傷《きず》をひとつも負《お》ったことがなかった。奥義《おうぎ》「一《ひと》つの太刀《たち》」で、敵《てき》を一撃《いちげき》でしとめた。

主《おも》な戦《たたか》い

清水寺《きよみずでら》の立《た》ちあい、河越城下《かわごえじょうか》での立《た》ちあい

一刀斎《いっとうさい》の師《し》

鐘捲自斎《かねまきじざい》

剣《けん》の腕《うで》は一流《いちりゅう》だが
指導《しどう》の腕《うで》は超一流《ちょういちりゅう》！

所属《しょぞく》	鐘捲流道場《かねまきりゅうどうじょう》	出身地《しゅっしんち》	遠江国《とおとうみのくに》（静岡県《しずおかけん》）
生没年月日《せいぼつねんがっぴ》	不明《ふめい》		

イラスト●小野《おの》たかし

門弟《もんてい》は有名《ゆうめい》な剣豪《けんごう》

鐘捲流剣術《かねまきりゅうけんじゅつ》の開祖《かいそ》で、のちの一刀流《いっとうりゅう》に大《おお》きな影響《えいきょう》をのこした戦国時代《せんごくじだい》の剣豪《けんごう》。

越前《えちぜん》（福井県《ふくいけん》）で朝倉氏《あさくらし》の剣術指南役《けんじゅつしなんやく》をつとめていた自《じ》斎《ざい》は、小太刀《こだち》の術《じゅつ》で有名《ゆうめい》な富《と》田流《だりゅう》の門下《もんか》に入《はい》って頭角《とうかく》をあらわし、山崎左近将監《やまさきさこんしょうげん》、長谷《はせ》川宗喜《がわむねのぶ》とともに富田《とだ》の三剣《さんけん》とよばれた。さらに富田流《とだりゅう》の本《ほん》流《りゅう》にあたる中条流剣術《ちゅうじょうりゅうけんじゅつ》も身《み》につけ、みずからの流派《りゅうは》である鐘捲流《かねまきりゅう》をひらいた。

その後《ご》、江戸《えど》で道場《どうじょう》をひらいて、多《おお》くの門弟《もんてい》を育《そだ》てたが、なかでも有名《ゆうめい》な弟子《でし》が伊東一《いとういっ》刀斎《とうさい》と佐々木小次郎《ささきこじろう》である。

教《おし》え上手《じょうず》だった剣豪《けんごう》

自斎《じざい》は剣《けん》の達人《たつじん》だったが、指導者《しどうしゃ》としての腕《うで》は超一流《ちょういちりゅう》で、伊東一刀斎《いとういっとうさい》を短期間《たんきかん》で最《さい》強《きょう》の剣士《けんし》に育《そだ》てあげた。自斎《じざい》は自分《じぶん》の実力《じつりょく》をこえた一刀斎《いっとうさい》に鐘捲流奥義《かねまきりゅうおうぎ》「高上極意《こうじょうごくい》五《ご》点《てん》」をつたえたという。この奥義《おうぎ》は富田流《とだりゅう》の小太刀術《こだちじゅつ》を工《く》夫《ふう》してあみ出したもので、相《あい》手《て》の刀《かたな》を脇差《わきざし》を利用《りよう》して斬《き》り落《お》とし、そのまま間合《まあ》いをつめて勝《か》つという技《わざ》である。

その後《ご》、鐘捲流《かねまきりゅう》は江戸時代《えどじだい》をとおして、自斎《じざい》の教《おし》えを少《すこ》しも変《か》えることなく生《い》きつづけ、少数《しょうすう》の弟子《でし》によって極秘《ごくひ》につたえられていった。

能力《のうりょく》パラメータ

武《ぶ》力《りょく》考《こう》察《さつ》

富田流《とだりゅう》と中条流《ちゅうじょうりゅう》をきわめた剣豪《けんごう》。名門《めいもん》・朝倉家《あさくらけ》の剣術指南役《けんじゅつしなんやく》になったほどの実力《じつりょく》だが、門下生《もんかせい》の伊東《いとう》一刀斎《いっとうさい》には歯《は》が立《た》たなかった。

主《おも》な戦《たたか》い

伊東一刀斎《いとういっとうさい》との立《た》ちあい

上《かみ》泉《いずみ》信《のぶ》綱《つな》

新陰流《しんかげりゅう》をひらいた戦国《せんごく》最強《さいきょう》の剣豪《けんごう》

イラスト●ホマ蔵

若《わか》くして剣《けん》をきわめる

北条《ほうじょう》や武田《たけだ》との戦《いくさ》で活躍《かつやく》した武将《ぶしょう》だが、剣豪《けんごう》として有《ゆう》名《めい》。10代《だい》で念流《ねんりゅう》と香取神道流《かとりしんとうりゅう》を習得《しゅうとく》し、22歳《さい》で陰流《かげりゅう》の奥義《おうぎ》を伝授《でんじゅ》された。この陰流《かげりゅう》をもとにあみ出《だ》したのが新陰流《しんかげりゅう》である。信綱《のぶつな》は武田信玄《たけだしんげん》に臣下《しんか》になるようスカウトをうけたが、その申《もう》し出《で》をことわり、新陰流《しんかげりゅう》をひろめる旅《たび》に出《で》た。

所属《しょぞく》	長野家《ながのけ》、上泉家《かみいずみけ》
出身地《しゅっしんち》	上野国《こうづけのくに》（群馬県《ぐんまけん》）
生没年月日《せいぼつねんがっぴ》	1508年《ねん》（?）～1577年《ねん》2月3日《がつみっか》（?）

家紋《かもん》

能力《のうりょく》パラメータ

武《ぶ》力《りょく》考《こう》察《さつ》

剣術《けんじゅつ》のほかにも居合《いあい》、手裏剣《しゅりけん》、なぎなた、槍《やり》の名手《めいしゅ》。塚原卜伝《つかはらぼくでん》と互《ご》角以上《かくいじょう》の戦《たたか》いをし、宝蔵院胤栄《ほうぞういんいんえい》や柳生石舟斎《やぎゅうせきしゅうさい》を子《こ》どもあつかいした。

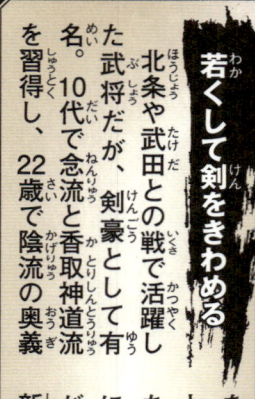

主《おも》な戦《たたか》い

塚原卜伝《つかはらぼくでん》との立《た》ちあい、宝蔵院胤《ほうぞういんいん》栄《えい》・柳生石舟斎《やぎゅうせきしゅうさい》との立《た》ちあい

伊《い》東《とう》一《いっ》刀《とう》斎《さい》

剣《けん》の奥義《おうぎ》を簡単《かんたん》にさとった天才《てんさい》

イラスト●ナチコ

剣《けん》と心《こころ》はつながっている

一刀流《いっとうりゅう》の始祖《しそ》となった剣《けん》豪《ごう》。14歳《さい》で富田流《とだりゅう》の武芸者《ぶげいしゃ》と決闘《けっとう》して勝《か》ち、若《わか》くして剣《けん》の素質《そしつ》を見《み》せつけた一刀斎《いっとうさい》は、江戸《えど》に出《で》て鐘捲自斎《かねまきじざい》の弟子《でし》となる。そこで「剣《けん》と心《こころ》はひとつにつながっている」という剣《けん》の奥義《おうぎ》をさとった一刀斎《いっとうさい》は、師匠《ししょう》を圧倒《あっとう》するほどの実力《じつりょく》をつけ、武者修行《むしゃしゅぎょう》の旅《たび》に出《で》た。

所属《しょぞく》	浪人《ろうにん》
出身地《しゅっしんち》	伊豆国《いずのくに》（静岡県《しずおかけん》）
生没年月日《せいぼつねんがっぴ》	不詳《ふしょう》

能力《のうりょく》パラメータ

武《ぶ》 力《りょく》 考《こう》 察《さつ》

真剣勝負《しんけんしょうぶ》すること33回《かい》で無敗《むはい》。中国《ちゅうごく》の刀《かたな》の名人《めいじん》10人《にん》を相手《あいて》に扇子《せんす》1本《ぽん》で勝《か》ったこともある。自慢《じまん》の愛刀《あいとう》は「瓶割《びんわり》」。

主《おも》な戦《たたか》い

中国《ちゅうごく》の刀術家《とうじゅつか》10人《にん》との立《た》ちあい、鐘捲自斎《かねまきじざい》との立《た》ちあい

柳生《やぎゅう》新《しん》陰《かげ》流《りゅう》の祖《そ》

柳生《やぎゅう》石《せき》舟《しゅう》斎《さい》(宗《むね》厳《よし》)

家《いえ》康《やす》につかえた
新《しん》陰《かげ》流《りゅう》の正《せい》統《とう》後《こう》継《けい》者《しゃ》

所属《しょぞく》	筒井家《つついけ》、松永家《まつながけ》、徳川家《とくがわけ》	出身地《しゅっしんち》	大和国《やまとのくに》(奈良県《ならけん》)
生没年月日《せいぼつねんがっぴ》	1527年《ねん》～1606年《ねん》5月《がつ》25日《にち》	家紋《かもん》	

イラスト●平林知子《ひらばやしともこ》

うちくだかれた自信《じしん》

江戸柳生家《えどやぎゅうけ》の初代当主《しょだいとうしゅ》。若《わか》いころは富田流《とだりゅう》の富田一刀斎《とだいっとうさい》、新当流《しんとうりゅう》の神取新十郎《かとりしんじゅうろう》に剣術《けんじゅつ》をまなび、剣術家《けんじゅつか》として近畿《きんき》でその名《な》が知《し》れわたった。

しかし、その評判《ひょうばん》を聞《き》きつけてやってきた上泉信綱《かみいずみのぶつな》にあっけなくやぶれ、その弟子《でし》にも歯《は》が立《た》たなかったことで、自分《じぶん》の剣《けん》の未熟《みじゅく》さを思《おも》い知《し》ることになる。さっそく信綱《のぶつな》に弟子入《でしい》りを申《もう》しこんだ宗厳《むねよし》は入門《にゅうもん》をゆるされ、信綱《のぶつな》から新《しん》陰流《かげりゅう》の指導《しどう》をうけた。さらにその素質《そしつ》を見《み》こまれ、新陰流《しんかげりゅう》の秘伝技《ひでんわざ》「無刀《むとう》どり」の完成《かんせい》をたくされたのである。

新陰流《しんかげりゅう》は守《まも》りの剣《けん》

およそ2年《ねん》の修行《しゅぎょう》ののち、宗厳《むねよし》はついに「無刀《むとう》どり」を完成《かんせい》させた。その技《わざ》を見《み》た信《のぶ》綱《つな》は「世《よ》のなかに剣術家《けんじゅつか》は大《おお》勢《ぜい》いるが、あなは剣術家《けんじゅつか》の中《なか》の剣術家《けんじゅつか》だ」と、宗厳《むねよし》を新陰《しんかげ》流《りゅう》の後継者《こうけいしゃ》とみとめた。こうして柳生家《やぎゅうけ》につたわった新陰《しんかげ》流《りゅう》は独自《どくじ》の進化《しんか》をとげ、「柳生《やぎゅう》新陰流《しんかげりゅう》」となる。

新陰流《しんかげりゅう》は「殺人剣《さつじんけん》」ではなく「活人剣《かつにんけん》」で、守《まも》りを剣術《けんじゅつ》の基本《きほん》としていた。相手《あいて》の動《うご》きによって自在《じざい》に変化《へんか》する新《しん》陰流《かげりゅう》の奥義《おうぎ》にふれた徳川家康《とくがわいえやす》はたいへん感激《かんげき》し、柳生家《やぎゅうけ》に剣術指南役《けんじゅつしなんやく》をたのんだという。

能力《のうりょく》パラメータ

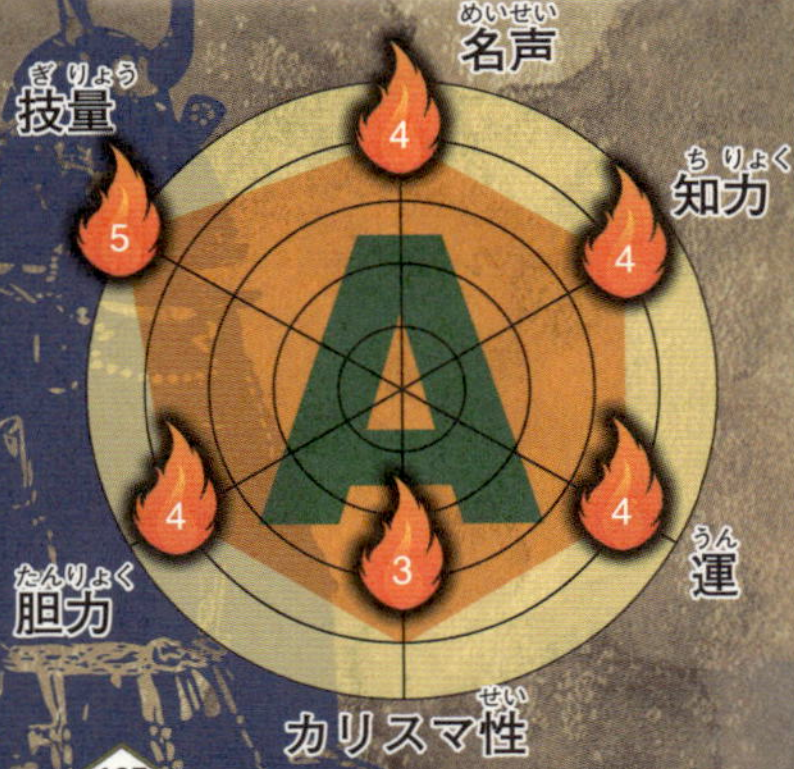

武《ぶ》力《りょく》考《こう》察《さつ》

もともと富田流《とだりゅう》と新当流《しんとうりゅう》をきわめた実力者《じつりょくしゃ》だったが、上泉信綱《かみいずみのぶつな》に出《で》あって、新陰流《しんかげりゅう》の奥義《おうぎ》を伝授《でんじゅ》され、本当《ほんとう》の達人《たつじん》となった。

主《おも》な戦《たたか》い

上泉信綱《かみいずみのぶつな》との立《た》ちあい、疋田豊五郎《ひきたぶんごろう》との立《た》ちあい

柳生《やぎゅう》宗《むね》矩《のり》

活人剣《かつにんけん》をひろめた剣聖《けんせい》

イラスト●木志田《きのした》コテツ

剣《けん》は自分《じぶん》をみがくもの

柳生新陰流《やぎゅうしんかげりゅう》の2代目《だいめ》。江戸《えど》時代初期《じだいしょき》を代表《だいひょう》する剣《けん》の達人《たつじん》で、将軍家剣術指南役《しょうぐんけけんじゅつしなんやく》。関ケ《せきが》原《はら》の戦《たたか》いで活躍《かつやく》し、父《ちち》・石舟斎《せきしゅうさい》がうしなった大和国柳生庄《やまとのくにやぎゅうしょう》をとりもどした。「剣《けん》は人《ひと》を斬《き》るものではなく悪《あく》を斬《き》るもの」「剣《けん》とは自分《じぶん》をみがくためのもの」というかんがえ方《かた》をひろめ、「剣聖《けんせい》」といわれた。

所属《しょぞく》	大和柳生藩《やまとやぎゅうはん》	家紋《かもん》	
出身地《しゅっしんち》	大和国《やまとのくに》（奈良県《ならけん》）		
生没年月日《せいぼつねんがっぴ》	1571年《ねん》～1646年《ねん》5月《がつ》11日《にち》		

能力《のうりょく》パラメータ

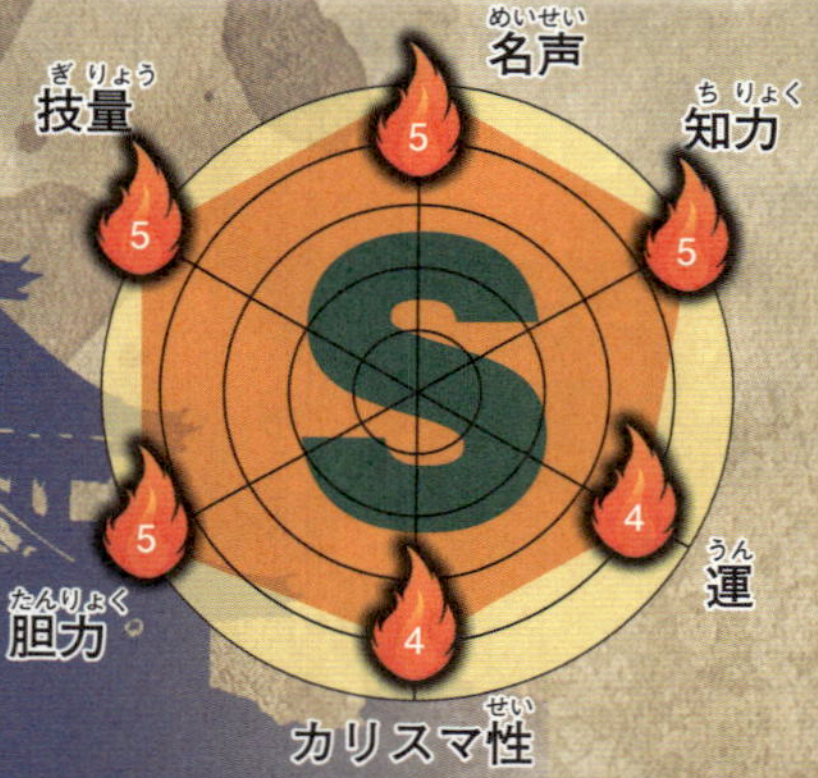

武《ぶ》力《りょく》考《こう》察《さつ》

大坂夏《おおさかなつ》の陣《じん》で、豊臣《とよとみ》の武将《ぶしょう》7人《にん》を自慢《じまん》の愛刀《あいとう》でまたたく間《ま》に斬《き》りたおした。宮本武蔵《みやもとむさし》に負《ま》けた話《はなし》もつたわっているが、おそらく創作《そうさく》。

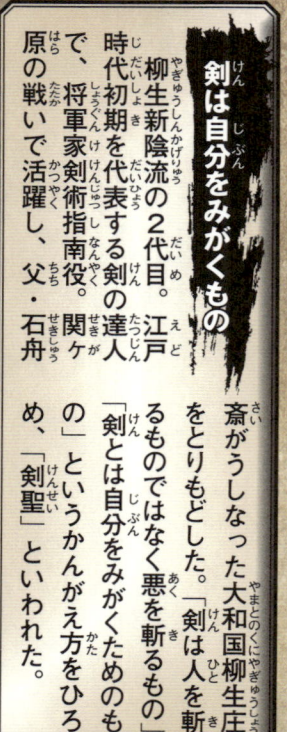

主《おも》な戦《たたか》い

会津討伐戦《あいづとうばつせん》（関ヶ原《せきがはら》の戦《たたか》いの前哨戦《ぜんしょうせん》）、大坂冬《おおさかふゆ》の陣《じん》・夏《なつ》の陣《じん》

柳生《やぎゅう》十《じゅう》兵《べ》衛《え》

イラスト●菊屋《きくや》シロウ

将軍家《しょうぐんけ》の剣術指南役《けんじゅつしなんやく》

わずか13歳《さい》で徳川家光《とくがわいえみつ》の剣《けん》術指南役《じゅつしなんやく》をつとめた剣豪《けんごう》で、つぶれた片目《かため》を刀《かたな》のつばで隠《かく》した隻眼《せきがん》の剣士《けんし》として知《し》られている。20歳《さい》のとき、将軍《しょうぐん》を怒《おこ》らせたせいで出仕《しゅっし》できなくなったが、ゆるされるまでの12年間《ねんかん》、諸国《しょこく》を武者修行《むしゃしゅぎょう》してまわったり、故郷《こきょう》で柳生新陰《やぎゅうしんかげ》流《りゅう》の剣技《けんぎ》をみがきつづけた。

所属《しょぞく》	大和柳生藩《やまとやぎゅうはん》
出身地《しゅっしんち》	大和国《やまとのくに》（奈良県《ならけん》）
生没年月日《せいぼつねんがっぴ》	1607年《ねん》〜1650年《ねん》4月《がつ》21日《にち》

家紋《かもん》

能力《のうりょく》パラメータ

武《ぶ》力《りょく》考《こう》察《さつ》

剣術《けんじゅつ》の腕《うで》は柳生新陰流《やぎゅうしんかげりゅう》の祖《そ》、祖父《そふ》の柳生石舟斎《やぎゅうせきしゅうさい》をしのぐといわれたほど。剣術《けんじゅつ》をきわめるいっぽう、新《あら》たな杖《じょう》（棒《ぼう》）術《じゅつ》もつくりあげた。

主《おも》な戦《たたか》い

寛永御前試合《かんえいごぜんじあい》。※柳生新陰流《やぎゅうしんかげりゅう》は将《しょう》軍家秘伝《ぐんけひでん》のため他流試合《たりゅうじあい》は禁止《きんし》

十《じゅう》文《もん》字《じ》槍《やり》の宗《そう》家《け》

宝《ほう》蔵《ぞう》院《いん》胤《いん》栄《えい》

十《じゅう》文《もん》字《じ》の槍《やり》をあやつる
宝《ほう》蔵《ぞう》院《いん》流《りゅう》の創《そう》始《し》者《しゃ》

所《しょ》　属《ぞく》	奈良興福寺《ならこうふくじ》	出身地《しゅっしんち》	大和国《やまとのくに》（奈良県《ならけん》）
生没年月日《せいぼつねんがっぴ》	1521年《ねん》～1607年《ねん》10月《がつ》16日《にち》		

イラスト●小《お》野《の》たかし

新《あら》たな槍《やり》を発明《はつめい》

奈良《なら》興福寺《こうふくじ》の僧侶《そうりょ》。おさないころから武芸《ぶげい》が好《す》きで、剣《けん》術《じゅつ》は柳生石舟斎《やぎゅうせきしゅうさい》とともに上泉《かみいずみ》信綱《のぶつな》から新陰流《しんかげりゅう》をまなび、香《か》取神道流《とりしんとうりゅう》も使《つか》いこなす名手《めいしゅ》になった。そのいっぽうで槍《やり》の達人《たつじん》・太膳大夫盛忠《だいぜんのだいぶもりただ》を興福寺《こうふくじ》によんで教《おし》えをうけるなど、槍《やり》にも熱心《ねっしん》にとりくんだ。そして池《いけ》にうつる三日月《みかづき》を突《つ》く鍛錬《たんれん》をしているうち、直線型《ちょくせんがた》の槍《やり》に三日月型《みかづきがた》の刃《は》をつけた槍《やり》のアイデアを思《おも》いつく。胤栄《いんえい》はこの槍《やり》を「十文字槍《じゅうもんじやり》」と名《な》づけ、その技《わざ》をまとめて宝蔵院流槍術《ほうぞういんりゅうそうじゅつ》の開祖《かいそ》となったのである。

晩年《ばんねん》は槍《やり》をすて引退《いんたい》

胤栄《いんえい》の発明《はつめい》した十文字槍《じゅうもんじやり》は、「突《つ》けば槍《やり》、横《よこ》に斬《き》ればなぎなた、引《ひ》けば鎌《かま》」といわれ、守《まも》りによわかった槍《やり》の弱点《じゃくてん》をおぎない、かつさまざまな攻撃《こうげき》を可能《かのう》とした武器《ぶき》であった。宝蔵院流槍術《ほうぞういんりゅうそうじゅつ》は近畿地方《きんきちほう》を中心《ちゅうしん》にひろまり、「槍《やり》の宝蔵院《ほうぞういん》か宝蔵院《ほうぞういん》の槍《やり》か」といわれるほど有名《ゆうめい》になる。しかし、仏門《ぶつもん》にいる胤栄《いんえい》は、自分《じぶん》があみ出《だ》したのは人《ひと》を殺《ころ》す技《わざ》ばかりだとなげき、宝蔵院流《ほうぞういんりゅう》を自分《じぶん》一代《いちだい》かぎりとして、槍《やり》と縁《えん》をきった。しかし宝蔵院流槍術《ほうぞういんりゅうそうじゅつ》はのちに胤舜《いんしゅん》へとうけ継《つ》がれ、繁栄《はんえい》していくことになる。

能力《のうりょく》パラメータ

武《ぶ》力《りょく》考《こう》察《さつ》

上泉信綱《かみいずみのぶつな》、柳生石舟斎《やぎゅうせきしゅうさい》という剣豪《けんごう》と交友《こうゆう》があった実力者《じつりょくしゃ》。松永久秀《まつながひさひで》によばれて槍試合《やりじあい》にのぞみ、12連勝《れんしょう》したという記録《きろく》もある。

主《おも》な戦《たたか》い

上泉信綱《かみいずみのぶつな》との立《た》ちあい、松永久秀《まつながひさひで》主《しゅ》催《さい》の槍試合《やりじあい》

剣豪編《けんごうへん》

伝説《でんせつ》の剣豪《けんごう》と武《ぶ》の血脈《けつみゃく》が対峙《たいじ》する!!

サムライ空想《くうそう》バトル!!

修行《しゅぎょう》によって神《かみ》に近《ちか》づき、剣《けん》の奥義《おうぎ》をさとったといわれている塚原《つかはら》卜伝《ぼくでん》。誰《だれ》の挑戦《ちょうせん》でもうけ、そのすべてに勝《か》ってきた無敵《むてき》の剣豪《けんごう》に、柳生十兵衛《やぎゅうじゅうべえ》がくり出《だ》す柳生新陰流《やぎゅうしんかげりゅう》は通用《つうよう》するのか？

生涯無敗《しょうがいむはい》の剣聖《けんせい》に柳生《やぎゅう》の天才《てんさい》がいどむ！

参考《さんこう》データ（柳生十兵衛）

特徴《とくちょう》	段位《だんい》	流派《りゅうは》	使用武器《しようぶき》
隻眼《せきがん》、熱血漢《ねっけつかん》	江戸《えど》柳生新陰流《やぎゅうしんかげりゅう》3代目《だいめ》	柳生新陰流《やぎゅうしんかげりゅう》	三池典太《みいけてんた》

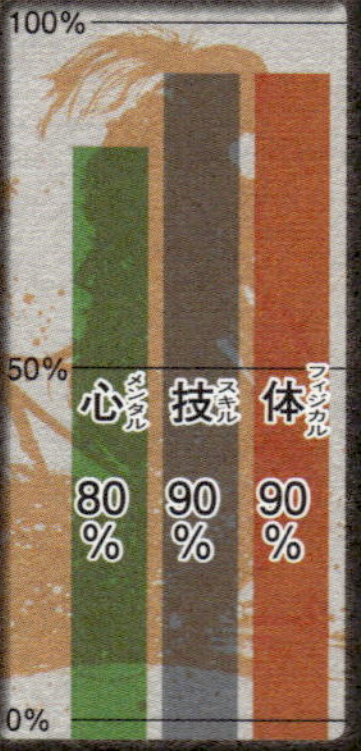

参考《さんこう》データ（塚原卜伝）

特徴《とくちょう》	段位《だんい》	流派《りゅうは》	使用武器《しようぶき》
強《きょう》じんな肉体《にくたい》、不動心《ふどうしん》	鹿島新当流《かしましんとうりゅう》創始者《そうししゃ》	鹿島新当流《かしましんとうりゅう》	無銘《むめい》の大太刀《おおだち》

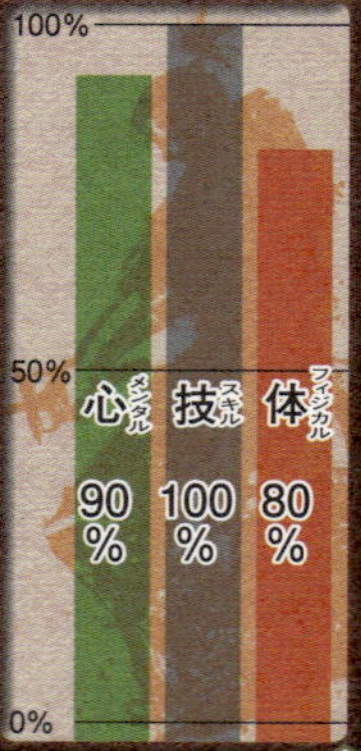

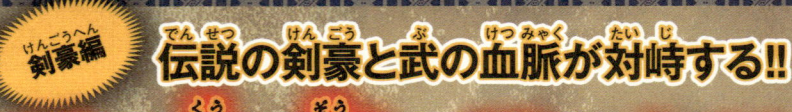

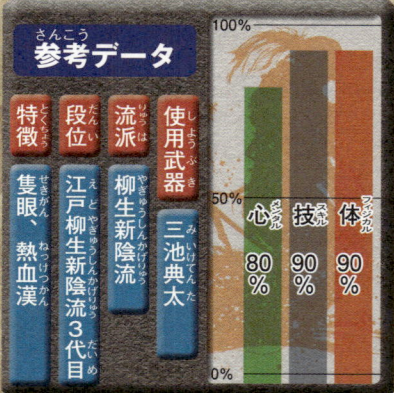

相手《あいて》にあわせる剣《けん》

柳生新陰流《やぎゅうしんかげりゅう》は上泉信綱《かみいずみのぶつな》の新《しん》陰流《かげりゅう》を発展《はってん》させた剣術《けんじゅつ》である。その新陰流《しんかげりゅう》は形《かたち》にとらわれず、敵《てき》の動《うご》きにあわせる変《へん》幻《げん》自《じ》在《ざい》の剣《けん》。柳生新陰流《やぎゅうしんかげりゅう》では、どんな相手《あいて》にも対応《たいおう》できるよう下段《げだん》のかまえが基本《きほん》になっている。

卜伝《ぼくでん》の剣《けん》も相手《あいて》にあわせて動《うご》くことに変《か》わりないが、卜《ぼく》伝《でん》には決《き》まったかまえがない。しかも卜伝《ぼくでん》は五感《ごかん》で相手《あいて》の動《うご》きに反応《はんのう》して、とっさに剣《けん》を出《だ》す。そのためくり出《だ》される技《わざ》もひじょうに多彩《たさい》だ。

卜伝《ぼくでん》と向《む》きあった十兵衛《じゅうべえ》は、静《しず》かに下段《げだん》にかまえた。

卜伝《ぼくでん》はかまえをとらず、深《ふか》い呼吸《こきゅう》をなん度《ど》もしながら精神《せいしん》状態《じょうたい》をととのえている。

まずは十兵衛《じゅうべえ》からしかけた。しかし、下《した》からつき上《あ》げてきた剣《けん》をよけ、卜伝《ぼくでん》は顔面《がんめん》めがけて剣《けん》をふりおろす。それをうけとめた十兵衛《じゅうべえ》は、上《じょう》下左右《げさゆう》に剣《けん》をうち分《わ》けながら卜伝《ぼくでん》を攻《せ》めた。しかし、ここまでの戦《たたか》いで十兵衛《じゅうべえ》の太刀《たち》すじをすでに見《み》きっていた卜伝《ぼくでん》は、すて身《み》のかまえをとる。そして十兵衛《じゅうべえ》の剣先《けんさき》を目《め》の前《まえ》までひきよせた瞬間《しゅんかん》、その間《ま》合《あ》いを見《み》きってすかさず斬《き》りこんだ！　卜伝《ぼくでん》の奥義《おうぎ》「一《ひと》つの太刀《たち》」をうけ、十兵衛《じゅうべえ》の刀《かたな》は手《て》からはなれた。

勝利《しょうり》の決《き》め手《て》

変幻自在《へんげんじざい》な柳生新陰流《やぎゅうしんかげりゅう》も、かまえすらない卜伝《ぼくでん》の無形《むぎょう》の剣《けん》に対《たい》応《おう》できない。卜伝《ぼくでん》は十兵衛《じゅうべえ》がうちこんできた剣《けん》をぎりぎりまでひきつけ、防御《ぼうぎょ》できない体勢《たいせい》にしてから強烈《きょうれつ》な一撃《いちげき》を返《かえ》した。「一《ひと》つの太刀《たち》」である。

必殺技《ひっさつわざ》　一《ひと》つの太刀《たち》

武蔵《むさし》とも互角《ごかく》

吉《よし》岡《おか》清《せい》十《じゅう》郎《ろう》

京《きょう》にその名《な》をとどろかせた
吉岡流《よしおかりゅう》の正統後継者《せいとうこうけいしゃ》

所《しょ》　属《ぞく》	吉岡家《よしおかけ》	出身地《しゅっしんち》	山城国《やましろのくに》（京都府《きょうとふ》）
生没年月日《せいぼつねんがっぴ》	不明《ふめい》		

イラスト●坪井《つぼい》亮平《りょうへい》

将軍公認《しょうぐんこうにん》の吉岡流《よしおかりゅう》

足利将軍家《あしかがしょうぐんけ》の剣術指南役《けんじゅつしなんやく》をつとめ、京《きょう》の人々《ひとびと》に剣《けん》の名門《めいもん》として知《し》られた吉岡家《よしおかけ》の4代《だい》目当主《めとうしゅ》で、正式《せいしき》な名前《なまえ》は吉岡《よしおか》直綱《なおつな》という。

清十郎《せいじゅうろう》がうけ継《つ》いだ吉岡流《よしおかりゅう》は「吉岡拳法《よしおかけんぽう》」ともいわれ、京《きょう》に古《ふる》くからつたわる京八流《きょうはちりゅう》につながる流派《りゅうは》。京八流《きょうはちりゅう》とは、鬼一法眼《きいちほうげん》という修験者《しゅげんじゃ》が鞍馬《くらま》の僧《そう》8人《にん》につたえたとされる剣術《けんじゅつ》で、鞍馬流《くらまりゅう》、中条流《ちゅうじょうりゅう》、義経《よしつね》流《りゅう》などの流派《りゅうは》の総称《そうしょう》である。京八流《きょうはちりゅう》は由緒《ゆいしょ》があいまいな流《りゅう》派《は》だが、吉岡流《よしおかりゅう》は将軍《しょうぐん》からみとめられていた。相当《そうとう》なレベルの剣術《けんじゅつ》だったのだろう。

武蔵《むさし》との決闘《けっとう》は謎《なぞ》が多《おお》い

清十郎《せいじゅうろう》には、武者修行《むしゃしゅぎょう》で京《きょう》をおとずれていた宮本武蔵《みやもとむさし》と試合《しあい》をした逸話《いつわ》がのこっている。

吉岡一門《よしおかいちもん》は清十郎《せいじゅうろう》、伝七《でんしち》郎《ろう》、そして清十郎《せいじゅうろう》の子《こ》どもの又七郎《またしちろう》と、ことごとく武蔵《むさし》にいどんでやぶれたといわれている。しかし、清十郎《せいじゅうろう》と武蔵《むさし》の試合《しあい》には謎《なぞ》が多《おお》く、『五輪《ごりんの》書《しょ》』にはなん度勝負《どしょうぶ》をしても決着《けっちゃく》がつかなかったと書《か》かれている。また、吉岡家《よしおかけ》につたわっている家伝《かでん》には、武蔵《むさし》が清十郎《せいじゅうろう》に眉間《みけん》をうちぬかれ、大出血《だいしゅっけつ》して負《ま》けたとあり、有《ゆう》名《めい》な一乗寺下《いちじょうじさが》り松《まつ》の決闘《けっとう》も武《む》蔵《さし》が逃《に》げたと記《しる》されている。

能力《のうりょく》パラメータ

武《ぶ》力《りょく》考《こう》察《さつ》

武蔵《むさし》との試合《しあい》は有名《ゆうめい》だが、『五輪書《ごりんのしょ》』には「清十郎《せいじゅうろう》は天下《てんか》の兵法者《ひょうほうしゃ》で決着《けっちゃく》がつかなかった」とある。相当《そうとう》な剣《けん》の腕前《うでまえ》だったのだろう。

主《おも》な戦《たたか》い

蓮台野《れんだいの》の立《た》ちあい、一乗寺下《いちじょうじさが》り松《まつ》の立《た》ちあい

高《たか》田《た》又《また》兵《べ》衛《え》

槍《やり》の名人《めいじん》で宮本武蔵《みやもとむさし》の生涯《しょうがい》の友《とも》

イラスト○平林 知子

将軍《しょうぐん》が見《み》たがった槍《やり》の腕《うで》

宝蔵院胤栄《ほうぞういんいんえい》にまなび、宝蔵院流槍術《ほうぞういんりゅうそうじゅつ》の免許皆伝《めんきょかいでん》をうける。その後《ご》、武者修行《むしゃしゅぎょう》をへて高田流槍術《たかだりゅうそうじゅつ》を完成《かんせい》させた。

剣豪《けんごう》の又兵衛《またべえ》だが、自分《じぶん》から武芸者《ぶげいしゃ》と試合《しあい》をすることを好《この》まなかった。武将《ぶしょう》として戦場《せんじょう》で多《おお》くの手柄《てがら》を上《あ》げ、徳川《とくがわ》家光《いえみつ》に槍《やり》の演武《えんぶ》を披露《ひろう》する栄誉《えいよ》をたまわっている。

所属《しょぞく》	長野家《ながのけ》、上泉家《かみいずみけ》
出身地《しゅっしんち》	伊賀国《いがのくに》（三重県《みえけん》）
生没年月日《せいぼつねんがっぴ》	1590年《ねん》～1671年《ねん》3月《がつ》4日《か》

能力《のうりょく》パラメータ

武《ぶ》力《りょく》考《こう》察《さつ》

みずから申《もう》しこんだわけではないが、生涯《しょうがい》で94回《かい》もの試合《しあい》をこなして無敗《むはい》。友《とも》である宮本武蔵《みやもとむさし》と互角《ごかく》に立《た》ちあった逸話《いつわ》ものこる。

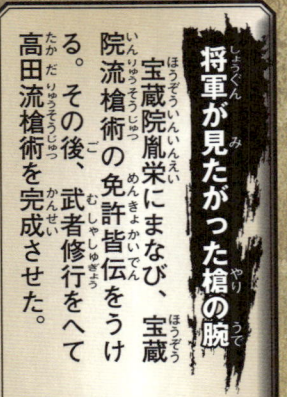

主《おも》な戦《たたか》い

大坂冬《おおさかふゆ》の陣《じん》・夏《なつ》の陣《じん》、島原《しまばら》の乱《らん》、宮本武蔵《みやもとむさし》との立《た》ちあい

斎《さい》藤《とう》伝《でん》鬼《き》房《ぼう》

武芸者《ぶげいしゃ》として名《な》を上《あ》げた常陸《ひたち》の天狗《てんぐ》

イラスト●小野《おの》たかし

故郷《こきょう》に錦《にしき》をかざったが

同郷《どうきょう》の塚原卜伝《つかはらぼくでん》に鹿島新当流《かしましんとうりゅう》をまなび、その後《ご》、武者修行《むしゃしゅぎょう》に出《で》て剣《けん》の奥義《おうぎ》をさとって「天流《てんりゅう》」の開祖《かいそ》となった。

朝廷《ちょうてい》で秘剣《ひけん》を披露《ひろう》し、大《おお》きな名声《めいせい》をえて故郷《こきょう》にもどった伝鬼房《でんきぼう》だが、地元《じもと》の神道流《しんとうりゅう》の達人《たつじん》を試合《しあい》で殺《ころ》してしまう。これにより神道流《しんとうりゅう》の門人《もんじん》にうらまれ、暗殺《あんさつ》された。

所《しょ》属《ぞく》	浪人《ろうにん》
出身地《しゅっしんち》	常陸国《ひたちのくに》（茨城県《いばらきけん》）
生没年月日《せいぼつねんがっぴ》	1550年《ねん》～1587年《ねん》

能力《のうりょく》パラメータ

武《ぶ》　力《りょく》　考《こう》　察《さつ》

天狗《てんぐ》のようなかっこうをし、「一《いっ》刀三礼《とうさんらい》」という秘剣《ひけん》をくり出《だ》す剣《けん》豪《ごう》。神道流《しんとうりゅう》の達人《たつじん》を斬《き》り殺《ころ》すほどの実力《じつりょく》をもっている。

主《おも》な戦《たたか》い

桜井霞之助《さくらいかすみのすけ》との立《た》ちあい

日本《に》《ほん》最強《さい》《きょう》の剣豪《けん》《ごう》

宮本武蔵《みやもとむさし》

必殺《ひっ》《さつ》の二刀流《に》《とう》《りゅう》！
日本一有名《にっ》《ぽん》《いち》《ゆう》《めい》な剣豪《けん》《ごう》

所属《しょ》《ぞく》	細川家《ほそかわけ》	出身地《しゅっしんち》	諸説《しょせつ》あり
生没年月日《せいぼつねんがっぴ》	1584年《ねん》～1645年《ねん》6月《がつ》13日《にち》	家紋《かもん》	

イラスト●木志田《きのした》コテツ

有名《ゆうめい》な武芸者《ぶげいしゃ》との決闘《けっとう》

13歳《さい》で新当流《しんとうりゅう》の有馬喜兵衛《ありまきへえ》と決闘《けっとう》して以来《いらい》、29歳《さい》までに60回《かい》あまりの試合《しあい》をおこない、すべてに勝利《しょうり》したといわれる最強《さいきょう》のよび声高《こえたか》い剣豪《けんごう》。

決闘相手《けっとうあいて》は、宝蔵院流槍術《ほうぞういんりゅうそうじゅつ》の日栄《にちえい》、くさり鎌《がま》の宍戸某《ししどなにがし》、新陰流《しんかげりゅう》の辻風左馬助《つじかぜさまのすけ》、神道流《しんとうりゅう》の夢想権之助《むそうごんのすけ》など有名《ゆうめい》な武芸者《ぶげいしゃ》も多《おお》い。21歳《さい》で上京《じょうきょう》したときには、足利将軍家《あしかがしょうぐんけ》の剣術指南役《けんじゅつしなんやく》だった吉岡流《よしおかりゅう》と戦《たたか》い、吉岡兄弟《よしおかきょうだい》をたおして吉岡流《よしおかりゅう》を断絶《だんぜつ》させたといわれている。また、29歳《さい》のときには巌流島《がんりゅうじま》で佐々木小次郎《ささきこじろう》と決闘《けっとう》し、一撃《いちげき》で勝負《しょうぶ》を決《き》めている。

武蔵《むさし》は本当《ほんとう》に強《つよ》いのか?

かがやかしい経歴《けいれき》のもち主《ぬし》の武蔵《むさし》だが、決闘《けっとう》については事実《じじつ》を裏《うら》づける証拠《しょうこ》がなく、本当《ほんとう》に強《つよ》かったかどうか疑問《ぎもん》ももたれている。

ただ、武蔵《むさし》が得意《とくい》とした二刀流《にとうりゅう》は、堂々《どうどう》たる体格《たいかく》で腕《うで》っぷしが人並《ひとなみ》はずれて強《つよ》かった武蔵《むさし》しか使《つか》いこなせなかった技《わざ》だ。

武蔵《むさし》は自分《じぶん》の剣術《けんじゅつ》を二天一流《にてんいちりゅう》と称《しょう》した。二天一流《にてんいちりゅう》は、相手《あいて》よりも一瞬早《いっしゅんはや》く動《うご》いて相手《あいて》をたおすことを極意《ごくい》とした。そのため武蔵《むさし》は、試合《しあい》で相手《あいて》の攻撃《こうげき》をさそうよう、わざと無防備《むぼうび》にかまえていたという。

能力《のうりょく》パラメータ

武《ぶ》 力《りょく》 考《こう》 察《さつ》

剛剣《ごうけん》の使《つか》い手《て》ながら、勝《か》つためには奇襲《きしゅう》もいとわない戦《たたか》いをする。死《し》の恐怖《きょうふ》と隣《とな》りあわせで生《い》きてきた武蔵《むさし》は、勝《か》つことにどん欲《よく》だ。

主《おも》な戦《たたか》い

巌流島《がんりゅうじま》の決闘《けっとう》、一乗寺下《いちじょうじさが》り松《まつ》の決闘《けっとう》

謎《なぞ》多《おお》き厳流《がんりゅう》の祖《そ》

佐《さ》々《さ》木《き》小《こ》次《じ》郎《ろう》

宮《みや》本《もと》武《む》蔵《さし》のライバルは
ミステリアスな天《てん》才《さい》剣《けん》士《し》

所属《しょぞく》	毛利家《もうりけ》、細川家《ほそかわけ》	出身地《しゅっしんち》	不明《ふめい》
生没年月日《せいぼつねんがっぴ》	不明《ふめい》～1612年《ねん》5月《がつ》13日《にち》		

イラスト●米月《よねつき》かな

必殺技《ひっさつわざ》のつばめ返《がえ》し

佐々木《ささき》小次郎《こじろう》といえば宮本《みやもと》武蔵《むさし》のライバルで有名《ゆうめい》だが、非常《ひじょう》に謎《なぞ》が多《おお》い剣士《けんし》でもある。

生《う》まれは豊前《ぶぜん》（福岡県《ふくおかけん》）、周防《すおう》（山口県《やまぐちけん》）、越前《えちぜん》（福井《ふくい》県《けん》）とはっきりしないし、生《う》まれた年《とし》もわかっていない。剣術《けんじゅつ》の先生《せんせい》も、富田《とだ》流《りゅう》の富田《とだ》勢源《せいげん》、あるいは同《おな》じ富田《とだ》流《りゅう》の流《なが》れをくむ鐘捲自斎《かねまきじざい》といわれるがよくわからない。

わかっているのはみずから「巌流《がんりゅう》」という剣術《けんじゅつ》の流派《りゅうは》をひらき、身《み》の丈《たけ》ほどの長刀《ちょうとう》「備《び》前長船長光《ぜんおさふねながみつ》」を愛用《あいよう》していたこと。必殺技《ひっさつわざ》はかの有名《ゆうめい》な「つばめ返《がえ》し」である。

正々堂々《せいせいどうどう》とした剣士《けんし》

小次郎《こじろう》は宮本《みやもと》武蔵《むさし》に決闘《けっとう》をいどんだ。しかし、武蔵《むさし》に2時間《じかん》もまたされて冷静《れいせい》さをうしない、舟《ふね》のかじで一撃《いちげき》のもとに額《ひたい》をわられて即死《そくし》した。有名《ゆうめい》な巌流島《がんりゅうじま》の決闘《けっとう》である。

ところが小次郎《こじろう》は即死《そくし》しておらず、息《いき》を吹《ふ》き返《かえ》したところを武蔵《むさし》の弟子《でし》たちに殺《ころ》されたという。また、武蔵《むさし》はこのとき29歳《さい》だったが、小次郎《こじろう》は60歳近《さいちか》いおじいさんだったという説《せつ》がある。

いろいろと謎《なぞ》は多《おお》いが、巌《がん》流島《りゅうじま》で奇策《きさく》を使《つか》わず、正々《せいせい》堂々《どうどう》と戦《たたか》った小次郎《こじろう》は、誠実《せいじつ》な剣士《けんし》だったにちがいない。

能力《のうりょく》パラメータ

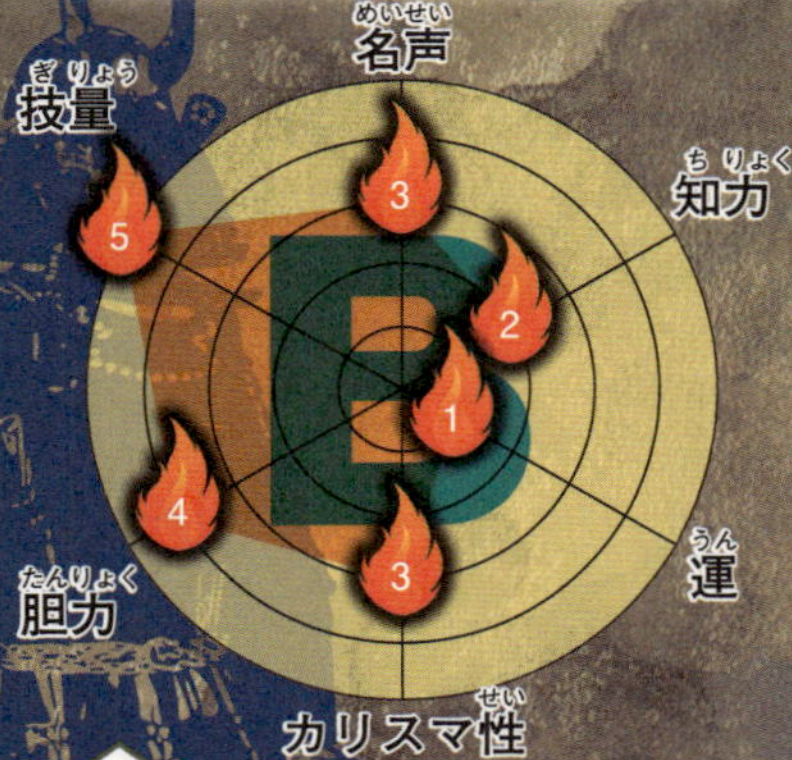

武《ぶ》力《りょく》考《こう》察《さつ》

細川家《ほそかわけ》の剣術指南役《けんじゅつしなんやく》で巌流《がんりゅう》という流派《りゅうは》の開祖《かいそ》。ふりおろした長刀《ちょうとう》をすぐさま斬《き》り上《あ》げる秘剣《ひけん》「つばめ返《がえ》し」の斬撃《ざんげき》は強烈《きょうれつ》だ。

主《おも》な戦《たたか》い

巌流島《がんりゅうじま》の決闘《けっとう》

実《じつ》は強《つよ》かった

水《み》戸《と》黄《こう》門《もん》

時《じ》代《だい》劇《げき》の黄《こう》門《もん》様《さま》はウソ!?気《き》性《しょう》のはげしい副《ふく》将《しょう》軍《ぐん》

所《しょ》　属《ぞく》	徳川家《とくがわけ》	出身地《しゅっしんち》	常陸国《ひたちのくに》（茨城県《いばらきけん》）
生没年月日《せいぼつねんがっぴ》	1628年《ねん》7月《がつ》11日《にち》～1701年《ねん》1月《がつ》14日《じゅうよっか》	家紋《かもん》	

イラスト●坂本《さかもと》ロクタク

不良《ふりょう》だった少年時代《しょうねんじだい》

諸国《しょこく》をめぐって悪人《あくにん》をやっつける水戸黄門《みとこうもん》はフィクション。水戸黄門《みとこうもん》こと徳川光圀《とくがわみつくに》は江戸《えど》の周辺《しゅうへん》ぐらいまでしか外出《がいしゅつ》したことがなかったという。

徳川御三家《とくがわごさんけ》である水戸藩《みとはん》の藩主《はんしゅ》となった光圀《みつくに》は、『大日本史《だいにほんし》』をまとめるなど学問《がくもん》を重《おも》んじて内政《ないせい》に力《ちから》をそそいだ。のちに名君《めいくん》とたたえられた殿様《とのさま》だが、少年時代《しょうねんじだい》は手《て》がつけられない不良《ふりょう》だった。

兄《あに》をさしおいてあと継《つ》ぎになったことをなやみ、町中《まちなか》で刀《かたな》をふりまわし、通行人《つうこうにん》に斬《き》りつけるなど、とんでもない暴《あば》れ者《もの》だったのだ。

藩外不出《はんがいふしゅつ》の居合術《いあいじゅつ》を習得《しゅうとく》

気性《きしょう》がはげしかった光圀《みつくに》は、将軍《しょうぐん》に決《けっ》してこびなかった。徳川綱吉《とくがわつなよし》が「生類憐《しょうるいあわれ》みの令《れい》」を出《だ》して動物《どうぶつ》の殺生《せっしょう》を禁止《きんし》しても、かまわず肉《にく》を食《た》べ、犬《いぬ》の毛皮《けがわ》を綱吉《つなよし》におくりつけた。天下《てんか》ひろしといえども、将軍《しょうぐん》に意見《いけん》できたのは光圀《みつくに》だけ。まさに天下《てんか》の副将軍《ふくしょうぐん》だ。

水戸藩《みとはん》は学問《がくもん》だけでなく武術《ぶじゅつ》にも力《ちから》を入《い》れていた藩《はん》で、剣術《けんじゅつ》の流派《りゅうは》が19派《は》もあった。光圀《みつくに》も藩外不出《はんがいふしゅつ》の居合術《いあいじゅつ》である「新田宮流抜刀術《しんたみやりゅうばっとうじゅつ》」を習得《しゅうとく》しており、水戸藩《みとはん》へのスパイをすばやく斬《き》りふせたという逸話《いつわ》がのこっている。

能力《のうりょく》パラメータ

武《ぶ》力《りょく》考《こう》察《さつ》

光圀《みつくに》が習得《しゅうとく》した新田宮流抜刀術《しんたみやりゅうばっとうじゅつ》は、先手《せんて》をうって相手《あいて》をたおす実戦的《じっせんてき》な居合術《いあいじゅつ》。水戸藩《みとはん》へのスパイもすばやい一撃《いちげき》でたおしている。

主《おも》な戦《たたか》い

とくになし

剣《けん》術《じゅつ》流《りゅう》派《は》事《じ》典《てん》

古代《こだい》から発展《はってん》と進化《しんか》をつづけてきた日本《にほん》の剣《けん》術《じゅつ》。ここではその流派《りゅうは》を説明《せつめい》していこう。

日本《にほん》の剣術《けんじゅつ》の流派《りゅうは》は、有名《ゆうめい》なものから無名《むめい》のものまで数《かぞ》えきれないほどある。しかし、その源流《げんりゅう》をさぐると、大《おお》きく３つの系統《けいとう》に分《わ》かれる。ひとつめは愛洲移香斎《あいすいこうさい》を始祖《しそ》とする陰流《かげりゅう》を起《き》源《げん》とした系統《けいとう》である。ここからは上泉信綱《かみいずみのぶつな》の新陰流《しんかげりゅう》、その弟子《でし》の柳生石舟斎《やぎゅうせきしゅうさい》の柳生新陰流《やぎゅうしんかげりゅう》などが生《う》まれた。ふたつめは念阿弥《ねんあみ》慈恩《じおん》を始祖《しそ》とする念流《ねんりゅう》の系統《けいとう》。念流《ねんりゅう》は馬庭念流《まにわねんりゅう》、中条流《ちゅうじょうりゅう》にうけ継《つ》がれ、中条流《ちゅうじょうりゅう》の系統《けいとう》からは、のちに伊東一刀斎《いとういっとうさい》という天才剣《てんさいけん》士《し》があらわれ、一刀流《いっとうりゅう》をおこした。３つめは飯篠家直《いいざさいえなお》を始祖《しそ》とする神道流《しんとうりゅう》の系統《けいとう》。神道流《しんとうりゅう》は香取神宮《かとりじんぐう》とゆかりが深《ふか》い流派《りゅうは》だが、これとは別《べつ》に鹿島神宮《かしまじんぐう》とゆかりのある鹿島流《かしまりゅう》もある。かの剣聖《けんせい》・塚原卜伝《つかはらぼくでん》はのちに神道流《しんとうりゅう》と鹿島流《かしまりゅう》を融合《ゆうごう》して、鹿島新当流《かしましんとうりゅう》をおこした。

剣術《けんじゅつ》の発生《はっせい》

わが国《くに》でもっとも古《ふる》い剣術《けんじゅつ》は、古墳時《こふんじ》代《だい》に鹿島神宮《かしまじんぐう》の７人《にん》の神官《しんかん》がひろめた鹿島七流《かしましちりゅう》。この鹿島七流《かしましちりゅう》から京《きょう》で鞍馬《くらま》流《りゅう》が発生《はっせい》して京八流《きょうはちりゅう》となった。

京八流《きょうはちりゅう》

別名《べつめい》は鞍馬八流《くらまはちりゅう》。鬼一法眼《きいちほうげん》の剣術《けんじゅつ》を継承《けいしょう》した流派《りゅうは》。

鹿島七流《かしましちりゅう》

鹿島《かしま》の太刀《たち》をおさめた優秀《ゆうしゅう》な７家《け》が鹿島七流《かしましちりゅう》となる。

イラスト●矢戸優人《やとまさひと》

主要《しゅよう》剣術《けんじゅつ》流派《りゅうは》の系図《けいず》

新陰流《しんかげりゅう》

陰流《かげりゅう》の愛洲移香斎《あいすいこうさい》から印可《いんか》をうけた上泉信綱《かみいずみのぶつな》が、念流《ねんりゅう》と神道流《しんとうりゅう》の要素《ようそ》をくわえて新陰流《しんかげりゅう》をあみ出《だ》し、陰流《かげりゅう》の最大流派《さいだいりゅうは》となる。

- 陰流《かげりゅう》
  - 新陰流《しんかげりゅう》
    - 宝蔵院流槍術《ほうぞういんりゅうそうじゅつ》
    - タイ捨流《しゃりゅう》
    - 柳生新陰流《やぎゅうしんかげりゅう》
      - 尾張柳生《おわりやぎゅう》
      - 江戸柳生《えどやぎゅう》

一刀流《いっとうりゅう》

一刀流《いっとうりゅう》の源流《げんりゅう》は念流《ねんりゅう》にもとめられるが、中条流《ちゅうじょうりゅう》を源流《げんりゅう》とするのが正《ただ》しい。一刀流《いっとうりゅう》は各流派《かくりゅうは》のなかで江戸時代《えどじだい》にもっともさかえた。

- 念流《ねんりゅう》
  - 中条流《ちゅうじょうりゅう》
    - 宝蔵院流《ほうぞういんりゅう》
    - 巌流《がんりゅう》
    - 一刀流《いっとうりゅう》

二天一流《にてんいちりゅう》

宮本武蔵《みやもとむさし》が完成《かんせい》した流派《りゅうは》。武蔵《むさし》ははじめ円明流《えんみょうりゅう》と称《しょう》した。

- 当理流十手《とうりりゅうじって》
  - 円明流《えんみょうりゅう》
  - 二天一流《にてんいちりゅう》

神道流《しんとうりゅう》

香取神道流《かとりしんとうりゅう》は薩摩《さつま》で示現流《じげんりゅう》となり、鹿島《かしま》から新当流《しんとうりゅう》が出《で》た。

- 天真正伝香取神道流《てんしんしょうでんかとりしんとうりゅう》
  - 示現流《じげんりゅう》
  - 新当流《しんとうりゅう》

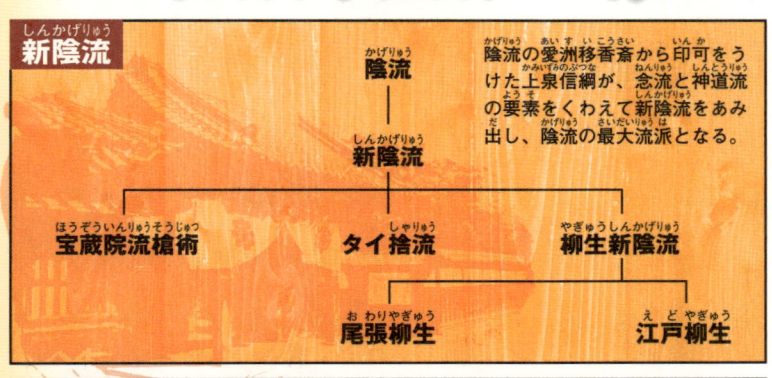

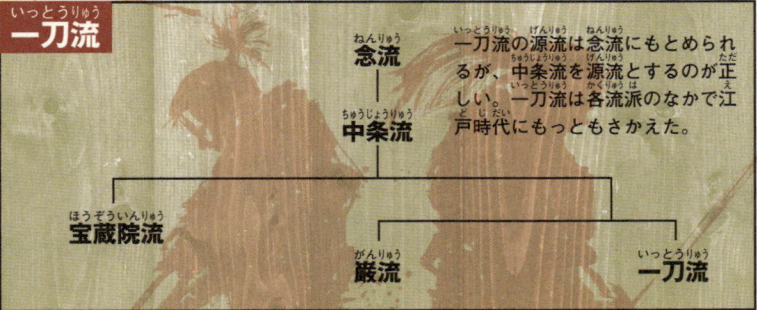

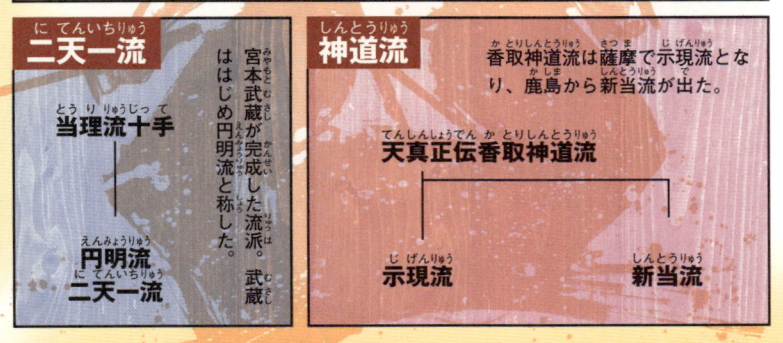

主要《しゅよう》剣豪《けんごう》の系譜《けいふ》

神道流《しんとうりゅう》の系譜《けいふ》

塚原卜伝《つかはらぼくでん》
（新当流《しんとうりゅう》）

徳川家康《とくがわいえやす》
（神道流《しんとうりゅう》ほか）

斎藤伝鬼房《さいとうでんきぼう》
（天流《てんりゅう》）

一刀流《いっとうりゅう》の系譜《けいふ》

宝蔵院胤栄《ほうぞういんいんえい》
（宝蔵院流《ほうぞういんりゅう》）

鐘捲自斎《かねまきじざい》
（鐘捲流《かねまきりゅう》）

佐々木小次郎《ささきこじろう》
（巌流《がんりゅう》）

伊東一刀斎《いとういっとうさい》
（一刀流《いっとうりゅう》）

新陰流《しんかげりゅう》の系譜《けいふ》

上泉信綱《かみいずみのぶつな》
（新陰流《しんかげりゅう》）

柳生宗矩《やぎゅうむねのり》
（柳生新陰流《やぎゅうしんかげりゅう》）

柳生石舟斎《やぎゅうせきしゅうさい》
（柳生新陰流《やぎゅうしんかげりゅう》）

柳生十兵衛《やぎゅうじゅうべえ》
（柳生新陰流《やぎゅうしんかげりゅう》）

参考《さんこう》

新撰組隊士《しんせんぐみたいし》の流派《りゅうは》

近藤勇《こんどういさみ》	天然理心流《てんねんりしんりゅう》
伊東甲子太郎《いとうかしたろう》	北辰一刀流《ほくしんいっとうりゅう》
土方歳三《ひじかたとしぞう》	天然理心流《てんねんりしんりゅう》
沖田総司《おきたそうじ》	天然理心流《てんねんりしんりゅう》
永倉新八《ながくらしんぱち》	神道無念流《しんとうむねんりゅう》
斎藤一《さいとうはじめ》	無外流《むがいりゅう》 一刀流《いっとうりゅう》
山南敬助《やまなみけいすけ》	北辰一刀流《ほくしんいっとうりゅう》
原田左之助《はらださのすけ》	種田流槍術《たねだりゅうそうじゅつ》

主要剣術《しゅようけんじゅつ》の特《とく》ちょう

一刀流《いっとうりゅう》	技巧《ぎこう》よりも、前《まえ》へと進《すす》み出《で》て、一刀《いっとう》のもとに相手《あいて》を斬《き》りふせる剛《ごう》の剣《けん》。奥義《おうぎ》は「切《き》り落《お》とし」。
新陰流《しんかげりゅう》	かまえをなくし、攻《せ》めと守《まも》りをひとつにした「無形《むぎょう》」を極意《ごくい》とする。相手《あいて》に技《わざ》を出《だ》させて勝《か》つ活人剣《かつにんけん》。
神道流《しんとうりゅう》	相手《あいて》の攻撃《こうげき》よりも一瞬《いっしゅん》だけ速《はや》く攻撃《こうげき》してたおすという実戦向《じっせんむ》きの剣《けん》。すべての技《わざ》が一撃必殺《いちげきひっさつ》。
二天一流《にてんいちりゅう》	二刀流以外《にとうりゅういがい》に一刀《いっとう》、棒術《ぼうじゅつ》、小太刀《こだち》もつたえる。相手《あいて》の動《うご》き出《だ》しの瞬間《しゅんかん》を見《み》きわめ、一瞬速《いっしゅんはや》く動《うご》いてたおす。
宝蔵院流《ほうぞういんりゅう》	槍《やり》の流派《りゅうは》。突《つ》くだけでなく、巻《ま》き落《お》とす、斬《き》り落《お》とす、うち落《お》とす、すりこむ、叩《はた》き落《お》とすなど技《わざ》も多彩《たさい》。
タイ捨流《しゃりゅう》	新陰流《しんかげりゅう》の流《なが》れをくむ。自分《じぶん》を生《い》かし、相手《あいて》も生《い》かす活《かつ》人剣《にんけん》。剣技《けんぎ》はすべて袈裟斬《けさぎ》りでおわる。
示現流《じげんりゅう》	初太刀《しょだち》に気合《きあ》いのすべてをかけ、相手《あいて》の反撃《はんげき》を一切《いっさい》かんがえずに斬《き》りかかる。とにかくスピードを重視《じゅうし》。
北辰一刀流《ほくしんいっとうりゅう》	一刀流《いっとうりゅう》の流《なが》れをくむ。敵《てき》をとにかく攻《せ》めまくって追《お》いこみ、体勢《たいせい》を立《た》てなおそうとしたところを斬《き》る。

武芸十八般《ぶげいじゅうはっぱん》とは？

武芸十八般《ぶげいじゅうはっぱん》とは、日本《にほん》の武芸全般《ぶげいぜんぱん》のことで、剣術《けんじゅつ》、居合術《いあいじゅつ》、弓術《きゅうじゅつ》、なぎなた術《じゅつ》、槍術《そうじゅつ》、棒術《ぼうじゅつ》、杖術《じょうじゅつ》、馬術《ばじゅつ》、水術《すいじゅつ》、柔術《じゅうじゅつ》、手《しゅ》裏剣術《りけんじゅつ》、くさり鎌術《がまじゅつ》、十手術《じってじゅつ》、短刀術《たんとうじゅつ》、忍《しの》び術《じゅつ》、含針術《がんしんじゅつ》、捕手《とりて》術《じゅつ》、砲術《ほうじゅつ》など18種目《しゅもく》のことをさす（種目《しゅもく》はさまざまな説《せつ》あり）。

くさり鎌《がま》は、鎌《かま》に分銅《ふんどう》つきの長《なが》いくさりをとりつけた武器《ぶき》。

よく目《め》にする手裏剣《しゅりけん》が、この車《くるま》手裏剣《しゅりけん》。投《な》げるのがむずかしい。

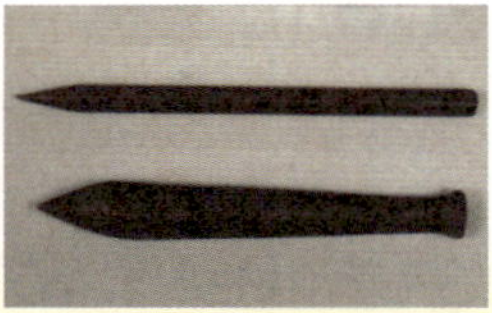

携帯《けいたい》しやすいうえに投《な》げやすい棒手裏剣《ぼうしゅりけん》は殺傷能力《さっしょうのうりょく》も高《たか》い。

写真提供《しゃしんていきょう》●伊賀流忍者博物館《いがりゅうにんじゃはくぶつかん》

すぐれた人材《じんざい》を輩出《はいしゅつ》した

江戸《えど》三大《さんだい》道場《どうじょう》とは？

　幕末《ばくまつ》の江戸《えど》には３つの大《おお》きな剣術道場《けんじゅつどうじょう》があった。「力《ちから》の斎藤《さいとう》」といわれた神道無念流《しんとうむねんりゅう》の斎藤弥久郎《さいとうやくろう》の練兵館《れんぺいかん》。「技《わざ》の千葉《ちば》」といわれた北辰一刀流《ほくしんいっとうりゅう》の千葉周作《ちばしゅうさく》の玄武館《げんぶかん》。そして「位《くらい》（品格《ひんかく》）の桃井《もものい》」といわれた鏡新明智流《きょうしんめいちりゅう》の桃井春蔵《もものいしゅんぞう》の士学館《しがくかん》である。練兵館《れんぺいかん》は荒《あら》げいこで有名《ゆうめい》で、桂小五郎《かつらこごろう》など長州藩士《ちょうしゅうはんし》が多《おお》くまなんだ。玄武館《げんぶかん》は千葉周作《ちばしゅうさく》のわかりやすい教《おし》えが好評《こうひょう》で門下生《もんかせい》が多《おお》く、竹刀《しない》と防具《ぼうぐ》を使《つか》ったけいこが特徴《とくちょう》。士学館《しがくかん》は、当主《とうしゅ》の桃井春蔵《もものいしゅんぞう》が幕府講武所《ばくふこうぶしょ》（幕府《ばくふ》の武芸修練場《ぶげいしゅうれんじょう》）の剣術指南《けんじゅつしなん》もつとめたように、教《おし》える剣《けん》はひじょうに格式高《かくしきたか》いものだった。

練兵館《れんぺいかん》

開祖《かいそ》：斎藤弥九郎《さいとうやくろう》／流派《りゅうは》：神道無念流《しんとうむねんりゅう》
門下生《もんかせい》：桂小五郎《かつらこごろう》　高杉晋作《たかすぎしんさく》
井上聞多《いのうえもんた》　伊藤博文《いとうひろぶみ》（以上《いじょう》、長州藩《ちょうしゅうはん》）

玄武館《げんぶかん》

開祖《かいそ》：千葉周作《ちばしゅうさく》／流派《りゅうは》：北辰一刀流《ほくしんいっとうりゅう》
門下生《もんかせい》：山岡鉄舟《やまおかてっしゅう》（幕臣《ばくしん》）　坂本龍馬《さかもとりょうま》（土佐藩《とさはん》）
藤堂平助《とうどうへいすけ》（新撰組《しんせんぐみ》）　山南敬介《やまなみけいすけ》（新撰組《しんせんぐみ》）

士学館《しがくかん》

開祖《かいそ》：桃井直由《もものいなおよし》／流派《りゅうは》：鏡新明智流《きょうしんめいちりゅう》
門下生《もんかせい》：武市半平太《たけちはんぺいた》（土佐勤王党《とさきんのうとう》）　岡田以蔵《おかだいぞう》（土佐藩《とさはん》）
上田馬之助《うえだうまのすけ》（肥後新田藩《ひごにったはん》）

第《だい》7章《しょう》

江《え》戸《ど》時《じ》代《だい》後《こう》期《き》〜
幕《ばく》末《まつ》の剣《けん》豪《ごう》

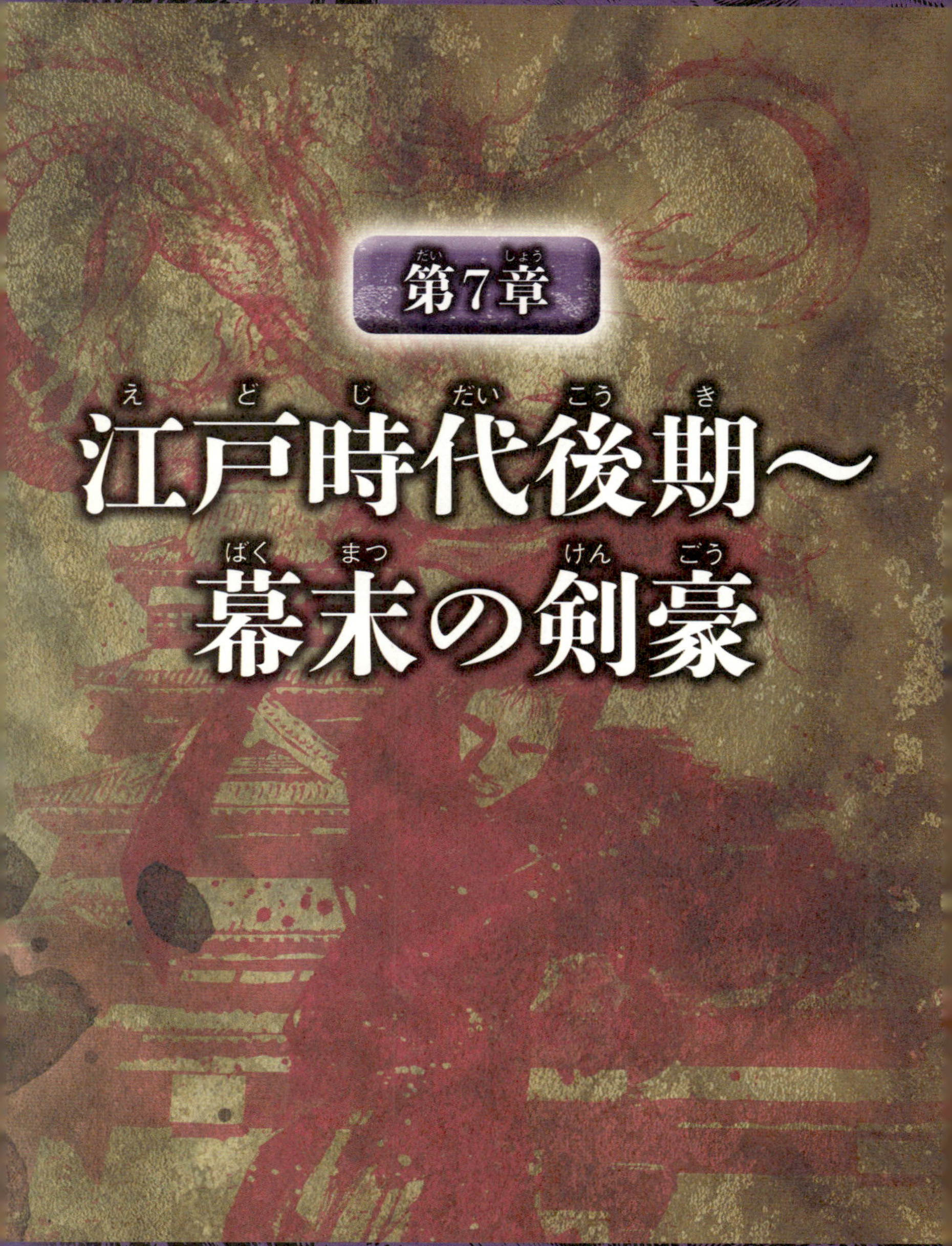

北辰《ほくしん》一《いっ》刀《とう》流《りゅう》の祖《そ》

千《ち》葉《ば》周《しゅう》作《さく》

高速《こうそく》のうちこみと至高《しこう》の技《わざ》
北辰《ほくしん》一刀流《いっとうりゅう》をかかげた剣豪《けんごう》

所《しょ》属《ぞく》	玄武館《けんぶかん》	出身地《しゅっしんち》	陸前国《りくぜんのくに》（宮城県《みやぎけん》）
生没年月日《せいぼつねんがっぴ》	1793年《ねん》～1856年《ねん》1月《がつ》17日《にち》	家紋《かもん》	

イラスト●菊屋《きくや》シロウ

一刀流《いっとうりゅう》で満足《まんぞく》できない

江戸幕末《えどばくまつ》の剣豪《けんごう》で、北辰一《ほくしんいっ》刀流《とうりゅう》の創始者《そうししゃ》。北辰一刀流《ほくしんいっとうりゅう》は江戸最大《えどさいだい》の剣術《けんじゅつ》の流派《りゅうは》で、周《しゅう》作《さく》の門下《もんか》には山岡鉄舟《やまおかてっしゅう》や坂本《さかもと》龍馬《りょうま》といった幕末《ばくまつ》の重要人物《じゅうようじんぶつ》のほか、天下《てんか》に名《な》が知《し》られた剣客《けんかく》も多《おお》かった。

周作《しゅうさく》はおさないころに故郷《こきょう》の陸前《りくぜん》（宮城県《みやぎけん》）で、千葉家《ちばけ》につたわる北辰夢想流《ほくしんむそうりゅう》の剣術《けんじゅつ》をまなび、父《ちち》とともに下総《しもうさ》（千《ち》葉県《ばけん》）にうつって小野派一刀《おのはいっとう》流《りゅう》をまなんだ。23歳《さい》で免許皆《めんきょかい》伝《でん》となり、その後《ご》、江戸《えど》の一《いっ》刀流中西道場《とうりゅうなかにしどうじょう》で稽古《けいこ》にはげむが、一刀流《いっとうりゅう》の改良《かいりょう》を申《もう》し出《で》て反対《はんたい》され、修行《しゅぎょう》の旅《たび》に出《で》た。

自由《じゆう》な剣《けん》で人気《にんき》に

各地《かくち》をめぐって強敵《きょうてき》と試合《しあい》をかさね、名声《めいせい》を高《たか》めた周作《しゅうさく》は、江戸《えど》にもどって北辰一刀《ほくしんいっとう》流《りゅう》の看板《かんばん》をかかげ、玄武館道《げんぶかんどう》場《じょう》をひらいた。

周作《しゅうさく》のあみ出《だ》した北辰一刀《ほくしんいっとう》流《りゅう》は、構《かま》えが決《き》まっていたそれまでの一刀流《いっとうりゅう》とちがい、相《あい》手《て》にあわせて構《かま》えをとった。自由《じゆう》でかたくるしくなく、周《しゅう》作《さく》の指導《しどう》もわかりやすいと評《ひょう》判《ばん》で、玄武館《げんぶかん》への入門希望者《にゅうもんきぼうしゃ》があとをたたなかったという。

また、剣《けん》の指導《しどう》に竹刀《しない》と防《ぼう》具《ぐ》を使《つか》いはじめたのも周作《しゅうさく》で、それがいまの剣道《けんどう》につながっている。

能力《のうりょく》パラメータ

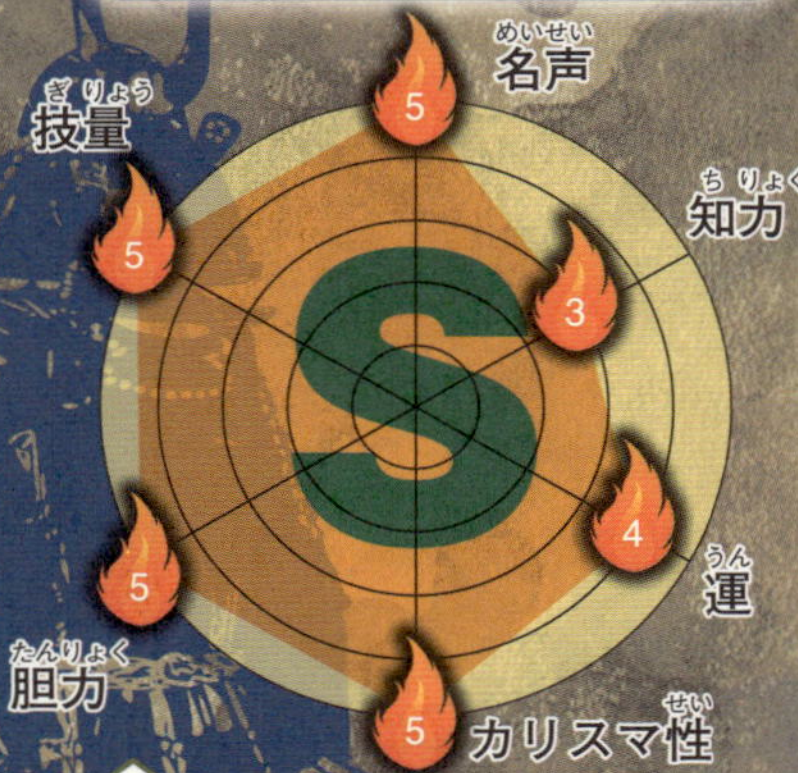

武《ぶ》力《りょく》考《こう》察《さつ》

周作《しゅうさく》は身長《しんちょう》180センチの大男《おおおとこ》で怪《かい》力《りき》だったが、剣《けん》は力《ちから》ではなくスピードと技《わざ》を重視《じゅうし》した。江戸《えど》でも「技《わざ》の千葉《ちば》」と称《しょう》されていた。

主《おも》な戦《たたか》い

小泉弥兵衛《こいずみやへえ》（馬庭念流《まにわねんりゅう》）との決闘《けっとう》、
高柳又四郎《たかやなぎまたしろう》（一刀流《いっとうりゅう》）との立《た》ちあい

剣《けん》豪《ごう》集《しゅう》団《だん》をまとめあげた男《おとこ》

近《こん》藤《どう》勇《いさみ》

幕《ばく》府《ふ》に命《いのち》をささげた新《しん》撰《せん》組《ぐみ》の局《きょく》長《ちょう》

所　属《しょ　ぞく》	新撰組《しんせんぐみ》	出身地《しゅっしんち》	武蔵国《むさしのくに》（東京都《とうきょうと》）
生没年月日《せいぼつねんがっぴ》	1834年《ねん》11月9日《がつここのか》〜1868年《ねん》5月《がつ》17日《にち》	家紋《かもん》	

イラスト●坂井結城《さかいゆうき》

武士道《ぶしどう》に生《い》きた剣豪《けんごう》

幕府《ばくふ》のために死力《しりょく》をつくして戦《たたか》った新撰組局長《しんせんぐみきょくちょう》の近藤《こんどう》勇《いさみ》。新《あら》たな時代《じだい》に突入《とつにゅう》しようかという幕末《ばくまつ》に、かたくなに武士道《ぶしどう》を守《まも》って生《い》きたきっすいの武人《ぶじん》であり、剣豪《けんごう》だった。

勇《いさみ》は15歳《さい》のときに天然理心《てんねんりしん》流剣術《りゅうけんじゅつ》の道場《どうじょう》・試衛館《しえいかん》に入門《にゅうもん》する。そして自宅《じたく》に入《はい》った泥《どろ》棒《ぼう》を退治《たいじ》した度胸《どきょう》がみとめられ、師匠《ししょう》の近藤家《こんどうけ》の養子《ようし》となり、天然理心流《てんねんりしんりゅう》の後継者《こうけいしゃ》となった。その後《ご》、同《おな》じ試衛館《しえいかん》の沖田総司《おきたそうじ》、土方歳三《ひじかたとしぞう》、山南《やまなみ》啓助《けいすけ》らとともに浪士組《ろうしぐみ》に参加《さんか》する。この浪士組《ろうしぐみ》がのちに新《しん》撰組《せんぐみ》となった。

いかつい顔《かお》だがやさしい

新撰組《しんせんぐみ》は京《きょう》の反幕府勢力《はんばくふせいりょく》をとりしまり、幕府《ばくふ》にしたがって戊辰戦争《ぼしんせんそう》にも参加《さんか》した。勇《いさみ》は江戸《えど》にもどって甲州《こうしゅう》（山梨《やまなし》県《けん》）に進軍《しんぐん》したが敗北《はいぼく》。すぐさま再起《さいき》をかけて新撰組《しんせんぐみ》を再《さい》集結《しゅうけつ》させたが、勇《いさみ》は新政府軍《しんせいふぐん》につかまって処刑《しょけい》された。

勇《いさみ》はいかつい顔《かお》とは裏腹《うらはら》に、やさしくて面倒見《めんどうみ》もよく、だれからもしたわれたという。しかも剣《けん》は天然理心流免許皆《てんねんりしんりゅうめんきょかい》伝《でん》の腕前《うでまえ》。やさしさと強《つよ》さをかねそなえた人物《じんぶつ》だったからこそ、新撰組《しんせんぐみ》のような剣豪集《けんごうしゅう》団《だん》をまとめ上《あ》げることができたのかもしれない。

能力《のうりょく》パラメータ

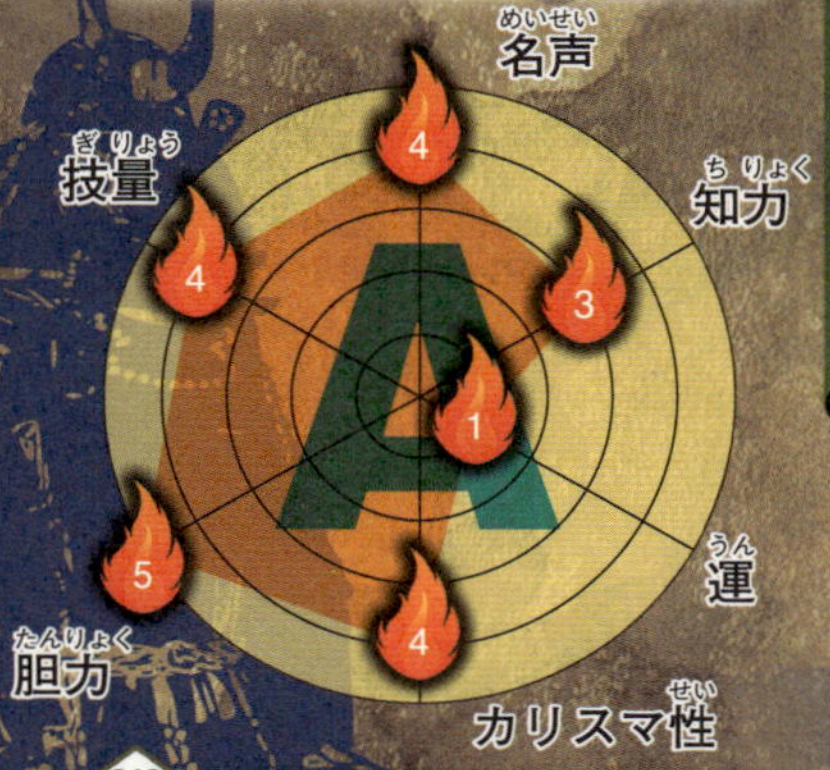

武《ぶ》 力《りょく》 考《こう》 察《さつ》

勇《いさみ》が指南免許《しなんめんきょ》をもつ天然理心流《てんねんりしんりゅう》は、相討《あいう》ち覚悟《かくご》の剣術《けんじゅつ》。勇《いさみ》は愛刀《あいとう》の「虎徹《こてつ》」を手《て》に、いつも死《し》を覚《かく》悟《ご》して戦《たたか》っていたという。

主《おも》な戦《たたか》い

池田屋事件《いけだやじけん》、禁門《きんもん》の変《へん》、油小路事《あぶらこうじじ》件《けん》、戊辰戦争《ぼしんせんそう》

剣豪編《けんごうへん》

老獪《ろうかい》な武蔵《むさし》に豪胆《ごうたん》な近藤《こんどう》の剣《けん》やいかに!?

サムライ空《くう》想《そう》バトル!!

武士《ぶし》での出世《しゅっせ》を願《ねが》った成《な》り上《あ》がりの剣豪《けんごう》・近藤勇《こんどういさみ》と宮本武蔵《みやもとむさし》。何《なに》をしでかすかわからないひねくれ者《もの》の武蔵《むさし》を相手《あいて》に、まっすぐな気性《きしょう》の近藤《こんどう》はどう対抗《たいこう》するのか？

新《しん》撰《せん》組《ぐみ》局《きょく》長《ちょう》と伝《でん》説《せつ》の剣《けん》豪《ごう》のはたしあい！

参考《さんこう》データ

特徴《とくちょう》	段位《だんい》	流派《りゅうは》	使用武器《しようぶき》
大柄《おおがら》、怪力《かいりき》、狡猾《こうかつ》	二天一流創始者《にてんいちりゅうそうししゃ》	二天一流《にてんいちりゅう》	和泉守藤原兼重《いずみのかみふじはらかねしげ》

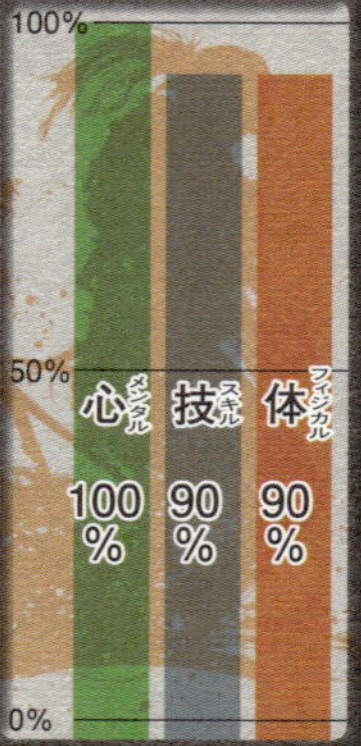

参考《さんこう》データ

特徴《とくちょう》	段位《だんい》	流派《りゅうは》	使用武器《しようぶき》
温厚《おんこう》、豪胆《ごうたん》	天然理心流宗家《てんねんりしんりゅうそうけ》	天然理心流《てんねんりしんりゅう》	虎徹《こてつ》

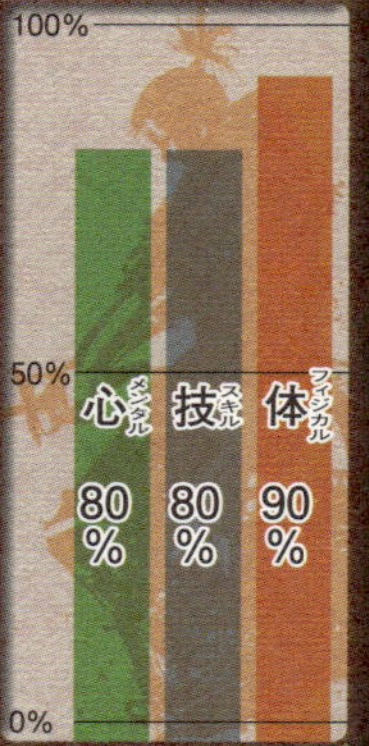

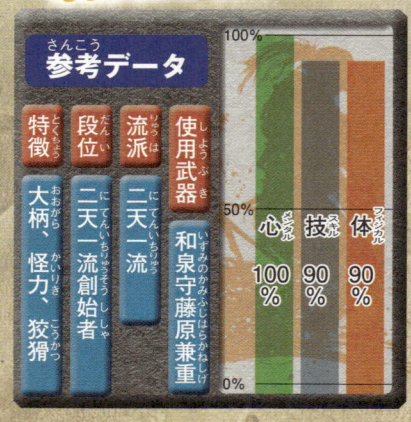

武蔵《むさし》のおどろくべき腕力《わんりょく》

近藤勇《こんどういさみ》の天然理心流《てんねんりしんりゅう》は、大《おお》太刀《だち》で精《せい》も根《こん》もつきるまで斬《き》りつづけ、相手《あいて》の気力《きりょく》をうばったところに技《わざ》をくり出《だ》すという、相討《あいう》ち覚悟《かくご》の実戦向《じっせんむ》きな剣《けん》。近藤勇《こんどういさみ》のまっすぐな性格《せいかく》にぴったりの剣術《けんじゅつ》である。

しかし、剣《けん》のはげしさなら、武蔵《むさし》も負《ま》けていない。武蔵《むさし》といえば二刀流《にとうりゅう》で有名《ゆうめい》だが、二《に》刀流《とうりゅう》は実戦向《じっせんむ》きではない。二《に》刀《とう》を使《つか》うのはけいこのときで、両腕《りょううで》の力《ちから》を同時《どうじ》に強《つよ》くするためだった。そのかいあって武《む》蔵《さし》の腕力《わんりょく》はひじょうに強《つよ》くなり、片手《かたて》のみで重《おも》い刀《かたな》をすばやく変幻自在《へんげんじざい》にあやつれたという。斬《き》りあいものぞむところなのである。

試合《しあい》がはじまると、武蔵《むさし》は相手《あいて》をさそうように腕《うで》をだらんと下《さ》げて無防備《むぼうび》にかまえた。近藤《こんどう》は得体《えたい》の知《し》れない武《む》蔵《さし》への恐怖《きょうふ》をふりはらい、まっすぐに向《む》かっていく。

変化《へんか》をせず、とにかくまっすぐにつっこんでくる近藤《こんどう》の剣《けん》におどろく武蔵《むさし》。近藤《こんどう》は武《む》蔵《さし》をつかれさせようと攻《せ》めつづけるが、武蔵《むさし》は余裕《よゆう》しゃくしゃくでうけながす。最後《さいご》は近藤《こんどう》が相討《あいう》ちをねらってすて身《み》の一撃《いちげき》をくり出《だ》したが、近《こん》藤《どう》よりも一瞬《いっしゅん》はやく武蔵《むさし》が斬《き》りこみ、一刀《いっとう》のもとにとどめをさした。

勝利《しょうり》の決《き》め手《て》

攻《せ》めつづけて相手《あいて》の気《き》をうばう

天然理心流《てんねんりしんりゅう》の剣術《けんじゅつ》は、武蔵《むさし》と相《あい》性《しょう》がわるい。武蔵《むさし》は近藤《こんどう》がいくら攻《せ》めても、それをうけながし、刀《かたな》をもち変《か》えながら逆《ぎゃく》に攻《せ》めこんでいく。最後《さいご》は近藤《こんどう》の気力《きりょく》がうばわれてしまった。

必殺技《ひっさつわざ》

神速《しんそく》の居合《いあ》い、強烈《きょうれつ》な片手《かたて》うち

鬼《おに》の副《ふく》長《ちょう》

土《ひじ》方《かた》歳《とし》三《ぞう》

冷《れい》酷《こく》非《ひ》情《じょう》な鬼《おに》の副《ふく》長《ちょう》
新《しん》撰《せん》組《ぐみ》のナンバー2

所《しょ》属《ぞく》	新撰組《しんせんぐみ》	出《しゅっ》身《しん》地《ち》	武蔵国《むさしのくに》（東京《とうきょう》都《と》）
生没年月日《せいぼつねんがっぴ》	1835年《ねん》5月《がつ》31日《にち》〜1869年《ねん》6月20日《がつはつか》	家《か》紋《もん》	

イラスト●クロブチぬまま

剣豪《けんごう》がおそれた剣豪《けんごう》

新撰組《しんせんぐみ》では局長《きょくちょう》の近藤勇《こんどういさみ》の補佐役《ほさやく》。ハンサムで頭《あたま》がきれ、いつも冷静沈着《れいせいちんちゃく》。たとえ味方《みかた》であっても自分《じぶん》がさだめた規《き》則《そく》にそむけば斬《き》るという非情《ひじょう》さで、剣豪《けんごう》ぞろいの隊士《たいし》におそれられた。

近藤勇《こんどういさみ》と同郷《どうきょう》で農家《のうか》の家《いえ》に生《う》まれた歳三《としぞう》は、家業《かぎょう》を手《て》つだいながら剣術修行《けんじゅつしゅぎょう》をつみ、天然理心流《てんねんりしんりゅう》に入門《にゅうもん》して近藤勇《こんどういさみ》と知《し》りあった。そして武士《ぶし》になることを夢見《ゆめみ》ていた歳三《としぞう》は、近藤勇《こんどういさみ》とともに幕府《ばくふ》が募《ぼ》集《しゅう》していた浪士組《ろうしぐみ》に入隊《にゅうたい》。近《こん》藤勇《どういさみ》をたすけ、参謀役《さんぼうやく》として実戦指揮《じっせんしき》にあたった。

武士《ぶし》のまま死《し》んでいく

浪士組《ろうしぐみ》はそのはたらきがみとめられ、新撰組《しんせんぐみ》と名《な》を変《か》え、隊士《たいし》は武士《ぶし》にとり立《た》てられた。夢《ゆめ》がかなった歳三《としぞう》だが幕《ばく》府《ふ》は崩壊寸前《ほうかいすんぜん》。歳三《としぞう》も京《きょう》で薩《さっ》長《ちょう》と戦《たたか》うが手《て》も足《あし》も出《で》なかった。その後《ご》、江戸《えど》で再起《さいき》をはかろうとしたが、近藤勇《こんどういさみ》が投《とう》降《こう》して処刑《しょけい》されてしまう。

それでも歳三《としぞう》はあきらめずに戦《たたか》いつづけた。箱館《はこだて》の五稜《ごりょう》郭《かく》では新政府軍《しんせいふぐん》を相手《あいて》に奮《ふん》戦《せん》。最後《さいご》はろう城《じょう》をいさぎよしとせず、出陣《しゅつじん》して銃《じゅう》でうたれた。上司《じょうし》であった近藤勇《こんどういさみ》と同《おな》じく、夢《ゆめ》にまで見《み》た武士《ぶし》のままちっていったのだ。

能力《のうりょく》パラメータ

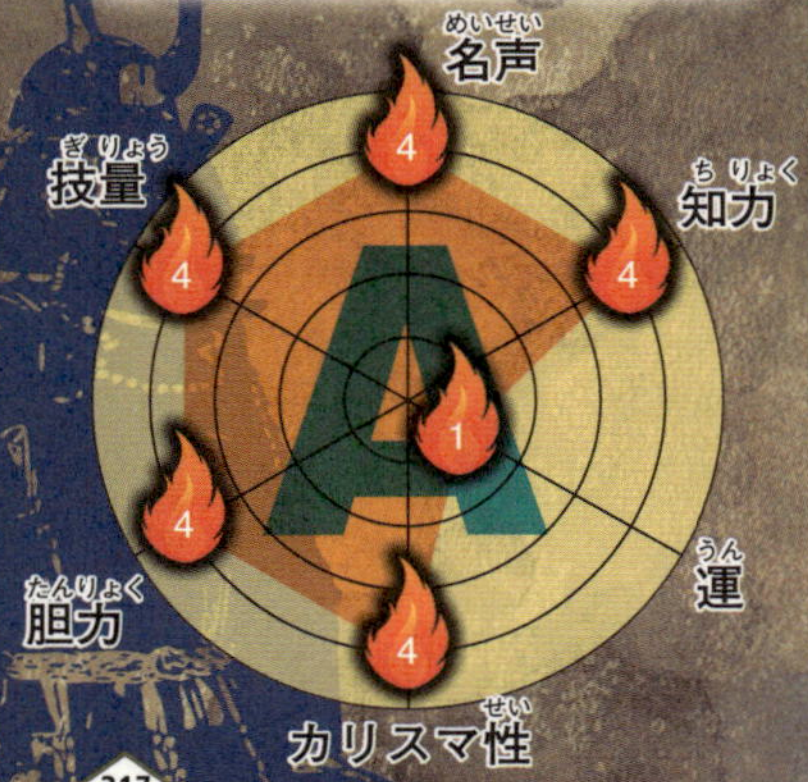

武《ぶ》力《りょく》考《こう》察《さつ》

天然理心流《てんねんりしんりゅう》の免許皆伝《めんきょかいでん》ではなかったが、実戦《じっせん》にめっぽう強《つよ》く、なんでもありのケンカ殺法《さっぽう》で、敵《てき》をうちのめしたという。

主《おも》な戦《たたか》い

池田屋事件《いけだやじけん》、禁門《きんもん》の変《へん》、鳥羽《とば》・伏見《ふしみ》の戦《たたか》い、二股口《ふたまたぐち》の戦《たたか》い

鬼《おに》の一《いち》番《ばん》隊《たい》組《くみ》長《ちょう》

沖《おき》田《た》総《そう》司《じ》

剣《けん》をとれば鬼《おに》となった
新撰《しんせん》組《ぐみ》の一《いち》番《ばん》隊《たい》組《くみ》長《ちょう》

所属《しょぞく》	新撰組《しんせんぐみ》	出身地《しゅっしんち》	江戸《えど》（東京都《とうきょうと》）
生没年月日《せいぼつねんがっぴ》	1844年《ねん》～1868年《ねん》7月《がつ》19日《にち》	家紋《かもん》	

イラスト●ナチコ

成人《せいじん》する前《まえ》に免許皆伝《めんきょかいでん》

新撰組《しんせんぐみ》の一番隊組長《いちばんたいくみちょう》で、隊《たい》士《し》のなかでも最強《さいきょう》のほまれ高《たか》い実力者《じつりょくしゃ》。

江戸《えど》で生《う》まれ、おさないころから近藤勇《こんどういさみ》や土方歳三《ひじかたとしぞう》の試《し》衛館《えいかん》の同門《どうもん》として天然理心流《てんねんりしんりゅう》をまなんだ。20歳《さい》になる前《まえ》には免許皆伝《めんきょかいでん》となり、館長《かんちょう》の近《こん》藤勇《どういさみ》の代役《だいやく》として門弟《もんてい》にけいこをつけていた。

近藤勇《こんどういさみ》をたいへんしたっていたので、幕府《ばくふ》が募集《ぼしゅう》した浪《ろう》士組《しぐみ》に近藤勇《こんどういさみ》、土方歳三《ひじかたとしぞう》とともに参加《さんか》する。彼《かれ》らのもとで総司《そうじ》は、多《おお》くの事件《じけん》や暗殺《あんさつ》にかかわり、その手《て》を血《ち》でそめていった。

普段《ふだん》は子《こ》どもっぽいが

総司《そうじ》は性格《せいかく》が明《あか》るく、いつもジョークを飛《と》ばして仲間《なかま》を笑《わら》わせていたという。子《こ》ども好《ず》きで、近所《きんじょ》の子《こ》どもと鬼《おに》ごっこをするなど、純粋《じゅんすい》なところも。しかし、剣《けん》をにぎるとたんに人格《じんかく》が変《か》わったという。荒《あら》っぽく短気《たんき》になり、弟子《でし》への指導《しどう》はかなりきびしかった。

剣《けん》の腕《うで》は文句《もんく》なしの超一流《ちょういちりゅう》で、12歳《さい》で白河藩《しらかわはん》の剣術指南《けんじゅつしなん》を負《ま》かし、けいこでは同門《どうもん》の土方歳三《ひじかたとしぞう》、北辰一刀流《ほくしんいっとうりゅう》の藤堂《とうどう》平助《へいすけ》たちを子《こ》どもあつかいにした。本気《ほんき》でやったら近藤勇《こんどういさみ》もかなわなかっただろう。

能力《のうりょく》パラメータ

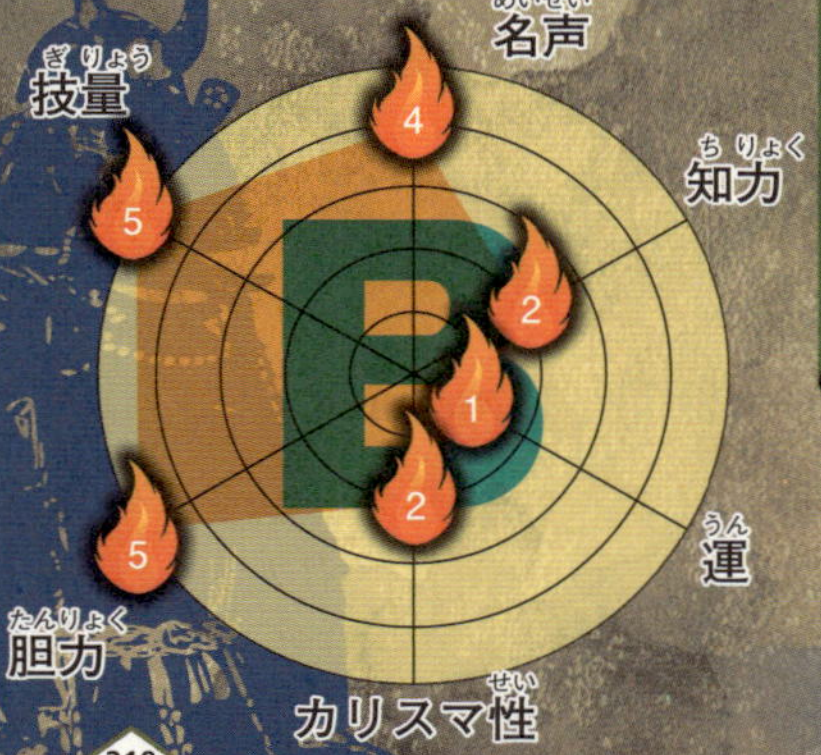

武《ぶ》 力《りょく》 考《こう》 察《さつ》

得意技《とくいわざ》は「無明剣《むみょうけん》」と称《しょう》した三段《さんだん》突《つ》き。そのあまりの速《はや》さに、3回《かい》のしかけがひとつの技《わざ》のように見《み》えたそうである。

主《おも》な戦《たたか》い

池田屋事件《いけだやじけん》、禁門《きんもん》の変《へん》、油小路事《あぶらこうじじ》件《けん》、芹沢鴨暗殺《せりざわかもあんさつ》

永倉新八《ながくらしんぱち》

最前線《さいぜんせん》で戦《たたか》った新撰組二番隊組長《しんせんぐみにばんたいくみちょう》

イラスト●坂本《さかもと》ロクタク

がむしゃら新八《しんぱち》

新撰組《しんせんぐみ》二番隊組長《にばんたいくみちょう》。神道無念流《しんとうむねんりゅう》の免許皆伝《めんきょかいでん》で、剣《けん》をもつと相手《あいて》にがむしゃらに向《む》かっていくことから「がむ新《しん》」とよばれていた。

新撰組《しんせんぐみ》ではつねに第一線《だいいっせん》で戦《たたか》い活躍《かつやく》するが、近藤勇《こんどういさみ》と対立《たいりつ》。戊辰戦争《ぼしんせんそう》の途中《とちゅう》で新撰組《しんせんぐみ》をはなれて生《い》きのこり、のちに新撰組《しんせんぐみ》の記録《きろく》をのこした。

所属《しょぞく》	松前藩《まつまえはん》、新撰組《しんせんくみ》
出身地《しゅっしんち》	江戸《えど》（東京都《とうきょうと》）
生没年月日《せいぼつねんがっぴ》	1839年《ねん》5月《がつ》23日《にち》～1915年《ねん》1月《がつ》5日《いつか》
家紋《かもん》	

能力《のうりょく》パラメータ

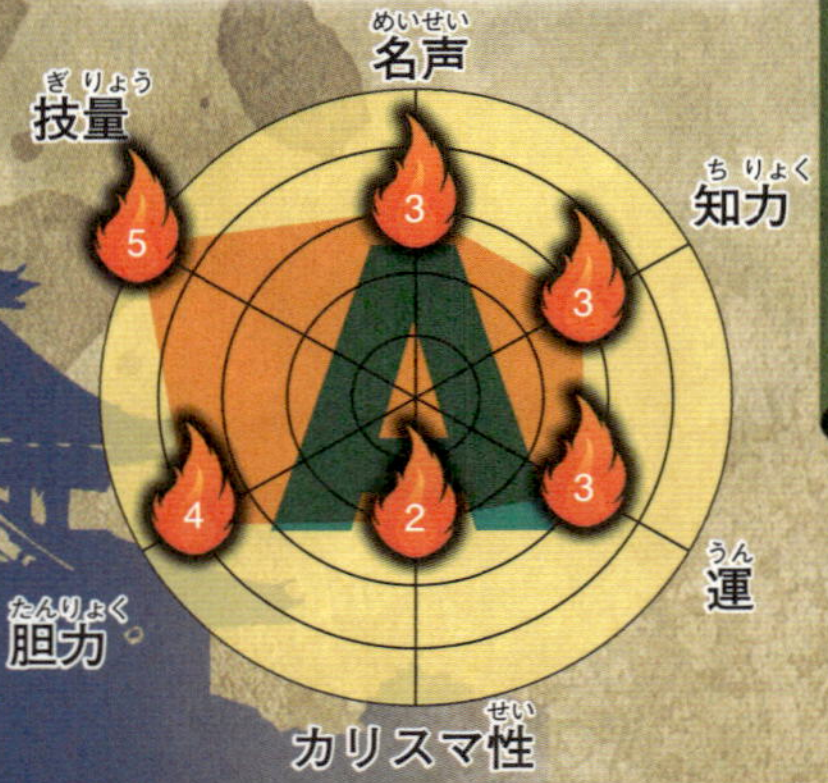

武力考察《ぶりょくこうさつ》

自分《じぶん》には剣以外《けんいがい》の才能《さいのう》はないというほどの剣《けん》の虫《むし》。得意技《とくいわざ》は「龍飛剣《りゅうひけん》」。新八《しんぱち》を新撰組最強《しんせんぐみさいきょう》の剣士《けんし》という隊士《たいし》もいた。

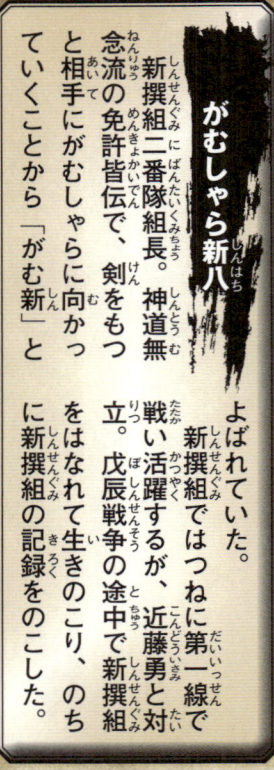

主《おも》な戦《たたか》い

池田屋事件《いけだやじけん》、油小路事件《あぶらこうじじけん》、鳥羽《とば》・伏見《ふしみ》の戦《たたか》い

斎藤一《さいとうはじめ》

最強《さいきょう》のサイレント・スナイパー

イラスト●木志田コテツ

無敵《むてき》と称《しょう》された剣《けん》

新撰組《しんせんぐみ》の三番隊組長《さんばんたいくみちょう》にして、剣術指南《けんじゅつしなん》もつとめた剣豪《けんごう》。ふだんからあまり人《ひと》と口《くち》をきくことはなく、内部粛清《ないぶしゅくせい》から暗殺《あんさつ》、スパイまで、たのまれた仕事《しごと》を忠実《ちゅうじつ》にこなした。一刀流《いっとうりゅう》、あるいは無外流《むがいりゅう》の使《つか》い手《て》といわれるが、いずれにしろその剣《けん》は無敵《むてき》といわれ、乱戦《らんせん》にめっぽう強《つよ》かった。

所属《しょぞく》	新撰組《しんせんぐみ》
出身地《しゅっしんち》	江戸《えど》（東京都《とうきょうと》）
生没年月日《せいぼつねんがっぴ》	1844年《ねん》2月《がつ》18日《にち》〜1915年《ねん》9月《がつ》28日《にち》
家紋《かもん》	

能力《のうりょく》パラメータ

武《ぶ》力《りょく》考《こう》察《さつ》

沖田総司《おきたそうじ》、永倉新八《ながくらしんぱち》以上《いじょう》との声《こえ》もある剣豪《けんごう》。剣《けん》の流派《りゅうは》は一刀流《いっとうりゅう》か無外流《むがいりゅう》かはっきりしないが、型《かた》にはまらず感覚《かんかく》で戦《たたか》うタイプ。

主《おも》な戦《たたか》い

池田屋事件《いけだやじけん》、大坂力士《おおさかりきし》との乱闘《らんとう》、天満屋事件《てんまやじけん》、鳥羽《とば》・伏見《ふしみ》の戦《たたか》い

剣豪編《けんごうへん》

“狂《きょう》”の一文字《いちもじ》はこのふたりにあり!!

サムライ空想《くうそう》バトル!!

ふだんは明《あか》るくてやさしい性格《せいかく》なのに、剣《けん》をとったら人格《じんかく》が一変《いっぺん》！相手《あいて》が降参《こうさん》しても攻撃《こうげき》をやめずにとどめをさしたという狂気《きょうき》の天才《てんさい》剣士《けんし》ふたりが、ここに激突《げきとつ》する！

新《しん》撰《せん》組《ぐみ》最《さい》強《きょう》剣《けん》士《し》と天《てん》下《か》の吉《よし》岡《おか》流《りゅう》後《こう》継《けい》者《しゃ》の決《けっ》闘《とう》！

参考《さんこう》データ

特徴《とくちょう》	段位《だんい》	流派《りゅうは》	使用武器《しようぶき》
攻撃的《こうげきてき》、残忍《ざんにん》	吉岡流《よしおかりゅう》4代目当主《だいめとうしゅ》	吉岡流《よしおかりゅう》	大太刀《おおだち》

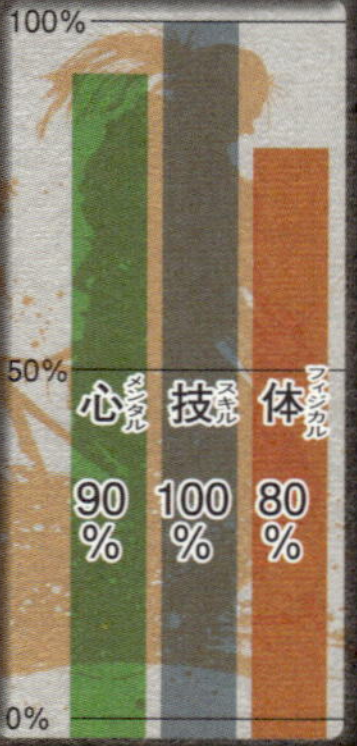

参考《さんこう》データ

特徴《とくちょう》	段位《だんい》	流派《りゅうは》	使用武器《しようぶき》
純粋《じゅんすい》、二重人格《にじゅうじんかく》	免許皆伝《めんきょかいでん》	天然理心流《てんねんりしんりゅう》	加州清光《かしゅうきよみつ》

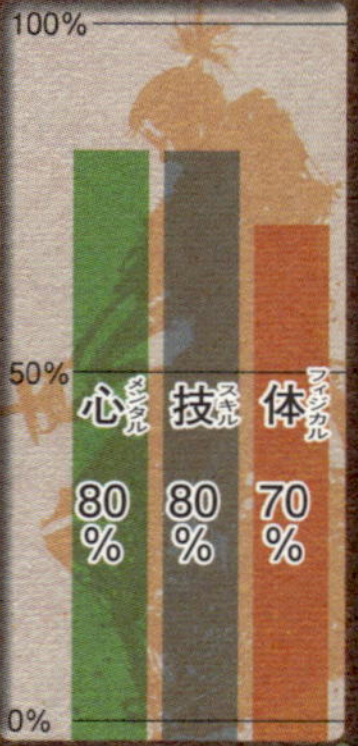

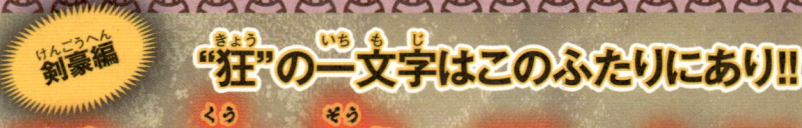

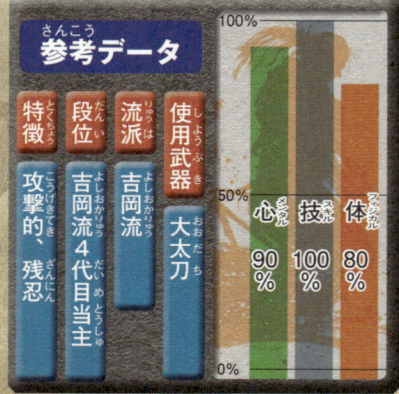

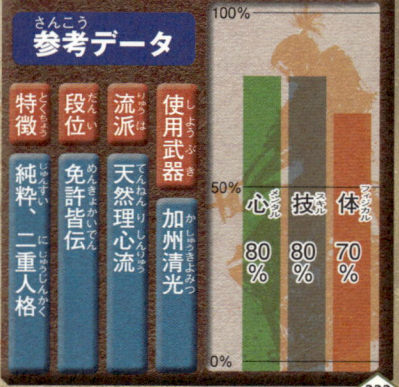

すさまじい殺気《さっき》の試合《しあい》

吉岡清十郎《よしおかせいじゅうろう》は将軍家《しょうぐんけ》剣術《けんじゅつ》指《し》南《なん》の吉岡流《よしおかりゅう》の当主《とうしゅ》。名人《めいじん》のほまれ高《たか》いが、剣《けん》をもつと残忍《ざんにん》で容赦《ようしゃ》がない。相手《あいて》が戦闘《せんとう》不《ふ》能《のう》でもかまわず試合《しあい》をつづけるし、けいこ相手《あいて》をなぐるけるもあたりまえだった。沖田《おきた》総司《そうじ》も純朴《じゅんぼく》な天才剣士《てんさいけんし》だが、剣《けん》をもつと人格《じんかく》が変《か》わる。新《しん》撰組《せんぐみ》のとりしまりでは顔色《かおいろ》ひとつ変《か》えず人《ひと》を斬《き》っていた。

吉岡《よしおか》の剣術《けんじゅつ》は殺気《さっき》を前面《ぜんめん》に出《だ》す。剣《けん》は「無《む》」の境地《きょうち》になれというが、吉岡流《よしおかりゅう》はすさまじい殺気《さっき》で敵《てき》に立《た》ち向《む》かった。いっぽう沖田《おきた》の天然理心《てんねんりしん》流《りゅう》も、気合《きあ》いで敵《てき》に立《た》ち向《む》かうはげしい剣《けん》である。

試合《しあい》がはじまって、両者《りょうしゃ》の大《おお》きくかん高《だか》い声《ごえ》がひびきわたる。吉岡《よしおか》は青眼《せいがん》のかまえをとり、沖田《おきた》は剣先《けんさき》を右《みぎ》に下《さ》げ、前《まえ》のめりのかまえをとった。

吉岡《よしおか》は地面《じめん》をけり、ものすごい速《はや》さで間合《まあ》いをつめて沖《おき》田《た》の胸《むね》をねらう。沖田《おきた》は攻撃《こうげき》をよけて吉岡《よしおか》の顔面《がんめん》をねらったが、吉岡《よしおか》は瞬時《しゅんじ》に後方《こうほう》に下《さ》がって難《なん》を逃《のが》れた。

しかし、沖田《おきた》はこのときをまっていたかのように、無明《むみょう》剣《けん》とよばれる三段突《さんだんづ》きをくり出《だ》した。最初《さいしょ》の突《つ》きははずしたが、２突《つ》きと３突《づ》きが吉岡《よしおか》を斬《き》った。この勝負《しょうぶ》は、下《さ》がったほうが負《ま》けであった。

勝利《しょうり》の決《き》め手《て》

どちらも気合《きあ》いを大事《だいじ》にする流《りゅう》派《は》。少《すこ》しでも弱気《よわき》になったほうが負《ま》けである。吉岡《よしおか》は沖田《おきた》の顔《がん》面《めん》への攻撃《こうげき》をうしろに下《さ》がってよけたが、これが勝負《しょうぶ》を分《わ》けた。必殺《ひっさつ》の三段突《さんだんづ》きを吉岡《よしおか》がよけることは不可能《ふかのう》だった。

必殺技《ひっさつわざ》　無明剣《むみょうけん》（三段突《さんだんづ》き）

幕末《ばくまつ》の世《よ》に若《わか》い血潮《ちしお》をたぎらせた男《おとこ》たちがいた!!

新《しん》撰《せん》組《ぐみ》とその時《じ》代《だい》

幕府《ばくふ》を守《まも》る忠義《ちゅうぎ》の隊士《たいし》

　幕末《ばくまつ》の京《きょう》では尊王攘夷《そんのうじょうい》の志《し》士《し》がうごめき、不穏《ふおん》な空気《くうき》がながれていた。そのため幕府《ばくふ》は上洛《じょうらく》する将軍《しょうぐん》を警護《けいご》するべく浪士組《ろうしぐみ》をつくった。この浪《ろう》士組《しぐみ》が京《きょう》の治安《ちあん》を守《まも》る警察組《けいさつそ》織《しき》にかわり、新撰組《しんせんぐみ》となる。

　新撰組《しんせんぐみ》ははじめ、近藤勇《こんどういさみ》を中心《ちゅうしん》とする試衛館派《しえいかんは》と芹沢鴨《せりざわかも》を中心《ちゅうしん》とする水戸派《みとは》に分《わ》かれてあらそっていたが、試衛館《しえいかん》派《は》が芹沢鴨《せりざわかも》を暗殺《あんさつ》。近藤勇《こんどういさみ》を局長《きょくちょう》とした組織《そしき》が整備《せいび》された。

　局長《きょくちょう》の近藤《こんどう》は出動《しゅつどう》を決《き》めるのが役目《やくめ》で、実際《じっさい》に隊士《たいし》を動《うご》かすのは副長《ふくちょう》の土方歳三《ひじかたとしぞう》だった。土方《ひじかた》は近藤《こんどう》から出《だ》された出動命令《しゅつどうめいれい》を十番隊《じゅうばんたい》までである部《ぶ》隊《たい》の組長《くみちょう》につたえた。

　新撰組《しんせんぐみ》は組織《そしき》の命令系統《めいれいけいとう》がひじょうにシンプルで、行動《こうどう》にうつるまでが早《はや》く、土方《ひじかた》のつくったきびしい規則《きそく》もあってよくまとまっていた。

　池田屋事件《いけだやじけん》では多《おお》くの倒幕《とうばく》派《は》を捕縛《ほばく》・暗殺《あんさつ》し、禁門《きんもん》の変《へん》の鎮圧《ちんあつ》でも活躍《かつやく》した。しかし、警察組織《けいさつそしき》だったのは大政奉還《たいせいほうかん》までで、戊辰戦争《ぼしんせんそう》では幕府《ばくふ》の武装組織《ぶそうそしき》となった。役目《やくめ》は変《か》わったが、近藤《こんどう》たち隊士《たいし》は純《じゅん》粋《すい》に幕府《ばくふ》（国《くに》）につくす「忠《ちゅう》義《ぎ》の武士《ぶし》」として、命《いのち》がけではたらいたのである。

新《しん》撰《せん》組《ぐみ》組《そ》織《しき》図《ず》

局長《きょくちょう》・近藤勇《こんどういさみ》

参謀《さんぼう》・伊東甲子太郎《いとうかしたろう》

副長《ふくちょう》・土方歳三《ひじかたとしぞう》

勘定方《かんじょうかた》

副長助勤《ふくちょうじょきん》

諸士取調兼監察《しょしとりしらべけんかんさつ》

一番隊《いちばんたい》・沖田総司《おきたそうじ》
二番隊《にばんたい》・永倉新八《ながくらしんぱち》
三番隊《さんばんたい》・斎藤一《さいとうはじめ》
四番隊《よんばんたい》・松原忠司《まつばらちゅうじ》
五番隊《ごばんたい》・武田観柳斎《たけだかんりゅうさい》
六番隊《ろくばんたい》・井上源三郎《いのうえげんざぶろう》
七番隊《ななばんたい》・谷三十郎《たにさんじゅうろう》
八番隊《はちばんたい》・藤堂平助《とうどうへいすけ》
九番隊《きゅうばんたい》・鈴木三樹三郎《すずきみきさぶろう》
十番隊《じゅうばんたい》・原田左之助《はらださのすけ》

伍長《ごちょう》（20人《にん》）

平隊士《ひらたいし》

厳格《げんかく》な鬼《おに》の副長《ふくちょう》・土方歳三《ひじかたとしぞう》

みなにしたわれた局長《きょくちょう》の近藤勇《こんどういさみ》

写真提供《しゃしんていきょう》●国立国会図書館《こくりつこっかいとしょかん》

佐《さ》々《さ》木《き》只《ただ》三《さぶ》郎《ろう》

龍馬《りょうま》を斬《き》った武骨《ぶこつ》な剣豪《けんごう》

イラスト●たわわ実《みのる》

小太刀《こだち》なら日本一《にっぽんいち》

会津五流《あいづごりゅう》のひとつに数《かぞ》えられる神道精武流《しんとうせいぶりゅう》をまなび、奥義《おうぎ》をきわめて「小太刀《こだち》をとっては日本一《にっぽんいち》」と称《しょう》された。

幕府《ばくふ》の講武所《こうぶしょ》の剣術師範《けんじゅつしはん》をつとめ、清河八郎《きよかわはちろう》を暗殺《あんさつ》したのち京都見廻組《きょうとみまわりぐみ》に抜《ばっ》てきされた。京《きょう》のとりしまりで、近江《おうみ》屋《や》にふみこんで坂本龍馬《さかもとりょうま》と中《なか》岡慎太郎《おかしんたろう》を暗殺《あんさつ》したとされる。

所属《しょぞく》	京都見廻組《きょうとみまわりぐみ》
出身地《しゅっしんち》	陸奥国《むつのくに》（福島県《ふくしまけん》）
生没年月日《せいぼつねんがっぴ》	1833年《ねん》～1868年《ねん》2月5日《がついつか》

家紋《かもん》

能力《のうりょく》パラメータ

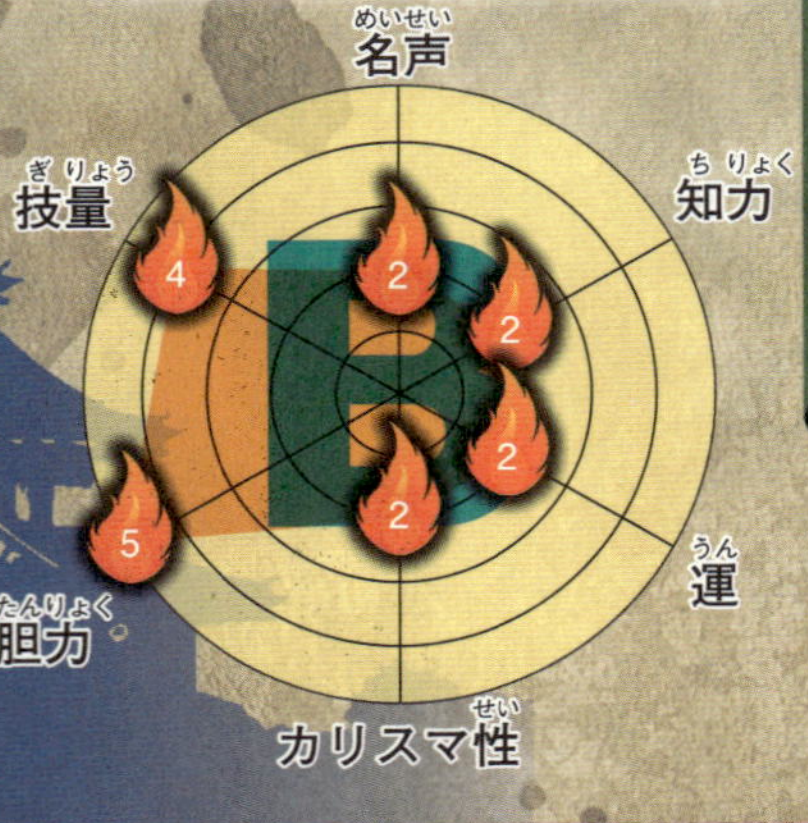

武《ぶ》力《りょく》考《こう》察《さつ》

小太刀《こだち》日本一《にっぽんいち》といわれたその剣《けん》はすごい威力《いりょく》。龍馬《りょうま》は只三郎《ただざぶろう》の剣《けん》を刀《かたな》のさやでうけとめたが、いきおいをとめられなかった。

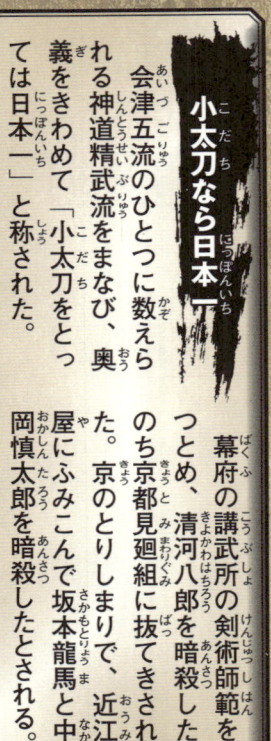

主《おも》な戦《たたか》い

清河八郎《きよかわはちろう》の暗殺《あんさつ》、近江屋事件《おうみやじけん》、鳥《と》羽《ば》・伏見《ふしみ》の戦《たたか》い

山《やま》岡《おか》鉄《てっ》舟《しゅう》

禅《ぜん》の心《こころ》を重《おも》んじた活人《かつにん》の剣士《けんし》

イラスト●小野《おの》たかし

刀《かたな》ではなく心《こころ》でうつ！

江戸《えど》城《じょう》の開城《かいじょう》を実現《じつげん》させた幕臣《ばくしん》。おさないころから新陰《しんかげ》流《りゅう》、北辰一刀流《ほくしんいっとうりゅう》をまなんだ剣《けん》豪《ごう》で、維新《いしん》後《ご》に中西《なかにし》派《は》一刀流《いっとうりゅう》と小野《おの》派《は》一刀流《いっとうりゅう》をまなび、一《いっ》刀正伝《とうしょうでん》無刀流《むとうりゅう》をひらいた。

鉄舟《てっしゅう》の剣術《けんじゅつ》はメンタルをとくに大事《だいじ》にした。「刀《かたな》にたよらず、心《こころ》をもって心《こころ》をうつ」が鉄舟《てっしゅう》の剣《けん》の極意《ごくい》である。

所属《しょぞく》	春風館《しゅんぷうかん》
出身地《しゅっしんち》	江戸《えど》（東京都《とうきょうと》）
生没年月日《せいぼつねんがっぴ》	1836年《ねん》7月《がつ》23日《にち》～1888年《ねん》7月《がつ》19日《にち》
家紋《かもん》	

能力《のうりょく》パラメータ

武《ぶ》力《りょく》考《こう》察《さつ》

精神力《せいしんりょく》を鍛錬《たんれん》した鉄舟《てっしゅう》は胆力《たんりょく》にすぐれた剣豪《けんごう》。強烈《きょうれつ》なけいこをおこなう無刀流《むとうりゅう》は、ふりおろす一刀《いっとう》に集中《しゅうちゅう》する一撃必殺《いちげきひっさつ》の剣《けん》。

主《おも》な戦《たたか》い

浅利義明《あさりよしあき》（中西《なかにし》派《は》一刀流《いっとうりゅう》）との立《た》ちあい

岡《おか》田《だ》以《い》蔵《ぞう》

血《ち》にくるった狂気《きょうき》のテロリスト

イラスト●坪井亮平

剣《けん》以《い》外《がい》に興味《きょうみ》なし

土佐勤王党《とさきんのうとう》の一員《いちいん》として多《おお》くの暗殺《あんさつ》に手《て》をそめた「人斬《ひとき》り以蔵《いぞう》」。独学《どくがく》で剣《けん》をまなび、のちに小野派一刀流《おのはいっとうりゅう》と鏡心明《きょうしんめい》智《ち》流《りゅう》、直指流《じきしりゅう》に入門《にゅうもん》したが、学問《がくもん》には興味《きょうみ》がなく免許皆伝《めんきょかいでん》とはならなかった。

土佐《とさ》を脱藩《だっぱん》して浪人《ろうにん》となったが、つかまってすべての罪《つみ》を白状《はくじょう》し、うち首《くび》となった。

所属《しょぞく》	浪人《ろうにん》
出身地《しゅっしんち》	土佐国《とさのくに》（高知県《こうちけん》）
生没年月日《せいぼつねんがっぴ》	1838年《ねん》2月14日《がつじゅうよっか》～1865年《ねん》7月3日《がつみっか》
家紋《かもん》	

能力《のうりょく》パラメータ

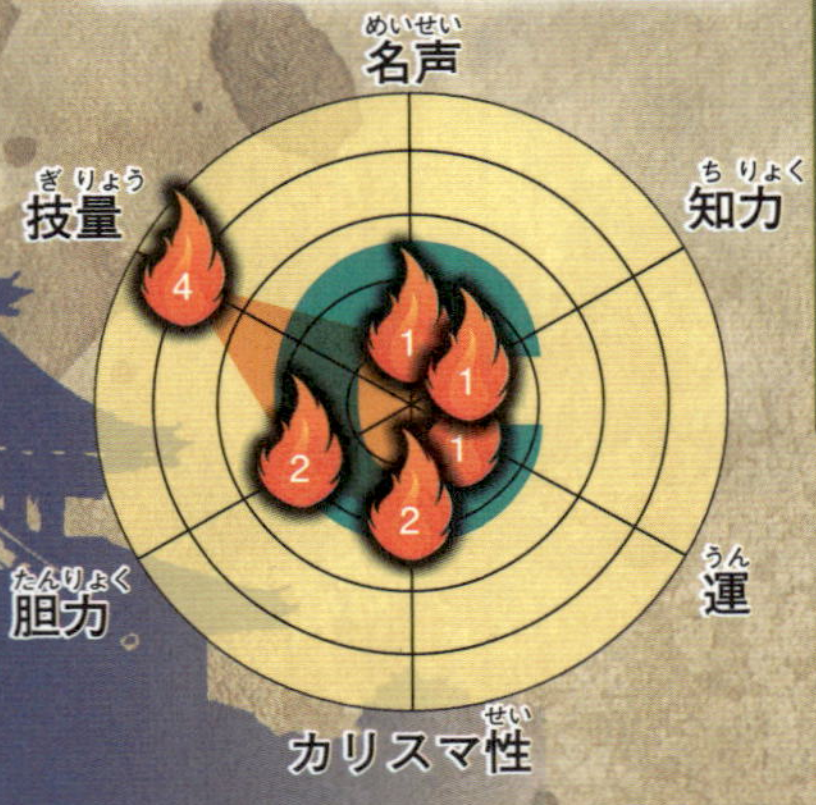

武《ぶ》力《りょく》考《こう》察《さつ》

以蔵《いぞう》の我流《がりゅう》の剣《けん》は、はげしいうえに速《はや》く、ハヤブサにたとえられた。暗殺《あんさつ》に手《て》をそめたが、根《ね》はおくびょうだったという。

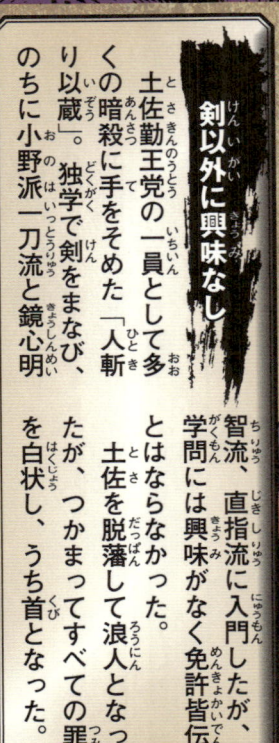

主《おも》な戦《たたか》い

本間精一郎《ほんませいいちろう》の暗殺《あんさつ》、多田帯刀《ただたてわき》の暗《あん》殺《さつ》、池内大学《いけうちだいがく》の暗殺《あんさつ》

中《なか》村《むら》半《はん》次《じ》郎《ろう》

西郷隆盛《さいごうたかもり》もみとめた示現流《じげんりゅう》の剣豪《けんごう》

イラスト●矢田崎友輔

新撰組《しんせんぐみ》がおそれた実力者《じつりょくしゃ》

示現流《じげんりゅう》の名手《めいしゅ》。その剣《けん》のあまりのすさまじさに、師《し》は「もう教《おし》えることはない」といったという。

京《きょう》にのぼり、薩摩《さつま》の倒幕運《とうばくうん》動《どう》にかかわって活動《かつどう》すると、その豪剣《ごうけん》で京《きょう》の新撰組《しんせんぐみ》をふるえ上《あ》がらせた。明治《めいじ》になると薩摩《さつま》にもどり、西郷隆盛《さいごうたかもり》にしたがって西南戦争《せいなんせんそう》に参戦《さんせん》した。

所属《しょぞく》	薩摩藩《さつまはん》
出身地《しゅっしんち》	薩摩国《さつまのくに》（鹿児島県《かごしまけん》）
生没年月日《せいぼつねんがっぴ》	1838年《ねん》～1877年《ねん》9月24日

家紋《かもん》

能力《のうりょく》パラメータ

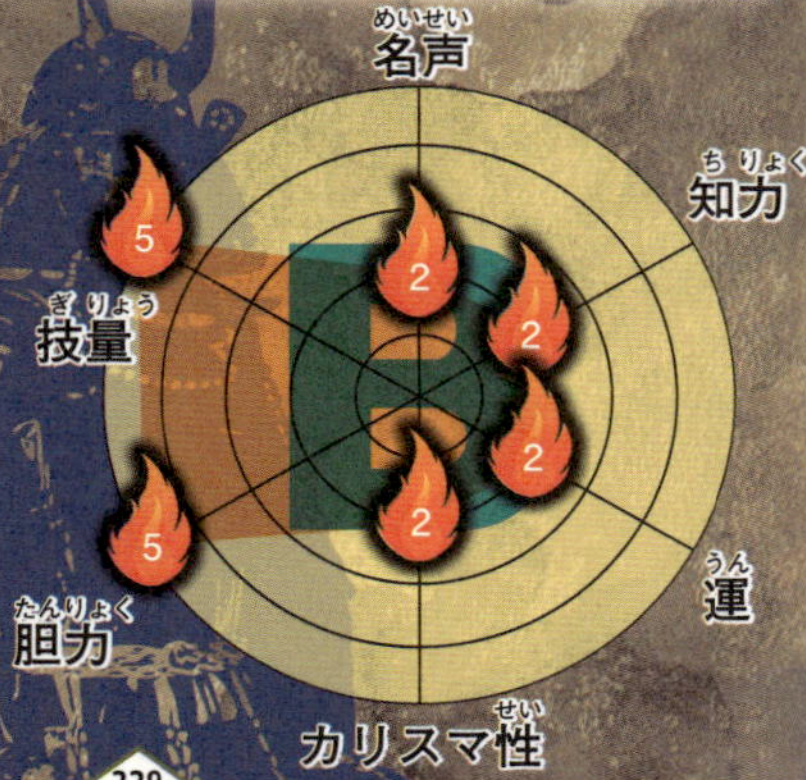

武《ぶ》 力《りょく》 考《こう》 察《さつ》

猛烈《もうれつ》なけいこですさまじい剣技《けんぎ》を身《み》につけた。雨粒《あめつぶ》がのきから地面《じめん》に落《お》ちるまで、3回刀《かいかたな》をぬいてさやにおさめたという逸話《いつわ》も。

主《おも》な戦《たたか》い

水戸天狗党《みとてんぐとう》の乱《らん》、鳥羽《とば》・伏見《ふしみ》の戦《たたか》い、西南戦争《せいなんせんそう》

田《た》中《なか》新《しん》兵《べ》衛《え》

天誅《てんちゅう》の殺人《さつじん》をくり返《かえ》した暗殺者《あんさつしゃ》

イラスト●相生《あいおい》

●家紋《かもん》は島津氏《しまづし》のもの

所《しょ》属《ぞく》	薩摩藩《さつまはん》	家紋《かもん》	
出身地《しゅっしんち》	薩摩国《さつまのくに》(鹿児島県《かごしまけん》)		
生没年月日《せいぼつねんがっぴ》	1832年《ねん》～1863年《ねん》7月《がつ》11日《にち》		

土佐勤王党《とさきんのうとう》と行動《こうどう》

商家《しょうか》の出身《しゅっしん》で薩摩藩士《さつまはんし》となり、薩摩精忠組《さつませいちゅうぐみ》に入《はい》って尊王《そんのう》攘夷《じょうい》の思想《しそう》にそまった。すぐれた剣《けん》の腕《うで》をもち、京《きょう》へのぼると、自分《じぶん》の名《な》を上《あ》げるため暗殺《あんさつ》に手《て》をそめていく。やがて土佐勤王党《とさきんのうとう》の武市《たけち》半平太《はんぺいた》と義兄弟《ぎきょうだい》となり、岡田《おかだ》以蔵《いぞう》とともに「天誅《てんちゅう》の殺人《さつじん》」をくり返《かえ》した。

能力《のうりょく》パラメータ

武《ぶ》力《りょく》考《こう》察《さつ》

剣《けん》の流派《りゅうは》は不明《ふめい》だが、薩摩精忠組《さつませいちゅうぐみ》にいたことから薬丸自顕流《やくまるじげんりゅう》だったかもしれない。実戦《じっせん》に強《つよ》い武闘派《ぶとうは》で、愛刀《あいとう》は「奥和泉守忠重《おくいずみのかみただしげ》」。

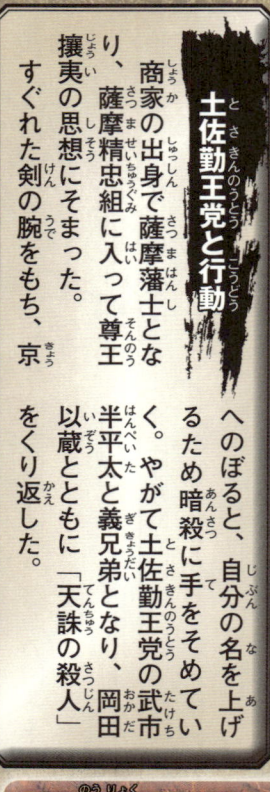

主《おも》な戦《たたか》い

島田左近《しまださこん》の暗殺《あんさつ》、本間精一郎《ほんませいいちろう》の暗《あん》殺《さつ》、朔平門外《さくへいもんがい》の変《へん》

河《かわ》上《かみ》彦《げん》斎《さい》

「人斬《ひとき》り彦斎《げんさい》」とよばれた肥後《ひご》もっこす

イラスト●合間太郎《あいまたろう》

○家紋《かもん》は細川氏《ほそかわし》のもの

自己流《じこりゅう》の彦斎流剣術《げんさいりゅうけんじゅつ》

肥後《ひご》（熊本県《くまもとけん》）生《う》まれで、尊王攘夷《そんのうじょうい》の志士《しし》。京《きょう》で開国論《かいこくろん》者《じゃ》だった佐久間象山《さくましょうざん》を暗殺《あんさつ》し、「人斬《ひとき》り彦斎《げんさい》」として有名《ゆうめい》になった。

肥後《ひご》につたわる居合術《いあいじゅつ》をならったといわれているが、剣《けん》はほぼ我流《がりゅう》でひじょうに実戦《じっせん》向《む》き。彦斎《げんさい》はみずからの剣術《けんじゅつ》を「彦斎流《げんさいりゅう》」と称《しょう》していた。

所属《しょぞく》	熊本藩《くまもとはん》	家紋《かもん》	
出身地《しゅっしんち》	肥後国《ひごのくに》（熊本県《くまもとけん》）		
生没年月日《せいぼつねんがっぴ》	1834年《ねん》12月《がつ》25日《にち》〜1872年《ねん》1月《がつ》13日《にち》		

能力《のうりょく》パラメータ

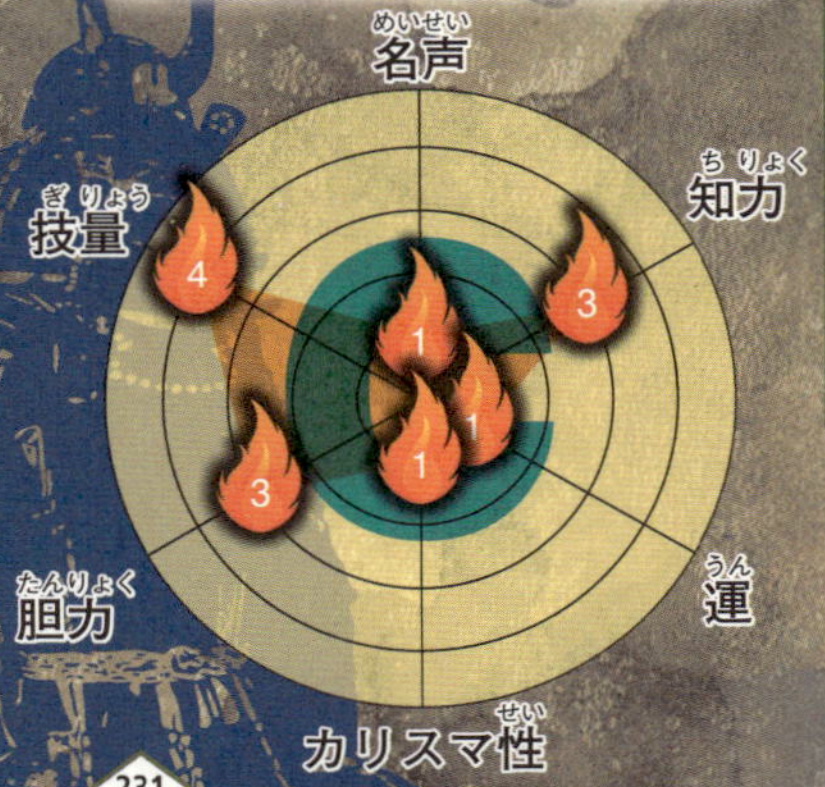

武《ぶ》力《りょく》考《こう》察《さつ》

片足《かたあし》を前《まえ》に出《だ》して膝《ひざ》をまげ、もう片方《かたほう》の足《あし》をうしろにのばして低《ひく》い姿勢《しせい》から斬《き》りつける、「片手抜刀《かたてばっとう》の逆袈裟《ぎゃくけさ》斬《ぎ》り」を得意技《とくいわざ》とした。

主《おも》な戦《たたか》い

佐久間象山《さくましょうざん》の暗殺《あんさつ》、禁門《きんもん》の変《へん》、長州《ちょうしゅう》征伐《せいばつ》

剣豪編《けんごうへん》

幕末《ばくまつ》に一閃《いっせん》した闇《やみ》の剣《けん》がガチで対決《たいけつ》!!

サムライ空《くう》想《そう》バトル!!

京《きょう》でくるったかのように人《ひと》を殺《ころ》した岡田以蔵《おかだいぞう》、京《きょう》の治安《ちあん》を守《まも》ると称《しょう》して新撰組《しんせんぐみ》とともに倒幕派《とうばくは》をたおした佐々木只三郎《ささきただぶろう》。歴史《れきし》の裏舞台《うらぶたい》で暗躍《あんやく》したふたりが、表舞台《おもてぶたい》で戦《たたか》う！

尊王攘夷《そんのうじょうい》の暗殺者《あんさつしゃ》と龍馬《りょうま》を斬《き》った剣豪《けんごう》の対決《たいけつ》

参考《さんこう》データ（岡田以蔵）

特徴《とくちょう》	激情家《げきじょうか》、臆病《おくびょう》
段位《だんい》	鏡心明智流目録《きょうしんめいちりゅうもくろく》
流派《りゅうは》	小野派一刀流《おのはいっとうりゅう》、鏡心明智流《きょうしんめいちりゅう》、直指流《じきしりゅう》
使用武器《しようぶき》	大太刀《おおだち》

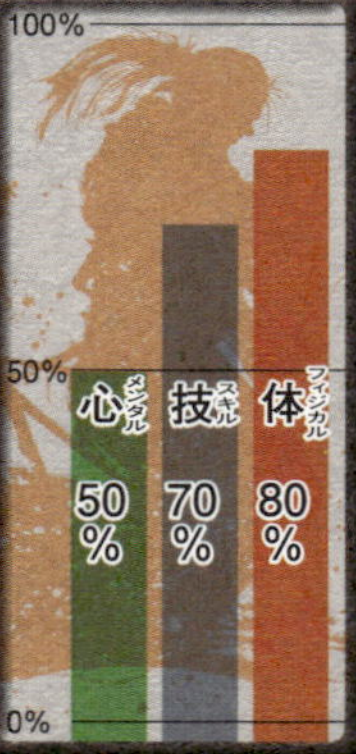

参考《さんこう》データ（佐々木只三郎）

特徴《とくちょう》	大柄《おおがら》、自分《じぶん》にきびしい
段位《だんい》	免許皆伝《めんきょかいでん》
流派《りゅうは》	神道精武流《しんとうせいぶりゅう》
使用武器《しようぶき》	備前長船《びぜんおさふね》

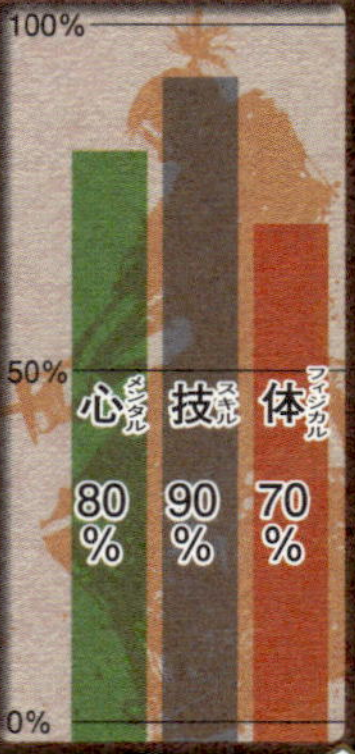

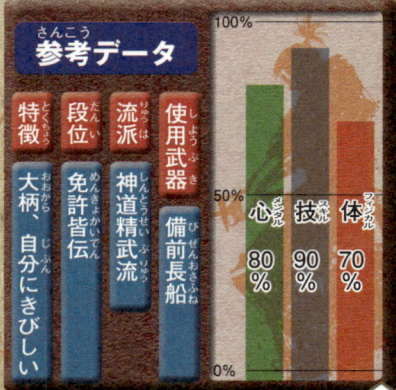

戦《たたか》いかたのきたない以蔵《いぞう》

戦《たたか》うとなれば以蔵《いぞう》は完全《かんぜん》に不利《ふり》である。只三郎《たださぶろう》の剣《けん》は「小太刀日本一《こだちにっぽんいち》」ともいわれ、神道精武流《しんとうせいぶりゅう》の免許皆伝《めんきょかいでん》で、豪《ごう》快《かい》な剣風《けんぷう》、俊敏《しゅんびん》な技《わざ》、的確《てきかく》な太刀《たち》すじと非《ひ》のうちどころがない。坂本龍馬《さかもとりょうま》が只三郎《たださぶろう》の斬《ざん》撃《げき》を刀《かたな》のつばでうけとめたが、そのままつばをけずられて致《ち》命傷《めいしょう》になったという剛《ごう》の者《もの》である。

試合《しあい》がはじまると、いきなり以蔵《いぞう》がすばやいふみこみで只三郎《たださぶろう》の体《からだ》にくっついてきた。さらに只三郎《たださぶろう》の刀《かたな》のつばに手《て》をかけ、抜刀《ばっとう》をさせない。

その間《あいだ》に以蔵《いぞう》は脇差《わきざし》をぬいて只三郎《たださぶろう》の急所《きゅうしょ》を刺《さ》そうとした。以蔵《いぞう》からすれば、只三郎《たださぶろう》に刀《かたな》をぬかせた時点《じてん》で自分《じぶん》の首《くび》が飛《と》ぶと思《おも》っているので必《ひっ》死《し》である。いっぽう体術《たいじゅつ》に自《じ》信《しん》がある只三郎《たださぶろう》は、以蔵《いぞう》をひきはなそうと頭《ず》つきをしたり、腕《うで》をひねり上《あ》げる。刀《かたな》さえぬければ勝《か》てると、只三郎《たださぶろう》もまた必死《ひっし》である。

と、ここで以蔵《いぞう》の体《からだ》がひょいと只三郎《たださぶろう》からはなれた。「ヨシ」と只三郎《たださぶろう》が刀《かたな》のつかに手《て》をかけた瞬間《しゅんかん》、以蔵《いぞう》は懐《ふところ》に忍《しの》ばせた砂《すな》を只三郎《たださぶろう》の顔面《がんめん》めがけて投《な》げ、それと同時《どうじ》に刀《かたな》のつかをけり上《あ》げた。以蔵《いぞう》はそのまま只三郎《たださぶろう》を袈裟斬《けさぎ》りで斬《き》ってすてた。

WINNER

以蔵《いぞう》

勝利《しょうり》の決《き》め手《て》

いくら剣術《けんじゅつ》の腕《うで》があっても、実《じっ》戦《せん》で勝《か》てるとはかぎらない。刀《かたな》による斬《き》りあいをかんがえていた只三郎《たださぶろう》は、以蔵《いぞう》の予想外《よそうがい》の行《こう》動《どう》に冷静《れいせい》さをうしなった。以蔵《いぞう》の柔軟《じゅうなん》さに頭《あたま》のかたい只三郎《たださぶろう》はついていけなかったのだ。

必殺技《ひっさつわざ》

砂《すな》による目《め》つぶし、刀《かたな》のつかのけり上《あ》げ、袈裟《けさ》斬《ぎ》り

日本《にほん》の未来《みらい》を
決定《けってい》づけた

坂本龍馬《さかもとりょうま》

ふたつの剣《けん》をきわめた
幕末《ばくまつ》のヒーロー

所属《しょぞく》	海援隊《かいえんたい》	出身地《しゅっしんち》	土佐国《とさのくに》（高知県《こうちけん》）
生没年月日《せいぼつねんがっぴ》	1836年《ねん》1月3日《がつみっか》～1867年《ねん》12月10日《がつとおか》	家紋《かもん》	

イラスト●末富正直《すえとみまさなお》

維新《いしん》をささえた自由人《じゆうじん》

土佐藩《とさはん》を脱藩《だっぱん》した浪人《ろうにん》でありながら、薩摩藩《さつまはん》と長州藩《ちょうしゅうはん》の仲《なか》をとりもって薩長同盟《さっちょうどうめい》をまとめ、将軍《しょうぐん》に大政奉還《たいせいほうかん》をみとめさせるなど、数々《かずかず》の偉業《いぎょう》をなしとげた。

明治維新《めいじいしん》を裏《うら》でささえた龍《りょう》馬《ま》は、権力欲《けんりょくよく》がない自由《じゆう》な人《じん》物《ぶつ》で、かんがえることのスケールが大《おお》きく、新《あたら》しもの好《ず》きで好奇心《こうきしん》が旺盛《おうせい》。愛用《あいよう》の西洋拳《せいようけん》銃《じゅう》で狩《か》りをたのしんだという話《はなし》もある。しかし、龍馬《りょうま》の自《じ》慢《まん》の品《しな》は最新《さいしん》の銃《じゅう》ではなく、兄《あに》からとどいた先祖伝来《せんぞでんらい》の刀《かたな》だった。龍馬《りょうま》は剣《けん》の達人《たつじん》でもあったのだ。

土佐《とさ》にすぐれた剣客《けんかく》あり

龍馬《りょうま》は故郷《こきょう》の土佐《とさ》で、12歳《さい》から小栗流《おぐりりゅう》の剣術《けんじゅつ》をまなんだ。５年《ねん》でその実力《じつりょく》をみとめられ、１年間《ねんかん》の江戸修行《えどしゅぎょう》に出《で》た。江戸《えど》では北辰一刀流《ほくしんいっとうりゅう》の千《ち》葉《ば》道場《どうじょう》（千葉周作《ちばしゅうさく》の弟《おとうと》の道《どう》場《じょう》）に入門《にゅうもん》し、熱心《ねっしん》にけいこにはげんで帰国《きこく》。２度目《どめ》の江《え》戸《ど》修行《しゅぎょう》では千葉周作《ちばしゅうさく》の玄武館《げんぶかん》でまなんでいる。

龍馬《りょうま》は「土佐藩士《とさはんし》に剣客坂《けんかくさか》本龍馬《もとりょうま》あり」といわれるほど剣豪《けんごう》として江戸《えど》で評判《ひょうばん》だった。北辰一刀流《ほくしんいっとうりゅう》の免許皆伝《めんきょかいでん》の証拠《しょうこ》ものこっている。龍馬《りょうま》の剣《けん》の実力《じつりょく》は、史実《しじつ》にもとづいたものだったのだ。

能力《のうりょく》パラメータ

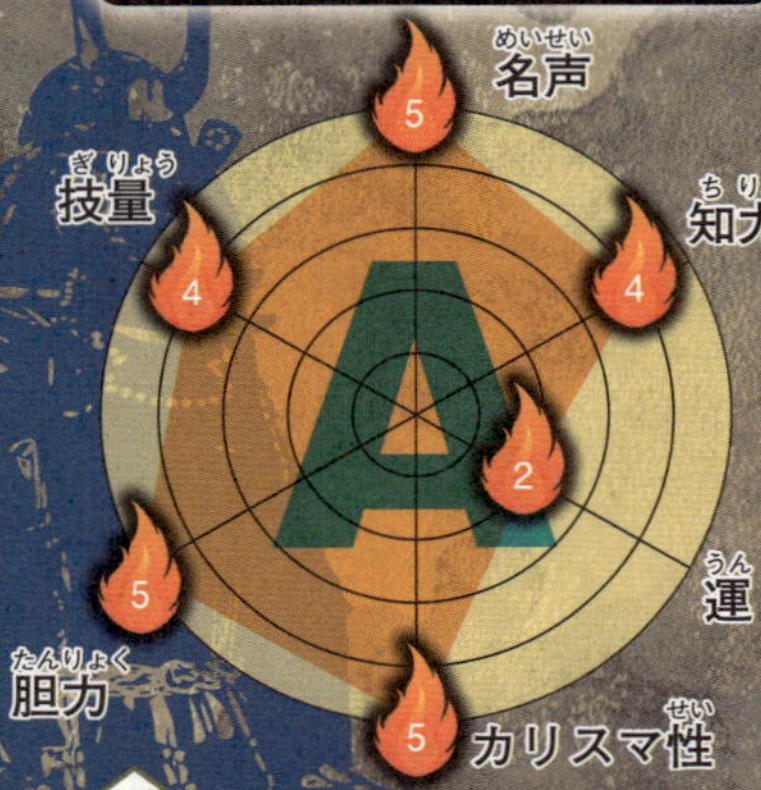

武《ぶ》力《りょく》考《こう》察《さつ》

小栗流免許皆伝《おぐりりゅうめんきょかいでん》で、北辰一刀流《ほくしんいっとうりゅう》の達人《たつじん》。まわりの藩士《はんし》や剣豪《けんごう》もその実力《じつりょく》を高《たか》く評価《ひょうか》していた。新撰組《しんせんぐみ》との斬《き》りあいで勝《か》った逸話《いつわ》もある。

主《おも》な戦《たたか》い

寺田屋事件《てらだやじけん》、近江屋事件《おうみやじけん》

天才《てんさい》軍事《ぐんじ》指導者《しどうしゃ》

高《たか》杉《すぎ》晋《しん》作《さく》

倒幕《とうばく》に命《いのち》を燃《も》やした
天才的《てんさいてき》な軍事指導者《ぐんじしどうしゃ》

所属《しょぞく》	奇兵隊《きへいたい》	出身地《しゅっしんち》	長門国《ながとのくに》（山口県《やまぐちけん》）
生没年月日《せいぼつねんがっぴ》	1839年《ねん》9月《がつ》27日《にち》～1867年《ねん》5月《がつ》17日《にち》	家紋《かもん》	

イラスト●坂本《さかもと》ロクタク

奇兵隊《きへいたい》を結成《けっせい》

長州藩《ちょうしゅうはん》に生《う》まれ、吉田松陰《よしだしょういん》の松下村塾《しょうかそんじゅく》でまなび、尊王攘夷《そんのうじょうい》の志士《しし》として活動《かつどう》した。イギリス公館《こうかん》の焼《や》きうちや外国《がいこく》船《せん》への砲撃《ほうげき》などにかかわるうちに、日本《にほん》にも近代的《きんだいてき》な軍隊《ぐんたい》が必要《ひつよう》とかんがえ、奇兵隊《きへいたい》を結成《けっせい》。長州藩《ちょうしゅうはん》の軍事指導者《ぐんじしどうしゃ》となって幕府《ばくふ》と戦《たたか》った。

晋作《しんさく》は10万《まん》という幕府《ばくふ》の大《たい》軍《ぐん》を相手《あいて》に、外国《がいこく》から最新式《さいしんしき》の武器《ぶき》を手《て》に入《い》れて軍備《ぐんび》をととのえて対抗《たいこう》。海軍《かいぐん》と奇兵隊《きへいたい》を指揮《しき》して幕府軍《ばくふぐん》を敗走《はいそう》させた。しかし、この勝利《しょうり》のあと間《ま》もなく、晋作《しんさく》は結核《けっかく》の病《やまい》にたおれ、帰《かえ》らぬ人《ひと》となる。

柳生新陰流《やぎゅうしんかげりゅう》の免許皆伝《めんきょかいでん》

晋作《しんさく》は天才的《てんさいてき》な軍事指導者《ぐんじしどうしゃ》といわれるが、剣術《けんじゅつ》もかなりの腕前《うでまえ》だった。

高杉家《たかすぎけ》は家柄《いえがら》もよく、晋作《しんさく》はおさないころから武士《ぶし》の心《こころ》得《え》として剣術《けんじゅつ》をまなんでいた。好《す》きなものにとことんのめりこんでしまう晋作《しんさく》は、勉《べん》強《きょう》そっちのけで大好《だいす》きな剣術《けんじゅつ》のけいこにとりくみ、柳生新陰流《やぎゅうしんかげりゅう》の免許皆伝《めんきょかいでん》をうけた。

また、22歳《さい》のころには海軍《かいぐん》修練《しゅうれん》のため江戸《えど》にわたり、神《しん》道《とう》無念流《むねんりゅう》練兵館《れんぺいかん》道場《どうじょう》でけいこし、剣《けん》にみがきをかけた。そして晋作《しんさく》は、尊王攘夷運動《そんのうじょういうんどう》にのめりこんでいくのである。

能力《のうりょく》パラメータ

武《ぶ》力《りょく》考《こう》察《さつ》

柳生新陰流《やぎゅうしんかげりゅう》の免許皆伝《めんきょかいでん》だから相当《そうとう》な実力者《じつりょくしゃ》。しかし、腕前《うでまえ》を実戦《じっせん》で見《み》せたことはほとんどなく、人《ひと》を斬《き》ったのも生涯《しょうがい》1度《ど》だけだった。

主《おも》な戦《たたか》い

長州征討《ちょうしゅうせいとう》、下関戦争《しものせきせんそう》、イギリス公館《こうかん》の焼《や》きうち

久《く》坂《さか》玄《げん》瑞《ずい》

京《きょう》にちった松下村塾《しょうかそんじゅく》の英才《えいさい》

イラスト●小野《おの》たかし

所属《しょぞく》	長州藩《ちょうしゅうはん》	家紋《かもん》	
出身地《しゅっしんち》	長門国《ながとのくに》（山口県《やまぐちけん》）		
生没年月日《せいぼつねんがっぴ》	1840年《ねん》5月《がつ》〜1864年《ねん》8月《がつ》20日《はつか》		

玄瑞《げんずい》は長州藩《ちょうしゅうはん》の攘夷《じょうい》の中心《ちゅうしん》となり行動《こうどう》した。しかし過激《かげき》すぎる行動《こうどう》が問題《もんだい》となり、長州藩《ちょうしゅうはん》を孤立《こりつ》させてしまう。最後《さいご》は禁門《きんもん》の変《へん》で幕府《ばくふ》と戦《たたか》ってやぶれ、みずから命《いのち》をたった。

高杉晋作《たかすぎしんさく》の幼《おさな》なじみ

松下村塾《しょうかそんじゅく》でまなんで尊王攘夷《そんのうじょうい》の志士《しし》となり、幼《おさな》なじみの高杉晋作《たかすぎしんさく》とともに「村塾《そんじゅく》の双璧《そうへき》」とよばれた。

能力《のうりょく》パラメータ

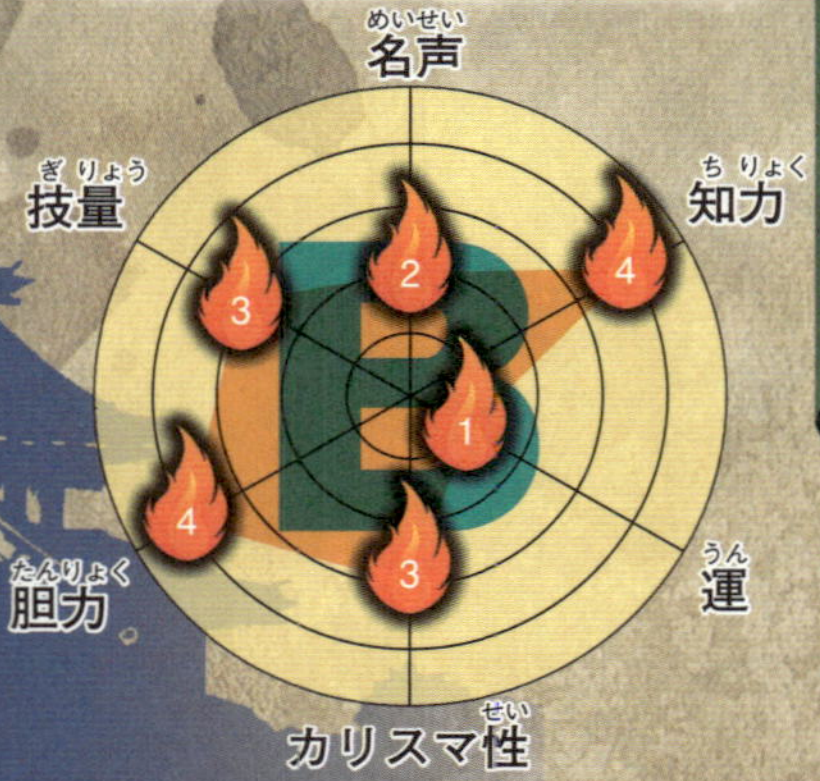

武《ぶ》力《りょく》考《こう》察《さつ》

光明寺党《こうみょうじとう》という浪士隊《ろうしたい》のリーダーで、勇《ゆう》かんな剣士《けんし》だった。剣術《けんじゅつ》は神道無念流《しんとうむねんりゅう》をまなんでいたとされるが、さだかではない。

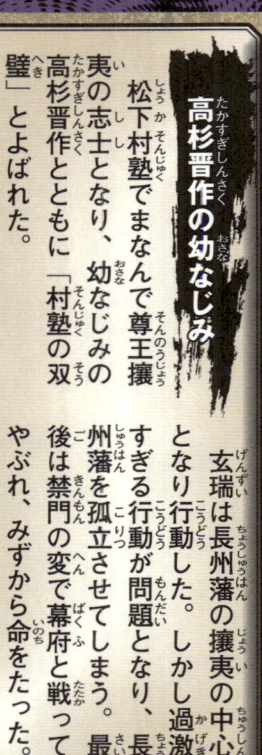

主《おも》な戦《たたか》い

イギリス公館《こうかん》焼《や》きうち、外国船砲撃《がいこくせんほうげき》事件《じけん》、禁門《きんもん》の変《へん》

桂《かつら》小《こ》五《ご》郎《ろう》

強《つよ》く見《み》せない「逃《に》げの小《こ》五郎《ごろう》」

イラスト●ナチコ

わずか1年《ねん》で免許皆伝《めんきょかいでん》

明治維新《めいじいしん》の三傑《さんけつ》のひとり。長州藩《ちょうしゅうはん》で吉田松陰《よしだしょういん》にまなんだすぐれた政治家《せいじか》だが、剣術家《けんじゅつか》としても超一流《ちょういちりゅう》。

江戸《えど》では練兵館《れんぺいかん》に入門《にゅうもん》。わずか1年《ねん》で神道無念流《しんとうむねんりゅう》の免許《めんきょ》皆伝《かいでん》をうけ、塾頭《じゅくとう》にもなった実力者《じつりょくしゃ》。しかし戦《たたか》いをこのまずよく逃《に》げたので、「逃《に》げの小《こ》五郎《ごろう》」とよばれた。

所属《しょぞく》	長州藩《ちょうしゅうはん》
出身地《しゅっしんち》	長門国《ながとのくに》（山口県《やまぐちけん》）
生没年月日《せいぼつねんがっぴ》	1833年《ねん》8月《がつ》11日《にち》～1877年《ねん》5月《がつ》26日《にち》
家紋《かもん》	

能力《のうりょく》パラメータ

武《ぶ》力《りょく》考《こう》察《さつ》

神道無念流《しんとうむねんりゅう》の免許皆伝《めんきょかいでん》という剣豪《けんごう》。新撰組局長《しんせんぐみきょくちょう》の近藤勇《こんどういさみ》に「おそろしいうえに手《て》も足《あし》も出《で》なかった」といわせたほど強《つよ》かった。

主《おも》な戦《たたか》い

長州征討《ちょうしゅうせいとう》

剣豪編《けんごうへん》

ぬかずの剣《けん》は土方《ひじかた》をどう迎《むか》え撃《う》つ!?

サムライ空想《くうそう》バトル!!

幕府《ばくふ》の刺客《しかく》から変装《へんそう》までして逃《に》げつづけた桂小五郎《かつらこごろう》。しかしついに新撰組《しんせんぐみ》の土方歳三《ひじかたとしぞう》に追《お》いつめられてしまった。どこにも逃《に》げられなくなった小五郎《こごろう》は、強敵《きょうてき》の土方《ひじかた》を相手《あいて》にどう戦《たたか》うのか?

尊王攘夷《そんのうじょうい》の英雄《えいゆう》と新撰組《しんせんぐみ》の名参謀《めいさんぼう》が対決《たいけつ》!

参考《さんこう》データ

特徴《とくちょう》	段位《だんい》	流派《りゅうは》	使用武器《しようぶき》
温和《おんわ》、緻密《ちみつ》、臨機応変《りんきおうへん》	免許皆伝《めんきょかいでん》	神道無念流《しんとうむねんりゅう》	備前長船清光《びぜんおさふねきよみつ》

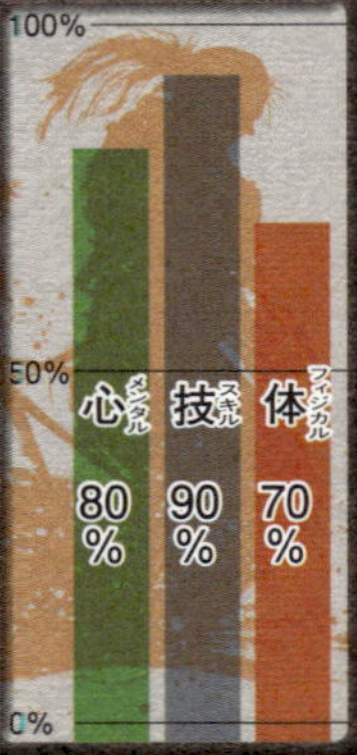

参考《さんこう》データ

特徴《とくちょう》	段位《だんい》	流派《りゅうは》	使用武器《しようぶき》
きれ者《もの》、厳格《げんかく》、色男《いろおとこ》	目録《もくろく》	天然理心流《てんねんりしんりゅう》	和泉守兼定《いずみのかみかねさだ》

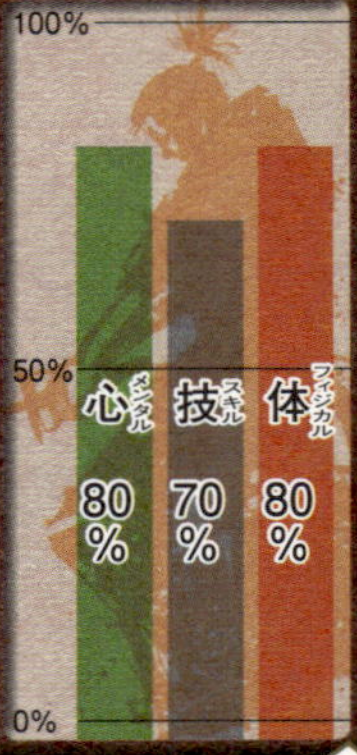

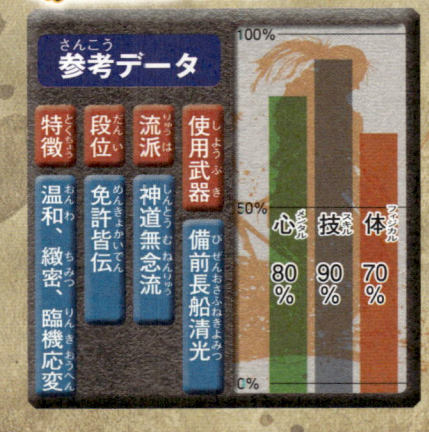

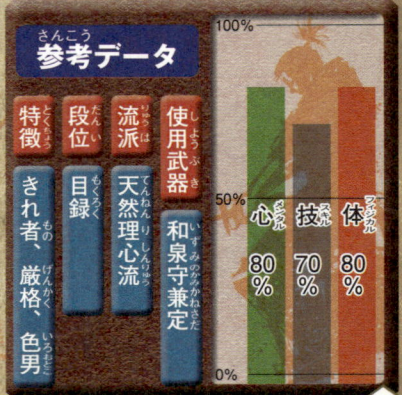

超実力派《ちょうじつりょくは》と超実戦派《ちょうじっせんは》

桂小五郎《かつらこごろう》は神道無念流《しんとうむねんりゅう》の免《めん》許皆伝《きょかいでん》。新撰組局長《しんせんぐみきょくちょう》の近藤勇《こんどういさみ》に「かなわない」といわしめた剣豪《けんごう》である。しかし、それほどの実力《じつりょく》がありながら、小《こ》五郎《ごろう》は刺客相手《しかくあいて》に剣《けん》をぬかなかった。変装《へんそう》までして逃《に》げつづけ「逃《に》げの小五郎《こごろう》」というヘンな異名《いみょう》もつけられている。

ところがついに小五郎《こごろう》が新《しん》撰組《せんぐみ》の捜査《そうさ》のあみにかかった。逃《に》げの小五郎《こごろう》を追《お》いつめたのは新撰組《しんせんぐみ》のナンバー2、土方歳三《ひじかたとしぞう》である。袋小路《ふくろこうじ》に追《お》いつめられた小五郎《こごろう》に逃《に》げ場《ば》はなく、もはや正面《しょうめん》の土方《ひじかた》と戦《たたか》うしかなくなってしまう。

土方《ひじかた》は天然理心流《てんねんりしんりゅう》の免許皆《めんきょかい》伝《でん》とはならなかったが、型《かた》にハマらない強《つよ》さをもつ実戦《じっせん》タイプ。しかも頭《あたま》もきれる。小《こ》五郎《ごろう》の強《つよ》さを近藤勇《こんどういさみ》から聞《き》いて知《し》っている土方《ひじかた》は、まともに斬《き》りあおうとせず、剣術《けんじゅつ》にパンチとキックをまじえ、小《こ》五郎《ごろう》を追《お》いつめた。

真剣《しんけん》を得意《とくい》の上段《じょうだん》でかまえた小五郎《こごろう》は、そのままじっと動《うご》かずに力《ちから》をため、土方《ひじかた》との間合《まあ》いだけに集中《しゅうちゅう》した。神道《しんとう》無念流《むねんりゅう》の極意《ごくい》である渾身《こんしん》の一《いち》撃《げき》をたたきこむためである。

そして、がらあきになった胴《どう》を土方《ひじかた》がねらってきたその瞬《しゅん》間《かん》、小五郎《こごろう》の剣《けん》はすばやく土《ひじ》方《かた》の刀《かたな》をもつ手《て》を斬《き》っていた。

勝利《しょうり》の決《き》め手《て》

胴《どう》をがらあきにして、土方《ひじかた》をさそった小五郎《こごろう》の計算勝《けいさんが》ち。しかも殺《ころ》しあいが嫌《きら》いな小五郎《こごろう》は、あえて土方《ひじかた》の手《て》をねらいうちにしている。逃《に》げの小五郎《こごろう》は、手《て》をおさえてうずくまる土方《ひじかた》をのこし、その場《ば》からさった。

必殺技《ひっさつわざ》 上段《じょうだん》からの小手《こて》うち

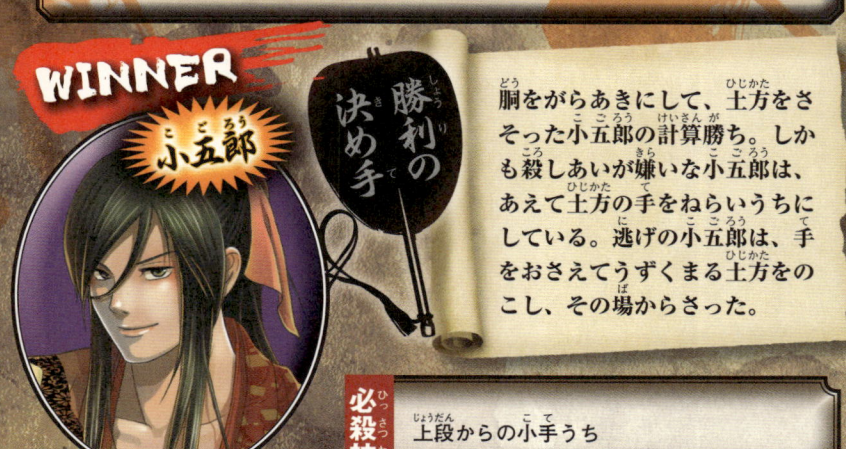

きびしい戦《たたか》いを勝《か》ちぬくのは誰《だれ》だ!?

サムライ最《さい》強《きょう》トーナメント

いよいよきって落《お》とされた夢《ゆめ》のドリームマッチ。猛者《もさ》たちのあつい戦《たたか》いをごらんあれ！

試合場《しあいじょう》には時代《じだい》をこえた個性《こせい》あふれる豪華《ごうか》なメンバーがあつまった。平安時代《へいあんじだい》から弓《ゆみ》の名手《めいしゅ》の那須与一《なすのよいち》。戦国時代《せんごくじだい》から軍師《ぐんし》の山本勘助《やまもとかんすけ》、猛将《もうしょう》のほまれ高《たか》い加藤清正《かとうきよまさ》、藤堂高虎《とうどうたかとら》、前田利家《まえだとしいえ》、のびざかりの薩摩隼人《さつまはやと》、島津豊久《しまづとよひさ》。江戸時代《えどじだい》からは剣豪《けんごう》の佐々《ささ》木小次郎《きこじろう》と山岡鉄舟《やまおかてっしゅう》。得意《とくい》の武器《ぶき》も人《ひと》それぞれ、まさしく異種《いしゅ》格闘技戦《かくとうぎせん》である。どんな達人技《たつじんわざ》が見《み》られるのか、今《いま》からワクワクドキドキだ！

対戦《たいせん》トーナメント表《ひょう》

最強《さいきょう》のサムライは誰《だれ》だ!?

- 那須《なすの》与一《よいち》
- 前田《まえだ》利家《としいえ》
- 加藤《かとう》清正《きよまさ》
- 藤堂《とうどう》高虎《たかとら》
- 島津《しまづ》豊久《とよひさ》
- 佐々木《ささき》小次郎《こじろう》
- 山岡《やまおか》鉄舟《てっしゅう》
- 山本《やまもと》勘助《かんすけ》

第一回戦《だいいっかいせん》

一戦目《いっせんめ》

那須与一《なすのよいち》 VS 前田利家《まえだとしいえ》

与一《よいち》は利家《としいえ》から距離《きょり》をとる。それならばと利家《としいえ》は長《なが》さ6メートルの槍《やり》で与一《よいち》を突《つ》く。しかし、利家《としいえ》が長《なが》く重《おも》い槍《やり》をおこそうとした瞬間《しゅんかん》、与一《よいち》の矢《や》が利家《としいえ》に命中《めいちゅう》した。

勝利《しょうり》の決《き》め手《て》
長《なが》く重《おも》い槍《やり》があだに。かまえ直《なお》す瞬間《しゅんかん》にすきが生《う》まれた。

二戦目《にせんめ》

加藤清正《かとうきよまさ》 VS 藤堂高虎《とうどうたかとら》

ともに虎殺《とらごろ》しの異名《いみょう》をとる豪傑《ごうけつ》。清正《きよまさ》は自慢《じまん》の片鎌槍《かたかまやり》をかまえる。高虎《たかとら》は長刀《ちょうとう》で相討《あいう》ち覚悟《かくご》の突《つ》き攻撃《こうげき》。清正《きよまさ》は長刀《ちょうとう》を脇《わき》でうけとめ、片鎌槍《かたかまやり》で高虎《たかとら》の肩《かた》をつらぬいた。

勝利《しょうり》の決《き》め手《て》
死《し》を覚悟《かくご》して攻《せ》めた高虎《たかとら》だが、清正《きよまさ》の怪力《かいりき》になすすべなし。

三戦目《さんせんめ》

島津豊久《しまづとよひさ》 VS 佐々木小次郎《ささきこじろう》

守《まも》りに定評《ていひょう》がある豊久《とよひさ》。小次郎《こじろう》の長剣《ちょうけん》の攻撃《こうげき》をすべてうけきり、反撃《はんげき》に出《で》ようとした瞬間《しゅんかん》、小次郎《こじろう》の剣《けん》が右《みぎ》から左《ひだり》、左《ひだり》から右《みぎ》へと走《はし》り、豊久《とよひさ》はその場《ば》にたおれていた。

勝利《しょうり》の決《き》め手《て》
小次郎《こじろう》のつばめ返《がえ》し炸裂《さくれつ》。豊久《とよひさ》にも剣《けん》の動《うご》きが見《み》えなかった。

四戦目《よんせんめ》

山岡鉄舟《やまおかてっしゅう》 VS 山本勘助《やまもとかんすけ》

策士《さくし》の勘助《かんすけ》は無防備《むぼうび》にかまえ、口《くち》に含《ふく》み針《ばり》、懐《ふところ》に短刀《たんとう》を忍《しの》ばせて鉄舟《てっしゅう》の攻撃《こうげき》をまつ。しかし不動心《ふどうしん》の鉄舟《てっしゅう》は勘助《かんすけ》の攻撃《こうげき》をうけてもひるまず、渾身《こんしん》の一撃《いちげき》をみまった。

勝利《しょうり》の決《き》め手《て》
勘助《かんすけ》の奇襲《きしゅう》にひるまず、剣《けん》をふりぬいた鉄舟《てっしゅう》の気合《きあ》い勝《が》ち。

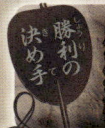

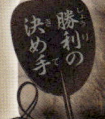

準決勝《じゅんけっしょう》

一戦目《いっせんめ》

那須与一《なすのよいち》 VS 加藤清正《かとうきよまさ》

白面《はくめん》の貴公子《きこうし》と威風堂々《いふうどうどう》の大男《おおおとこ》。対照的《たいしょうてき》なふたりが馬上《ばじょう》で向《む》かいあう。さあ試合開始《しあいかいし》！　清正《きよまさ》は愛馬《あいば》・帝釈栗毛《たいしゃくくりげ》をかって真正面《ましょうめん》から与一《よいち》につっこむ。与一《よいち》は横《よこ》に馬《うま》を走《はし》らせ、弓《ゆみ》を連射《れんしゃ》するが、清正《きよまさ》はすべての矢《や》をなぎはらう。矢《や》が少《すく》なくなった与一《よいち》は清正《きよまさ》の馬《うま》の尻《しり》に矢《や》をはなった。バランスをくずした清正《きよまさ》を神速《しんそく》の矢《や》がつらぬく。与一《よいち》の矢《や》はここでつきた。

勝利《しょうり》の決《き》め手《て》

清正《きよまさ》ではなく馬《うま》をねらった与一《よいち》の機転《きてん》が功《こう》をそうした。

二戦目《にせんめ》

佐々木小次郎《ささきこじろう》 VS 山岡鉄舟《やまおかてっしゅう》

小次郎《こじろう》は巌流《がんりゅう》。鉄舟《てっしゅう》は一刀流《いっとうりゅう》。どちらも中条流《ちゅうじょうりゅう》を起源《きげん》とする同流対決《どうりゅうたいけつ》。彼《かれ》らの流派《りゅうは》に逃《に》げという言葉《ことば》はない。一撃必殺《いちげきひっさつ》の剣《けん》を相手《あいて》にくり出《だ》すだけ。一瞬《いっしゅん》で勝負《しょうぶ》が決《き》まるはずだ。鉄舟《てっしゅう》が地面《じめん》をけり上《あ》げて前《まえ》へ飛《と》び、上《うえ》からまっすぐに剣《けん》をふりおろす。しかし、小次郎《こじろう》の物干《ものほ》し竿《ざお》のような長刀《ちょうとう》は射程距離《しゃていきょり》が長《なが》い。鉄舟《てっしゅう》は自分《じぶん》の間合《まあ》いをとれず、つばめ返《がえ》しでやぶれた。

勝利《しょうり》の決《き》め手《て》

物干《ものほ》し竿《ざお》のような長《なが》い刀《かたな》が、鉄舟《てっしゅう》のふみこみをゆるさない。

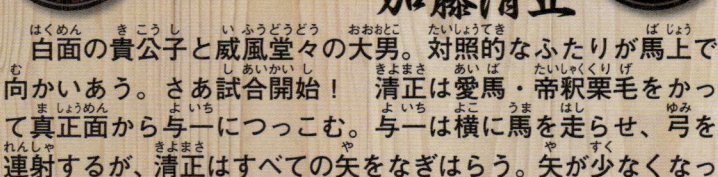

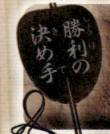

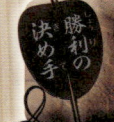

決勝戦《けっしょうせん》

那須《なすの》与一《よいち》 VS 佐々木《ささき》小次郎《こじろう》

まるで武人《ぶじん》らしく見《み》えない美青年同士《びせいねんどうし》の決勝戦《けっしょうせん》。しかし、ここまで勝《か》ち上《あ》がってきたふたりの胸《むね》には、あつい闘志《とうし》がみなぎっていた。試合開始《しあいかいし》の合図《あいず》がなると、与一《よいち》はすぐさま後方《こうほう》に走《はし》って距離《きょり》をとるが、小次郎《こじろう》はじっとその場《ば》を動《うご》かない。与一《よいち》がためしに小次郎《こじろう》に矢《や》をはなつと、小次郎《こじろう》はまたたく間《ま》に矢《や》をうちはらった。すると与一《よいち》は次《つぎ》に試合場《しあいじょう》を円《えん》を描《えが》くように走《はし》り、前後左右《ぜんごさゆう》からつづけざまに矢《や》をはなつ。しかし、小次郎《こじろう》はつばめを刀《かたな》で斬《き》った男《おとこ》。あられのように飛《と》んでくる矢《や》をうちはらうなんて雑作《ぞうさ》もない。ついに打《う》つ手《て》がなくなった与一《よいち》は矢《や》を連射《れんしゃ》しながら小次郎《こじろう》につっこむ。小次郎《こじろう》がわずかでも矢《や》に気《き》をとられているすきに脇差《わきざし》で斬《き》りつけようとかんがえたのだ。しかし弓《ゆみ》をすてた時点《じてん》で勝負《しょうぶ》あり。小次郎《こじろう》はつばめ返《がえ》しを使《つか》うまでもなく、与一《よいち》を一刀《いっとう》でたおして優勝《ゆうしょう》。巌流島《がんりゅうじま》のくやしさをここではらした。

WINNER

小次郎《こじろう》

勝利《しょうり》の決《き》め手《て》

与一《よいち》の多彩《たさい》な矢《や》の攻撃《こうげき》も、動体視力《どうたいしりょく》が常人《じょうじん》ばなれしている小次郎《こじろう》にはまったく通用《つうよう》しなかった。

サムライ 日《に》本《ほん》史《し》年《ねん》表《ぴょう》

時代《じだい》

時代《じだい》	西暦《せいれき》	おもなできごと
平安時代《へいあんじだい》	794	**桓武天皇《かんむてんのう》が平安京《へいあんきょう》に都《みやこ》をうつす。**
	797	**坂上田村麻呂《さかのうえのたむらまろ》が征夷大将軍《せいいたいしょうぐん》になり、蝦夷《えぞ》を平定《へいてい》。**
	935	平 将門《たいらのまさかど》の乱《らん》。関東《かんとう》で武士《ぶし》が力《ちから》をつける。
	939	藤原純友《ふじわらのすみとも》の乱《らん》。海賊《かいぞく》の反乱《はんらん》であったが武士《ぶし》の力《ちから》が拡大《かくだい》。
	1051	前九年《ぜんくねん》の役《えき》。源氏《げんじ》・清原氏《きよはらし》対《たい》安倍氏《あべし》のあらそい。源氏《げんじ》に軍配《ぐんばい》。
	1083	後三年《ごさんねん》の役《えき》。奥羽地方《おううちほう》でおこなわれた清原一族《きよはらいちぞく》と源 義家《みなもとのよしいえ》の戦《たたか》い。
	1156	保元《ほうげん》の乱《らん》。武士《ぶし》である源 義朝《みなもとのよしとも》と平 清盛《たいらのきよもり》が活躍《かつやく》する。
	1160	平治《へいじ》の乱《らん》。平 清盛《たいらのきよもり》対《たい》源 義朝《みなもとのよしとも》。清盛側《きよもりがわ》の勝利《しょうり》で終《お》わる。
	1183	木曾《きそ》の源 義仲《みなもとのよしなか》が平氏《へいし》を攻《せ》めて京都《きょうと》に入《はい》る。
	1185	壇ノ浦《だんのうら》の戦《たたか》い。源氏《げんじ》と平氏《へいし》の対立《たいりつ》。平氏滅亡《へいしめつぼう》。源 義経《みなもとのよしつね》の活躍《かつやく》。
	1192	**源 頼朝《みなもとのよりとも》が征夷大将軍《せいいたいしょうぐん》となり、鎌倉幕府《かまくらばくふ》をひらく。**
	1221	承久《じょうきゅう》の乱《らん》。上皇《じょうこう》が朝廷《ちょうてい》の政権回復《せいけんかいふく》をねらうも、鎌倉幕府《かまくらばくふ》に鎮圧《ちんあつ》される。

時代	年	できごと
鎌倉《かまくら》	1274	文永《ぶんえい》の役《えき》。元《げん》が博多湾《はかたわん》に上陸《じょうりく》するも武士団《ぶしだん》が追《お》いはらった。
	1281	弘安《こうあん》の役《えき》。ときの執権《しっけん》・北条時宗《ほうじょうときむね》は完全独立《かんぜんどくりつ》を維持《いじ》。
	1333	**鎌倉幕府《かまくらばくふ》がほろびる。**
室町時代《むろまちじだい》	1336	足利尊氏《あしかがたかうじ》が挙兵《きょへい》し、京都《きょうと》を占拠《せんきょ》。南北朝時代《なんぼくちょうじだい》はじまる。
	1338	**足利尊氏《あしかがたかうじ》が征夷大将軍《せいいたいしょうぐん》に任《にん》ぜられ、京都《きょうと》に室町幕府《むろまちばくふ》をおく。**
	1467	応仁《おうにん》の乱《らん》。8代将軍義政《だいしょうぐんよしまさ》のあと継《つ》ぎあらそいで細川氏《ほそかわし》と山名氏《やまなし》が対立《たいりつ》。
	1493	北条早雲《ほうじょうそううん》、伊豆《いず》に討《う》ち入《い》り。
戦国時代《せんごくじだい》	1543	**種子島《たねがしま》にポルトガル船《せん》が漂着《ひょうちゃく》。鉄砲伝来《てっぽうでんらい》。**
	1546	河越夜戦《かわごえやせん》で勝利《しょうり》した北条氏《ほうじょうし》が武蔵国《むさしのくに》を平定《へいてい》。
	1553	川中島《かわなかじま》の戦《たたか》いがはじまる。武田信玄《たけだしんげん》対上杉謙信《たいうえすぎけんしん》。
	1555	厳島《いつくしま》の戦《たたか》い。毛利元就《もうりもとなり》が陶晴賢《すえはるかた》を撃退《げきたい》する。
	1560	桶狭間《おけはざま》の戦《たたか》い。織田軍《おだぐん》が今川義元《いまがわよしもと》を奇襲《きしゅう》によって撃破《げきは》。
	1560	上杉謙信《うえすぎけんしん》による小田原城攻《おだわらじょうぜ》め。
	1566	毛利元就《もうりもとなり》が尼子氏《あまごし》に勝利《しょうり》。中国《ちゅうごく》8カ国《こく》を支配下《しはいか》に。
	1567	織田信長《おだのぶなが》、稲葉山城《いなばやまじょう》の戦《たたか》いで勝利《しょうり》し、美濃国《みののくに》を支配下《しはいか》に。
	1570	姉川《あねがわ》の戦《たたか》い。織田《おだ》・徳川連合軍《とくがわれんごうぐん》が浅井《あざい》・朝倉連合軍《あさくられんごうぐん》を撃破《げきは》。

時代《じだい》	西暦《せいれき》	おもなできごと
戦国時代《せんごくじだい》	1570	本願寺顕如《ほんがんじけんにょ》、織田信長《おだのぶなが》に敵対《てきたい》。石山合戦《いしやまがっせん》。
	1571	織田信長《おだのぶなが》が比叡山延暦寺《ひえいざんえんりゃくじ》の焼《や》きうちをおこなう。
	1573	三方ケ原《みかたがはら》の戦《たたか》い。武田信玄《たけだしんげん》が徳川家康《とくがわいえやす》を撃破《げきは》する。
安土桃山時代《あづちももやまじだい》	1575	長篠《ながしの》の戦《たたか》い。織田信長《おだのぶなが》対《たい》武田勝頼《たけだかつより》。鉄砲《てっぽう》の三段撃《さんだんう》ちで武田軍《たけだぐん》を撃破《げきは》。
	1576	織田信長《おだのぶなが》が安土城《あづちじょう》をきずく。
	1582	**本能寺《ほんのうじ》の変《へん》。織田信長《おだのぶなが》が明智光秀《あけちみつひで》におそわれ、自刃《じじん》。**
	1582	中国大返《ちゅうごくおおがえ》し。羽柴秀吉《はしばひでよし》が毛利氏《もうりし》との講和《こうわ》をとりまとめ、京《きょう》にのぼる。
	1582	山崎《やまざき》の戦《たたか》い。羽柴秀吉《はしばひでよし》が明智光秀《あけちみつひで》をやぶる。
	1582	清洲会議《きよすかいぎ》。織田家《おだけ》の継嗣問題《けいしもんだい》と領地再配分《りょうちさいはいぶん》に関《かん》する会議《かいぎ》。
	1583	賤ケ岳《しずがたけ》の戦《たたか》い。羽柴秀吉《はしばひでよし》が柴田勝家《しばたかついえ》を撃破《げきは》。
	1584	小牧《こまき》・長久手《ながくて》の戦《たたか》い。羽柴軍《はしばぐん》対《たい》織田《おだ》・徳川連合軍《とくがわれんごうぐん》による戦《たたか》い。
	1590	**豊臣秀吉《とよとみひでよし》が小田原《おだわら》の北条氏《ほうじょうし》をやぶり、全国統一《ぜんこくとういつ》。**
	1592	文禄《ぶんろく》の役《えき》。第一次朝鮮出兵《だいいちじちょうせんしゅっぺい》。
	1597	慶長《けいちょう》の役《えき》。第二次朝鮮出兵《だいにじちょうせんしゅっぺい》。
	1600	**関ケ原《せきがはら》の戦《たたか》い。天下分《てんかわ》け目《め》の決戦《けっせん》がおこなわれる。**

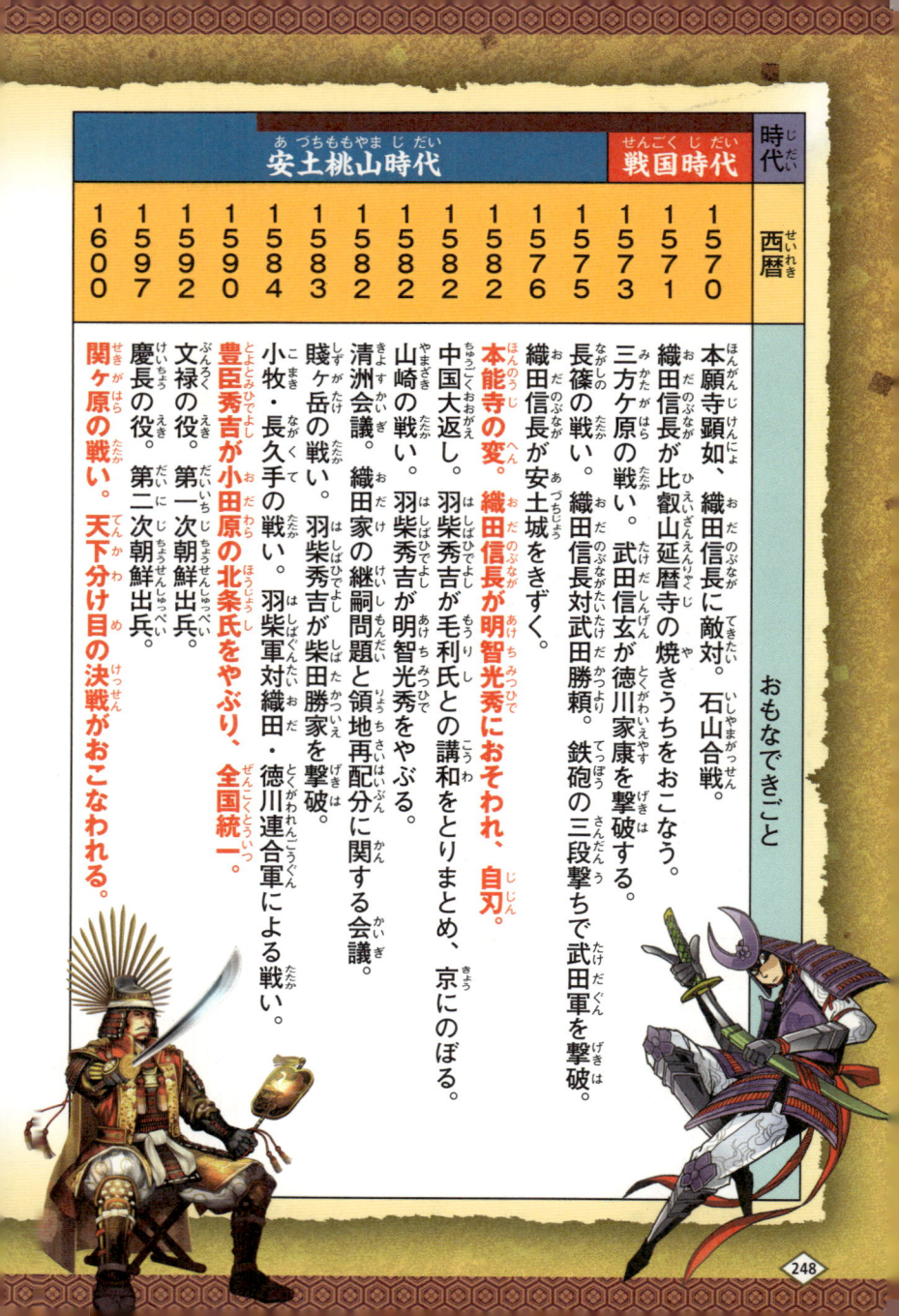

江戸時代《えどじだい》

1603	**徳川家康《とくがわいえやす》が征夷大将軍《せいいたいしょうぐん》となり、江戸幕府《えどばくふ》をひらく。**
1614	大坂冬《おおさかふゆ》の陣《じん》。徳川氏《とくがわし》が豊臣家《とよとみけ》に対立《たいりつ》するもほろぼせず。
1615	**大坂夏《おおさかなつ》の陣《じん》。大坂城《おおさかじょう》は焼《や》け落《お》ち、豊臣家滅亡《とよとみけめつぼう》。**
1637	**島原《しまばら》の乱《らん》。江戸幕府《えどばくふ》対《たい》キリスト教《きょう》の最大規模《さいだいきぼ》の一揆《いっき》。**
1853	黒船来航《くろふねらいこう》。坂本龍馬《さかもとりょうま》、北辰一刀流《ほくしんいっとうりゅう》千葉道場《ちばどうじょう》に入門《にゅうもん》。
1857	高杉晋作《たかすぎしんさく》、松下村塾《しょうかそんじゅく》に入門《にゅうもん》。久坂玄瑞《くさかげんずい》、吉田松陰《よしだしょういん》の妹《いもうと》ふみと結婚《けっこん》。
1860	**桜田門外《さくらだもんがい》の変《へん》。井伊直弼《いいなおすけ》が殺害《さつがい》され、幕府《ばくふ》の権威《けんい》が失墜《しっつい》。**
1863	高杉晋作《たかすぎしんさく》、奇兵隊《きへいたい》を結成《けっせい》。近藤勇《こんどういさみ》、土方歳三《ひじかたとしぞう》らが独自《どくじ》の活動《かつどう》をおこなう。
1864	長州藩士《ちょうしゅうはんし》が京都御所《きょうとごしょ》をおそう（蛤御門《はまぐりごもん》の変《へん》）。
1864	池田屋事件《いけだやじけん》。新撰組《しんせんぐみ》が長州《ちょうしゅう》・土佐《とさ》の尊王攘夷派《そんのうじょういは》を襲撃《しゅうげき》。
1864	三条木屋町《さんじょうきやまち》で河上彦斎《かわかみげんさい》が佐久間象山《さくましょうざん》を暗殺《あんさつ》。
1865	坂本龍馬《さかもとりょうま》、長崎《ながさき》に亀山社中《かめやましゃちゅう》を設立《せつりつ》。
1866	坂本龍馬《さかもとりょうま》、寺田屋《てらだや》で幕吏《ばくり》に襲撃《しゅうげき》される。一命《いちめい》をとりとめる。
1866	高杉晋作《たかすぎしんさく》、幕府軍《ばくふぐん》より周防大島《すおうおおしま》を奪還《だっかん》。小倉方面《こくらほうめん》では奇兵隊《きへいたい》を上陸《じょうりく》させた。
1867	**大政奉還《たいせいほうかん》が決定《けってい》。** 高杉晋作《たかすぎしんさく》死去《しきょ》。坂本龍馬《さかもとりょうま》、京都《きょうと》の近江屋《おうみや》で暗殺《あんさつ》される。
1868	**明治元年《めいじがんねん》。戊辰戦争《ぼしんせんそう》が勃発《ぼっぱつ》する。**

北海道《ほっかいどう》
蝦夷《えぞ》
青森県《あおもりけん》
秋田県《あきたけん》
岩手県《いわてけん》
出羽《でわ》
陸奥《むつ》
佐渡《さど》
山形県《やまがたけん》
宮城県《みやぎけん》
能登《のと》
越後《えちご》
狭
新潟県《にいがたけん》
石川県《いしかわけん》
富山県《とやまけん》
福島県《ふくしまけん》
加賀《かが》
越中《えっちゅう》
福井県
飛騨《ひだ》
信濃《しなの》
上野《こうずけ》
下野《しもつけ》
越前《えちぜん》
群馬県《ぐんまけん》
栃木県《とちぎけん》
常陸《ひたち》
長野県《ながのけん》
岐阜県《ぎふけん》
埼玉県《さいたまけん》
茨城県《いばらきけん》
美濃《みの》
県
甲斐《かい》
武蔵《むさし》
江
尾張《おわり》
下総《しもうさ》
山梨県《やまなしけん》
東京都《とうきょうと》
愛知県《あいちけん》
伊勢《いせ》
相模《さがみ》
千葉県《ちばけん》
三河《みかわ》
静岡県《しずおかけん》
駿河《するが》
神奈川県《かながわけん》
上総《かずさ》
重県
遠江《とおとうみ》
伊豆《いず》
安房《あわ》
志摩《しま》
伊賀《いが》
＝旧国境《きゅうくにざかい》
＝現在《げんざい》の都道府県境《とどうふけんざかい》
武蔵《むさし》 ＝国名《こくめい》
東京都《とうきょうと》 ＝現在《げんざい》の都道府県名《とどうふけんめい》

古《こ》今《こん》国《こく》名《めい》マップ

昔《むかし》の日本《にほん》は、多《おお》くの国《くに》に分《わ》かれていた。よび名《な》も現在《げんざい》とはちがった。そのなかで地方政権《ちほうせいけん》が群雄割拠《ぐんゆうかっきょ》していたのだ。難《むずか》しい地名《ちめい》も多《おお》いが、サムライが生《い》きた時代《じだい》の日本《にほん》の地名《ちめい》をおぼえてみよう。

人名索引《じんめいさくいん》

あ行《ぎょう》

か行《ぎょう》

さ行《ぎょう》

た行《ぎょう》

な行《ぎょう》

は行《こう》

ま行《ぎょう》

や行《ぎょう》

【資料提供《しりょうていきょう》】
京都国立博物館《きょうとこくりつはくぶつかん》　埼玉県立歴史《さいたまけんりつれきし》と民俗《みんぞく》の博物館《はくぶつかん》　福岡市博物館《ふくおかしはくぶつかん》　文化庁《ぶんかちょう》
仙台市博物館《せんだいしはくぶつかん》　宮坂考古館《みやさかこうこかん》　毛利博物館《もうりはくぶつかん》　上杉神社《うえすぎじんじゃ》　永青文庫《えいせいぶんこ》　松本市《まつもとし》
犬山観光情報《いぬやまかんこうじょうほう》　彦根観光協会《ひこねかんこうきょうかい》　姫路市《ひめじし》　松江市観光協会《まつえしかんこうきょうかい》　種子島時邦氏《たねがしまときくにし》/
種子島開発総合《たねがしまかいはつそうごう》センター　設楽原歴史資料館《したらがはられきししりょうかん》　滋賀《しが》・びわ湖観光情報《こかんこうじょうほう》　犀ヶ《さいが》
崖資料館《がけしりょうかん》　国立国会図書館《こくりつこっかいとしょかん》　鎌倉《かまくら》タイム　長野観光《ながのかんこう》コンベンションビューロー
真田宝物館《さなだほうもつかん》　伊賀流忍者博物館《いがりゅうにんじゃはくぶつかん》　（公財《こうざい》）大阪観光局《おおさかかんこうきょく》　宮島観光協会《みやじまかんこうきょうかい》　桶狭《おけはざ》
間古戦場保存会《まこせんじょうほぞんかい》　長浜観光協会《ながはまかんこうきょうかい》　長久手市役所《ながくてしやくしょ》　彦根城博物館《ひこねじょうはくぶつかん》（順不同《じゅんふどう》）

【STAFF】
編集《へんしゅう》／株式会社《かぶしきがいしゃ》パブリカ
執筆《しっぴつ》／岡島慎二《おかじましんじ》
表紙《ひょうし》&本文《ほんぶん》デザイン／長久雅行《ながひさまさゆき》
イラスト／相生《あいおい》、合間太郎《あいまたろう》、あおひと、
おつけもの、小野《おの》たかし、喜久家 系《きくやけい》、
菊屋《きくや》シロウ、木志田《きのした》コテツ、クロブチぬまま、
坂井結城《さかいゆうき》、坂本《さかもと》ロクタク、篠野《ささの》よしかず、
末冨正直《すえどみまさなお》、田中健一《たなかけんいち》、たわわ実《みのる》、坪井亮平《つぼいりょうへい》、
トミダトモミ、ナチコ、白汰《はくた》、平林知子《ひらばやしともこ》、
星月《ほしづき》まわる、ホマ蔵《ぞう》、矢田崎友輔《やたざきゆうすけ》、
矢戸優人《やとまさひと》、米月《よねつき》かな（五十音順《ごじゅうおんじゅん》）
校正《こうせい》／くすのき舎《しゃ》

サムライ最強図鑑《さいきょうずかん》

発行者　永岡純一
発行所　株式会社永岡書店
〒176-8518　東京都練馬区豊玉上1-7-14
代表03（3992）5155　編集03（3992）7191
印刷　誠宏印刷株式会社
製本　大和製本

ISBN978-4-522-43406-2 C8021 ⑥